冯尔康 著

清代社会日常生活

插图本

中国工人出版社

目 录

经济活动与移民社会

外国人眼里的清代中国人

序 言

笔者在1986年写作《清代社会史论纲》(《中华文史论丛》1987年第一期)，希望明了清代人们的等级、宗族、家庭的群体生活，衣食住行等物质生活的习尚，人口流动与社会救济，戏曲、节日等娱乐生活，缠足、停丧不葬等社会风气，以及人们生活的常态与变化(不同历史时期的特点)。这种愿望的初步实现是1990年与常建华教授合著的《清人社会生活》出版。即将面世的《清代社会日常生活》的前生是1999年出版的《清人生活漫步》及其增补版《生活在清朝的人们》(2005年)，本次再行增订，内容涵盖清代各阶层男女生活的方方面面，即皇家生活，官绅晚年生活，官场风气与官民生活，妇女与家庭，经济活动与移民社会，外国人眼里的清代中国人生活。关注的是人们的日常生活：狭义的衣食住行，家庭家族生活，皇帝接见中下级官员的政务活动，官绅每日反省与著述生涯，旅行活动中的文化考察，民间皇帝崇拜心态的种种表现；官民以世界文明中心自居的心态，灾民接受救助的苦难人生，女子的自谋生计，移民及发配罪人的生活磨砺，孀妇的不幸人生与持家生活，还有赌徒、吸毒者的颓废人生，等等。不一一罗列了，请读者哂阅吧。

从1986年撰文算起，34年过去了，呈现给读者的小书如此而已，笔者并不惬意，颇为惭愧的是学术进益不大。期盼清人日常生活史研究进入新局面。这就需要继续拓宽与深化研究领域，充分吸收多学科的研究方法。

日常生活史的研讨对象：衣食住行与生活方式；生活习惯与卫生习惯；人生礼仪；人际关系，家庭、家族、姻亲、邻里、社区、东伙、主佃、同年（同学）、同事、朋友；教育、文化程度与职业，宗教与神灵信仰，皇帝崇拜。涉及面广泛，当前特别需要吸纳生态环境史、医疗社会史（身体史）、心态史、情感史的研究内容和理论。诸如人的生物属性与追求温饱；农耕与护秋（偷秋）；人口增长导致餐饮习惯的变化——红薯传入并成为一种主食；洪亮吉批驳“天生百物，专以养人”的人类自我中心论；族规保护山林；农村河川、池塘的使用规范（卫生管理）；“岁寒三宝”与人生文化；人生礼仪中的抓周、贺寿；茶馆与情感交流；皇帝筵宴的分餐制；宴请客人的主人布菜；喜庆、宴客的堂会（文艺演出）；禁酒令持续推行；发式服饰与政治；侮辱人格的刑法（枷刑）、游街；庙会与民间生活；郎中、游医、巫医的治病与中药；算命、占卜、叫魂、冲喜、魇胜的流行，出行出师（出兵）选择黄道吉日；祠堂、祖坟与祖先崇拜；对残障人士的可怜与嘲笑；对女性的歧视，童养媳，溺女婴与育婴堂的建立；身体疾病与精神疾病，马桶（恭桶）的置放房间；市区垃圾处理不当与环境污染；家乡情感与地域歧视；真情实感与做作；肢体动作与为人修养；仇富心态等。

关于日常生活史的研究方法，笔者认为需要多学科的方法，进行跨学科的、多学科知识的综合研究，大力进行田野调查，如生态环境史与医疗社会史共同的内核是关怀生命，需将两者综合考察；再如心态史与身体史密不可分，设若割裂开来就会缘木求鱼。当然，不要忘了研究者应该富有想象力和直觉判断力，以便提升研究成果的品质。

行文至此，笔者遗憾难泯，就是增补中对心态史关照欠缺，比如笔者撰有《清代节烈女子的精神世界》（台北《历史月刊》1999 年第 4 期）就没有选入。每次出书都在编写中或出版后产生不如意之憾，这是写书人难免的吗？自问还是未能尽心尽力！敬祈读者原谅！

冯尔康　2020 年 11 月 5 日

皇家生活

康熙帝游猎与避暑山庄的建立

康熙帝（1662—1722 在位）是一位性喜游猎的君主，可是人们知道他巡幸、行围（打猎）甚多，而从不把他同游猎联系在一起，这是因为“游猎”在早先是贬义词，如若将这个词加到他的身上，似乎有辱他。在清代的官书中，如《清圣祖实录》，对于康熙帝的出行，南巡则谓之察视黄河、淮河工程，北狩是为武备不懈，维持国家根本。今日的评论者，除了这些颂词，别加现代化的语言，诸如，誉之为联络蒙古王公和江南士大夫之类。这些论述笔者尚不以为有多大误失，只是遮盖了康熙帝喜好渔猎的性格，并没有将他出行的目的全部说清楚。笔者于 1993 年出席“纪念避暑山庄建园 290 周年中国清史学术研讨会”，提交《〈御制恭和避暑山庄图咏〉的史料价值》一文（文见《山庄研究》，紫禁城出版社 1994 年），认为《图咏》一书反映康熙帝“喜好游猎和游乐与政事兼理的生活，反映他好运

康熙帝读书像

动的个性，以及动中能静、动静结合的品格”，提出他喜好游猎的性格问题，本文就此作些说明，以便了解他的渔猎生活，至于如何评价他的这种个性并非本文所特别关心的事情。

康熙帝南巡至江苏、浙江，西幸山西、陕西、宁夏，东北至吉林、辽宁，北行于塞外，经常打猎的地区是秋狝所至的今河北承德、张家口所属地，渔猎的京畿白洋淀。康熙中期起，几乎每年都要秋狝，而去白洋淀不下 15 次，至于京城的南苑行围更是常事。康熙帝晚年，身体欠佳，常常犯病，但并没有影响他的游猎兴致和践履，仅以他崩逝前一年的康熙六十年（1721）十一月下旬至六十一年（1722）十一月中旬的一年而言，据《清圣祖实录》卷二九五至卷三〇〇的记录，他于六十年十一月二十二日到南苑行围，腊月二十一日离去，此行为期整一个月。这是为回宫过年，因此新正过后，即于六十一年的正月二十二日起巡幸畿甸，经雄县、霸州、文安，过白沟河，驻跸白洋淀渔村段村、赵北口，历时一个月，于二月二十一日回到常驻的畅春园。一个多月以后，四月十三日开始塞外之行，经过怀柔、喀喇和屯（滦平），于二十七日到达热河行宫（承德避暑山庄），历时半个月，可谓缓缓而行，也可能是边走边猎。至此在山庄驻下，历经五、六、七月，于八月初四日启程，往围场打猎，途经博洛和屯、隆化张三营等地，九月初二日回到行宫，次日发布上谕，讲他行围的必要，说以前议政大臣上奏，认为皇帝“每年出口行围，劳苦军士”，有所不当，康熙帝就此辩白，强调武备的重要，并认为

木栏秋狝图

因此获得了西北用兵的胜利：

> 此皆因朕平时不忘武备，勤于训练之所致也，若听信从前条奏之言，惮于劳苦，不加训练，又何能远至万里之外而灭贼立功乎！

十六日启銮回京，二十八日抵达畅春园。此行历时五个半月，其中往返行程一个月，行围一个月。二十几天以后，康熙帝于十月二十一日到南苑行围，冬月初七日因病离开南苑，十三日驾崩于畅春园。若不是病重，还会在南苑驻下去的。康熙帝辞世前的一年，两次幸南苑，一次巡畿甸，一度北狩，历时八个月。从前阅读康熙实录，见他常于寒冬腊月去长城脚下活动，不知何干，及至与打猎联系起来，才得到解释。一年中那么多时间奔波于路途，出没于荒原水域，不是渔猎，又是何为！康熙帝热衷的秋狝，固然有武备的一个原因，行猎亦是促成的一种动力，这应是没有疑问的事情。

热河行宫始建于康熙四十二年（1703），为什么选择在这里呢？康熙帝在《避暑山庄记》一文中有所说明，他写道：

> 朕数巡江干，深知南方之秀丽；西幸秦陇，益明西北之殚陈；北过龙沙，东游长白，山川之壮，人物之朴，亦不能尽述：皆吾之所不取。

南北东西的这些地方，虽然各有美好之处，但经过比较都不如热河，因为热河的景色壮丽，得诸自然，山与水融为一体，将东

避暑山庄图

北、西北的雄奇和东南的幽曲结合在一起了，适合避暑及行猎的要求，这是第一个缘故；第二是热河离京师较近，便于处理政事，亦如康熙帝在文中所说的：“惟兹热河，道近神京，往还无过两日。”北京的公文呈递热河行宫皇帝御前，官员自京中往行在朝觐均比较方便，即皇帝在避暑山庄，不会影响朝政的处理和中央对地方的治理。

避暑山庄建设出36个景区，为康熙帝理政、起居、休憩之所，以康熙六十一年讲，这一年康熙帝在山庄居住了三个半月，比在大内和畅春园停留的时间都要长。他在山庄的生活，于前述《避暑山庄记》文中，以及他的关于山庄36景的36首诗里，皆有不少的描述。他在“山庄记”文中强调，他的游幸休闲是为思考政事和建立太平盛世，他说道：

> 一游一豫，罔非稼穑之休戚。或旰或宵，不忘经史之安危。劝耕南亩，望丰稔筐筥之盈，茂止西成，乐时若雨旸之庆，此避居山庄之概也。

原来他乘山庄游憩之暇，思索裕民安邦的大事。这种观念在他的山庄诗里多所披露，如第一首《烟波致爽》诗云：

> 山庄频避暑，静默少喧哗。
> 北控远烟息，南临近豁嘉。
> 春归鱼出浪，秋敛浪横沙。
> 独日皆仙草，迎窗遍药花。

烟波致爽殿

炎风昼致爽，绵雨夜方赊。

土厚登双谷，泉甘剖翠瓜。

古人戍武备，今卒断鸣笳。

生理农桑事，聚民至万家。

康熙帝认为他在山庄避暑，造成北方安宁、热河开发和民生发展。他又在《云帆月舫》词中咏道：

阁影凌波不动涛，接灵鳌，蓬莱别殿挂云霄。粲挥毫，四季风光总无竭。卧闻箫，后乐先忧薰弦意，蕴羲爻。

他身在避暑胜地，却以“先天下之忧而忧、后天下之乐而乐”的精神谋划国事。休息与理政本来是两回事，怎么联系在一起了？原来康熙帝在游幸中观赏山川林木花鸟虫鱼，品味它们生生不息的缘故，联系到人类社会，从中悟出一些人生哲理，并运用到政事的处理上。他在“山庄记”中总结这个道理，写道：

至于玩芝兰则爱德行，睹松竹则思贞操，临清流则贵廉洁，览蔓草则贱贪秽，此亦古人因物而比兴，不可不知。

他用比兴的方法，由物及人，由观察自然界而分析人类社会，得到启示，用于行政。康熙帝强调他的巡幸热河与勤政爱民并行不悖。他确实是勤于政事的君主，通过游憩，精神饱满地从事政务，不能认为他是耽于游乐的昏君。

然而，游猎不可能不费钱财，鹰犬总是要多养的，还必须是要上好的，臣下定会为此献殷勤，要购买或调教上等鹰犬进呈。有一年康熙帝秋狝，皇八子、贝勒允禩进献一只鹰，康熙帝说那是头将死之鹰，几乎没有把他气坏，因而对允禩大加责难，可见鹰犬之费是难免的。康熙帝死后不久，朝鲜使臣李枋等就听到清朝人关于康熙巡幸的坏话，报告国王说：

康熙皇帝以游猎为事，鹰犬之贡，车马之费，为弊于天下。朝臣若隶于臂鹰牵狗，则以得近乘舆，夸耀于同朝矣。新皇帝诏罢鹰犬之贡，以示不用，而凡诸宫中所畜珍禽异兽，俱令放散，无一留者云。（《李朝实录·景宗实录》）

看来新君雍正帝继位，即有罢鹰犬之举，亦是为平息对康

清沈瑜绘《避暑山庄诗图·西岭晨霞》

熙帝游猎的訾议。皇帝出行，民间要平整、清扫道路，地方上要有徭役之征和对随驾从行官员的供应，也是一种滋扰。雍正帝即位不到一个月，下令免除宛平、顺义、怀柔、密云、平谷五县、昌平一州明年（雍正元年）的钱粮，原因是康熙帝“巡幸所经州县，小民无不除道清尘，趋事恐后，古北口一路，为我皇考每年行幸之地，……朕念此路百姓，历年殚力”，故而予以体恤（《清世宗实录》卷二）。游猎并非坏事，像康熙帝那样休憩与政事兼理，得其好处，这是游猎好的一面，但是作为最高统治者的游猎，难免还有其弊端，所以统治者的游猎不可不审慎。比如明武宗的巡幸，招致许多非议。他经常光顾京郊南海子（即前述之南苑）而影响朝政，《明史》毫不掩饰地说他于南郊祭天后“遂猎于南海子”，写他“狎虎被伤，不视朝”。说他不顾群臣的谏阻，出游南北两畿和山东，“渔于清江浦”（淮安），“渔于积水池，舟复，救免，遂不豫”而崩。结论云其“耽乐嬉游”（《明史·武宗本纪》）。武宗的巡幸游猎实在不敢恭维。

康熙帝赐宴俄罗斯公使伊斯梅洛夫

清朝皇帝接待外国及罗马教廷使节，往往有赐宴和赏赐食品节目，最高规格是皇帝亲自出席的赐宴；其次是皇帝在场，从御用餐桌上撤出一些食品赐予会见中的客人；皇帝不在场，从御用餐桌撤出一些食物赏赐客人；皇帝对被接见人赐茶；此外是赏赐御膳房佳肴；赐食物或食材。这里仅仅介绍康熙帝接待俄国公使伊斯梅洛夫的故事。

康熙帝（1654—1722，1662—1722 在位）赐宴俄罗斯公使伊斯梅洛夫伯爵，先后四次，至少有两次亲临现场。具体情形，据负责翻译的意大利人传教士马国贤（Matteo Ripa，1682—1745）记载是这样的：为恢复两国贸易和谈判边界事务，伊斯梅洛夫于 1720 年（康熙五十九年）11 月 29 日到达北京，1721 年 3 月 13 日离开。他自进入中国境内，“各项旅途所需”，均由中国供应。他刚到北京，康熙帝即令内务府总管，“携御膳房所制菜肴前往探视”。12 月 9 日在紫禁城乾清宫举行递交国书仪式，康熙帝接见伊斯梅洛夫，后者希望“确定一种业已存在于双方之间的友好关系”，康熙帝说：“今天是个大喜的日子，谈论政事并不合适”，以后给你一次机会面谈，于是开始有戏曲舞蹈演出的宴会。康熙帝把伊斯梅洛夫召到御座前，“亲手递给他一杯由金杯盛着的葡萄酒，他还屈尊俯就地给”伊斯梅洛夫的四名随员赐酒，给公使一桌甜品，加一张桌子，放上御桌撤下的佳肴。康熙帝又命大臣给伊斯梅洛夫的其他随从布酒。与宴者每人一张低矮餐桌，盘腿坐在垫子上。席间，康熙帝吩咐“乐师演奏和吟唱中国风格的乐曲”，“稍后，两个年轻人被叫来了，跳起非常优雅的舞蹈”，笔者以为所跳的应是满人的莽式舞。宴会进行两个小时，康熙帝退席。随后，康熙帝在畅春园第二次赐宴俄国公使及其全体随行人员。及至伊斯梅洛夫代表沙皇举行送礼仪式，康熙帝回赠礼品之外，将伊斯梅洛夫及译员召到寝宫（应是畅春园）“赴宴”，这是第三次筵宴，马国贤说他们翻译也参加了，宴会中“专门讨论和平议题，商量如何能够在两大帝国之间保持友好”，康熙帝说了好多话，要求俄国人详细记录，以便回去向沙皇汇报，又要求满人大臣用满文书写圣谕。后来康熙帝让伊斯梅洛夫观赏大象表演，“而后一起来宫内赴宴”，给每人两杯葡萄酒（马国贤著，李天纲译，《清廷十三年——马国贤在华回忆录》，第 90—99 页，上海古籍出版社 2004 年）。这是第四次赐宴，康熙帝是否亲临，马国贤没有交代。

康熙帝赐宴伊斯梅洛夫四次，至少有两次亲临，赐宴实行分餐法，除了皇帝在宝座就餐，其他人坐在垫子上，在矮桌上取食品吃用，中间皇帝会对贵宾亲自赐酒，作些交谈，在宴饮同时，有助兴的戏曲杂技演出。皇帝亲临宴会是恩赐，与宴者是莫大的荣幸。皇帝赏赐御膳房佳肴，如伊斯梅洛夫刚到达北京，康熙帝即行赐予，对他的到来表示欢迎，是一种很好的礼遇，让人有宾至如归的感觉。

清朝皇帝在对外关系中秉持恩威并施的“抚夷”之道、天朝上国厚往薄来的原则，盛情接待外国使臣，对贡使和外商，给以优惠，多施恩，也即让对方多得益，满意而去。如康熙帝允许俄国商人入境，并为他们提供交通运输工具，招待食宿（包括饲养马匹）。康熙帝不惜破费，以便取得边境的安宁。

雍正帝赐宴葡萄牙公使麦德乐

雍正帝（1678—1735，1723—1735在位）赐宴葡萄牙公使麦德乐（唐·亚历山大·麦德乐·苏赞·梅内兹，Dom Alexandre Metello Souzay Menezes）伯爵。麦德乐于1727年（雍正五年）5月18日到北京，觐见后于7月16日离开。服务清廷的法国人传教士巴多明（Dominique Parrenin，1665—1741）被指定为双方会谈的通事，他记叙了雍正帝对麦德乐的赐宴。5月12日，麦德乐即将到京，雍正帝派人去迎接，并命以他的名义给使节带去"各种清凉饮料"。28日麦德乐递交国书，雍正帝命给他上茶，似乎没有赐宴。6月7日，麦德乐到圆明园致送国王礼品，雍正帝下旨，"从此隔天送他餐桌上的菜给大使"，令两位大臣陪他吃饭，并给麦德乐一千两银子。13日麦德乐去圆明园致谢，"受到了跟第一次一样的招待，请他吃了饭，然后请他登上游船，让他看看宫中所有的花园。"从巴多明的叙述

雍正帝洋装像

可知，7 日、13 日的赐饭，只是大臣陪同，雍正帝没有露面。这期间的 7 月 8 日举办了早宴，麦德乐早六点往圆明园朝见，殿上有两三个大臣，台阶上站满了“身着礼服端酒和水果的内侍们，在走廊上有两组琴师和乐师。竖起了一顶黄色帐篷，里面摆了餐桌，金、银器皿餐具放在院子里”。皇帝坐在大殿宝座上，麦德乐坐在垫子上，其他人都站着，“内侍给皇帝送来了庆典时喝的酒，他喝过以后，内侍给他送来了一只金酒杯，他用双手接过金酒杯，同时，三位大臣和我（巴多明）领着大使走到宝座脚下，皇帝给他看酒杯，并且说：‘如果他能喝的话，请把酒都喝了，如果不行，那就量力而行吧。’大使跪着从皇帝手中接过了酒杯，他喝了一小口，谢过了皇帝陛下，又回到他的座位上。他的位子前高桌上放了一堆水果请他吃。接着皇帝用满语和我说话，我也用满语回答他。”然后问麦德乐葡萄牙热不热，希望他保养好身体，回去问国王好。接着让麦德乐好好游玩，将让大臣和他“一起吃饭、看戏”。在接见后，“为款待大使而举办了一次盛大的宴会，并上演了一出中国戏，这出戏大得葡萄牙先生们的赞赏”，麦德乐及其随从“美美地吃了一顿”。7 月 14 日为麦德乐饯行，两位大臣代表皇帝请他“赴宴告别，他们奉旨陪他登上游船，盛宴款待他”。16 日，麦德乐在通州张家湾登船，“御厨已经准备好了丰盛的晚餐。”17 日陪同的两位大臣离去，麦德乐启程（杜赫德〔Jean-Baptiste Du Halde，1674—1743〕编，耿昇等译：《耶稣会士中国书简集——中国回忆录》第三卷，第 237—240 页，大象出版社 2005 年；朱静编译：《洋教士看中国朝廷》，第 153—162 页，上海人民出版社 1995 年；宋

清代泥塑彩绘雍正帝像

君荣著，沈德来译文，《有关雍正与天主教的几封信》，收入国家清史编纂委员会编译组、中国人民大学清史研究所合编：《清史译文新编》第二辑，第12—13 页；吴旻、韩琦编校：《欧洲所藏雍正乾隆朝天主教文献汇编》，第40 页，上海人民出版社 2008 年）。

雍正帝对麦德乐设宴数次，只有一次亲临赐酒；雍正帝下令每隔两天，从他的餐桌上撤出一些食品送给麦德乐，分享皇帝饭食的是皇帝亲人，赐给使节，表示与他的亲近，令其感恩莫名。中国人习惯，家中来了客人，必定要给他上茶水，雍正帝在麦德乐递交国书后给他上茶，是把使节当作客人来对待。

雍正帝接见中下级官员

清代的引见制度在顺治朝创立，康、雍、乾三朝屡加充实，雍正帝尤其重视引见官员，发布的有关诏令较多，形成的引见履历文书留存至今。所谓引见制度是清朝官员任用的一种制度，对于四品以下、七品以上的中下级官员，以及一部分三品京堂和八品以下、未入流的官员的任用、提升、调动、处分，都要由皇帝接见。文职官员大体上由吏部考核带领引见，武职官员则由兵部负责引见事务，接见中皇帝对官员作进一步的考察，予以勖勉和教导，认可对他的任命或根据会见中的印象改变其任职。

引见，一般是分排进行，一次五六个人。由主管部门堂官呈递绿头名签（绿头牌），牌上“书写引见人姓名、履历”供皇帝阅看（《清稗类钞·朝贡类》）。同时在皇帝手中的还有被引见人写的引见履历折子，以便皇帝参阅。

雍正帝朝服像

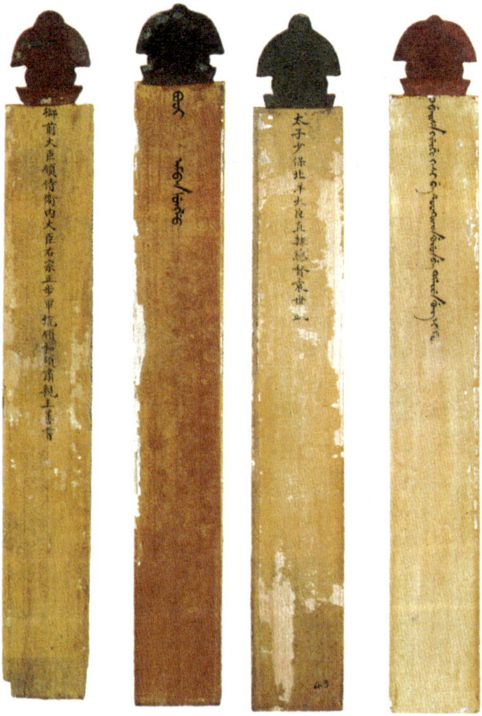

红绿头签

雍正帝读书像

引见开始，通常是雍正帝叫引见人员一一奏报履历，然后交谈，偶或皇帝先来一番教导，再令臣下报告履历。交谈内容较为广泛，因官职、地域、人事而异，有政治、经济、学术观念、信息交流，也叙家常。对武官，还有在引见时观看弓矢技术的。引见中，皇帝常作赏赐，或食物，或服饰，或文翰图书。

皇帝在引见时，一面阅读有关引见文书，一面听引见官报告，一面交谈，同时积极思索，形成对引见人的印象，作出判断，决定是否给其新职，有时还把评语用朱笔写在引见文书上。皇帝的决定，当场并不宣布，只是将绿头牌发给本人，令其退场。之后皇帝再向主管官员说明，主管据此写出奏折，然后引见官宣布对被引见人职务的决定。

雍正帝对于引见制度的执行特别认真，形成扩大对象、及时进行、仔细考察、讨论政事、详细记录的特点。

有的人原不在引见之列，由于雍正帝的决定而有了接受皇帝考核的程序。如已到吏部报到过的荫生，“奏请考试引见”，然后授官（《清史稿》卷一一〇、光绪《清会典》卷十二）。各州县官会同学官，举荐“居家孝友，行止端方，而文亦可观的”贡生、生员，申报上司，督抚题奏，赴部引见（《雍正朝汉文朱批奏折汇编》第34册、第40册）。原来大计只引见卓异人员，而对被参劾官不再作甄别，雍正帝既怕他们受考核不公的冤抑，又怕疆吏包庇隐纵，决定将贪、酷以外被劾人员一概引见，以作进一步考察。从此大计参劾人员进入引见行列。督抚将所属繁缺州县官调任简缺，业已实现的，雍正帝要求全部送京引见。又令未经引见而已上任的道府官，也送部引见。贡监考职，本来不受引见，有的人因不通文墨，或道路辽远怕赴首都，就找枪手代考。雍正帝为改革这一弊端，特派大臣负责考试，又于五年（1727）下令，所有与试的一千一百余人全部引见，使得九百余个冒名顶替者不敢与试，结果雍正帝引见两百余人，从中拣选七十余人授官。他还进行了许多特殊引见，如四年（1726）十月因六部司官壅滞，令各部堂官通行甄别，拟定去、留名单，一并“带来引见请旨”（《清世宗实录》卷四十九)。雍正帝定制或临时临事引见，大大增加了他的引见活动的繁劳，引见人数之多，从引见考职贡监两百余人一项可以想见，而且这种引见，不是集体见见面的简单形式，而要从中选拔人才，所以繁忙引见是皇帝的辛苦活计。

雍正帝引见不仅多，而且及时，有的几乎随到随引见。如乔铎在京候选知府，因雍正元年九月二十八日王大臣奉命会同吏部拣选四川、山西、云南道府州县官，乃于三十日至乾清门考试履历折子，十月初二日与其他候选人一起到乾清门引见，结果被分配去四川任知府。考试履历后第三天就引见，而这期间吏部要写引见履历折请求引见，宫中批准，才能进行，不过间隔一天时间，可谓神速。

雍正帝在面见中特别认真观察引见人的举止、为人、能力，如王承烈先后五次见雍正帝，第二次见时，雍正帝问他是前次在西暖阁召见的八个人中最后一个进来的吗？原来真的如此，雍正帝真是博识强记的人。正是在这样的观察中，对引见官产生印象，往往在引见文书上写朱批，有时写得很多，甚至于超过履历原文。如游击杨凯的履历片，履历只有 19 个字，而朱批却有 44 个字之多。又如中军副将杨寅履历片原书 24 个字：

> 杨寅，陕西人，由巴牙剌，年四十二，年羹尧保举，汉仗好，人去得。

雍正帝引见朱批的文字，几乎多了一倍，为：

圣祖西巡，拣选带京把总，征剿卓子山，人明白，伶俐大汉，实在，四十二岁，可着实漫升用。上下，操守好，人去得，操演勤谨。（中国第一历史档案馆藏档）

引见履历文书上写朱批的，康熙帝写字不多，乾隆帝也写，嘉庆朝引见档笔者所见甚少，其后的皇帝基本上不写朱批，真正写得多的是雍正帝。

雍正帝认真实行引见制度，说明他极其重视中下级官员的任用、培养和考核，以提高官员素质和澄清吏治，同时在引见中与

清人绘《圆明园图咏·镂月开云》，此处为雍正帝在圆明园休憩处

引见官讨论政事与民情，以广开言路，把握社会动向，贯彻其施政方针，推动其政治运动。所以引见对于雍正帝讲，既是执行用人制度，又是一项政治活动。引见的各个细节，无不表明雍正帝秉性认真，办事精明，雷厉风行。引见与勤政，真是互为表里，拆兑不开。

雍正帝白天办公，召见大臣，接见中下级官吏，晚间秉烛观览臣下的题本和奏折，真可谓昼夜操劳，这样怎么能不损害他的健康？关于他的崩逝，向有死于刺客、中风与丹药中毒三说。遇刺说，无像样的古文献根据，笔者从不相信；后二说不好判定，均有可能。笔者近来更因阅览雍正帝引见史料，趋向于病死说，同时认为与吃丹药有关。即他从政太紧张，累坏了身体，想用丹药补养，但并没有能起多少作用，却中毒身亡。

雍正帝以严酷而闻名于世，事实也正是如此。但是在引见活动中，又表现出一定程度的人情味：尊重亲情，礼尚往来，亲切关照，使用民间语言。前面提到过的王承烈即有此种际遇。在第四次面君时，王请求说，他的曾祖父是明朝天启间进士，历任山东登莱道，因明末李自成造反而自尽，祖父被抓去做人质，因而被乡里称为“忠孝一门”，现在昧死请求皇上给其祖父追赠。雍正帝说：“君臣情患睽隔，尔以请求，朕即许尔。”当即传令吏部办理。君臣之间存在着天地不同的高下地位，本来感情难于沟通，但在孝亲上是共同的，雍正帝表示他体会得到王承烈的孝心，顺其情，满足他的心愿，故而给其祖父母诰命，表示君臣之情通贯，心心相连。还是在这次会见中，王承烈要离京赴湖北粮道新任，雍正帝亲自翻检时宪历，为他挑选起身的吉日，以祝他一路平安。王承烈在几次引见中得到很多赏赐，第二次是先给参贝陈皮一瓶，又问是否赏过貂鼠皮，回说没有，立命赏一件大貂鼠皮。第三次赐给绿砚一方、香珠一围、荔枝各色葡萄一盘。第四次是雍正帝让太监拿出几副眼镜，令王承烈挑选一副合适的。第五次未见面，先赐米糕油果一盘，见面中又赐《古文渊鉴》《性理大全》各一部，紫黄藏香各一束，乳饼数十枚。赏赐交流了君臣感情，以至在赐眼镜时王承烈"感激泪下"。王承烈原系京官，外放了，怕不能胜任，雍正帝鼓励他说，"世那有学养子而后嫁之理"，意即边干边学吧（《雍正朝汉文朱批奏折汇编》第6册）。雍正帝的比喻是世俗的，而且似乎不那么正经，与皇帝的圣君面孔不同，可他又是严肃的，为的是形象化地说明事理，这样交谈，显得轻松、亲切。王承烈所得厚爱是一个典型，类似的事情别的引见官也有所经历。山西文水人郑锡爵任贵州贵阳知府，雍正帝在引见中知其父母年老，为遂其孝养之愿，改任他为直隶广平知府。山西阳曲人贾秉臣在云南任知州，引见中请求返任途中绕道回乡看望老母，雍正帝立即批准，并赏赐其母貂皮衣。广东粮驿道吴炯父母年近古稀，雍正帝特赐彩缎和御书"福"字。此类赏赐，多有鼓励行孝之意。

雍正帝在履历片批语中用了许多大白话，以记录对所接见官员的印象，诸如"苍苍儿的"，"太聪明伶俐人"，"恐软些"，"可怜见儿的人"，"似夯些"，"似婆婆妈妈的，好人"，"似内少藏鬼"，"油气些的"，"里性儿大汉子"，"浊胖子"，"丫头是

（似）的一个人”，“气局少卑寒些”，“一脸酒气”，“人扪些”，“似呆气”，“周钟宣一案之老贼”，“聪明乖巧人，乾清宫引见，吓着了”，“性急，公子哥儿，良心似有”，“谈语呜噜呜噜的，不真，非诚人也”，“人似混账”，“只恐福寿差些”，“好福相”，“尚性的老头子”，“瘦小身材，而不寒陋”，等等。这些话在皇帝的上谕里、御制集里绝对见不到。在那些正式发布的文献中，皇帝板着面孔教训臣民，行文庄重，词语典雅，扮演的是威严的神圣不可侵犯的君主角色，而在这里却充斥着民间流行的俗语、俏皮话、大白话，把对人的看法，从长相、禀赋、性格、能力各方面表达出来。这种场合里的君主是一个通达民情的人，有血有肉有情感的人，是一个人，而不是人神之间的怪物（所谓真龙天子）。

总之，从引见活动中的待人接物及朱批的行文遣字，表现出雍正帝凡人的一面，即他也有人性，也讲家人亲情、君臣感情，深知民情，并在一定程度上尊重臣民之情，所以我们说雍正帝虽然赋性严酷，但也有人情味的一面。

雍正帝与道士贾士芳

雍正帝与佛教关系密切，笔者写过《雍正帝的崇佛和用佛》，其他记述者亦颇多；而他和道教也大有瓜葛，然介绍者较少，这里略述一二。

康熙五十五年（1716）秋天，当时还是雍亲王的胤禛接到门下人戴铎的书启，信中写他往福建上任路经武夷山时，看见一个道士，“行径甚怪，与之交谈，言语甚奇，俟奴才另行细细启知”。这些在一般人看来并不离奇的话，却使胤禛像吃了兴奋剂，蛮有兴趣地在书启批语中追问戴铎：“所遇道人所说之话，你可细细写来。”戴铎遵命回禀，说他见到道士的时候，暗中问主子的前程如何？道士回说：“乃是一个‘万’字命。”戴铎又说详细情形等将来到京时再行禀告。胤禛见信后异常高兴，在信上批道：“你得遇如此等人，你好造化！”他把道士看作异人，能先知先觉，能言人的祸福，能预卜人的未来，得与这种人交往，当然是福大命大有造化的人了。道人说胤禛是“万”字命，就是说胤禛将离开雍亲王府邸，进入大内，龙飞九五，成为至高无上的皇帝。胤禛在欢快之余，也还有点不满足，就是戴铎没有把道士的话详尽写出来。他急于知道究竟，等不得戴铎回京，就命令他将道人所说的话“细细写来”。胤禛对武夷山道士的话，如此关心、重视，无非是因为有“万”字命的内容。这可是当时胤禛哥儿们都关注的事！胤禛的八弟允禩在京中，请相命人张明德看相，张奉承他是“贵相”，必将“福寿绵长”。胤禛的另一个弟弟抚远大将军允禵在西北军前让张恺算命，张献媚地说他：“元（玄）武当权，贵不可言，将来定有九五之尊。”皇子与三教九流结缘，都希望有朝

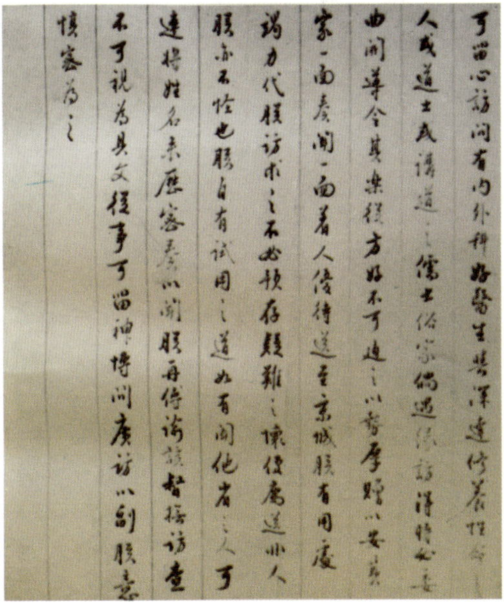
可留心访问有内外科好医生与深达修养性命之
人或道士或讲道之儒士俗家倘遇缘访得时必委
曲开导令其乐从方好不可迫之以势厚赠以安其
家一面奏闻一面着人优待送至京城朕有用处
竭力代朕访求之不必预存疑难之怀倘遇小人
朕亦不怕他朕自有试用之道如有闻他省之人可
速将姓名来历密奏以闻朕再传谕该督抚访查
不可视为具文从事可留神博问广访以副朕意
慎密为之

雍正帝手书秘谕亲信地方大员寻觅医生

雍正帝道装像

一日应了术士的话登基称孤。他们的父皇康熙帝认为张明德是教唆允禩夺嫡，而将他处死，允禩也因此落了不是。可见这种算命是犯罪的行为。戴铎对武夷山道士的话总是不敢详述，也正是怕泄露出去获罪。在康熙朝的储位之争中，出世的道士并没有超凡脱俗，也成了皇子们的谋臣策士。

中国第一历史档案馆有一件雍正帝手书的给地方大吏的密谕，他亲自抄了好几份。内容如下：

> 可留心访问有内外科好医生与深达修养性命之人，或道士，或讲道之儒士俗家。倘遇缘访得时，必委曲开导，令其

乐从方好，不可迫之以势。厚赠以安其家，一面奏闻，一面着人优待送至京城，朕有用处。竭力代朕访求之，不必预存疑难之怀，便荐送非人，朕亦不怪也，朕自有试用之道。如有闻他省之人，可速将姓名来历密奏以闻，朕再传谕该督抚访查，不可视为具文从事。可留神博问广访，以符朕意。慎密为之！

这个朱谕没有署年月，然雍正八年（1730），他身患重病，这个密谕大约是为此而发，他急需高明的医生。正由于这种需求，道士贾士芳与雍正帝再结缘法，并因而丧命。贾士芳原是京中最有名的道家圣地白云观的道士，怡亲王允祥认为他“精通医术”，把他荐给皇兄。雍正帝召见后，感到他虚诈不实，就打发出去了。

贾士芳于是浪迹河南，很有名气。浙江总督李卫慕其名声，为执行雍正帝的密谕，再次把他推荐过来。雍正帝命河东总督田文镜将贾士芳送到首都。贾士芳开始给雍正帝治病，大显身手，疗效甚高。雍正帝十分高兴，寄字给宠臣云、贵、广西总督鄂尔泰，说：“朕躬违和，适得异人贾士芳调治有效。”贾道士由被驱逐的妄人，一变为受宠信的异人，身价陡增百倍。哪知九月间皇帝突然将他下狱议罪，十月即行处斩，连家属也遭到惩罚。这是怎么回事呢？原来有一天，贾道士给雍正帝治病，一面用手按摩，一面口诵经咒，只听念道：“天地听我主持，神鬼听我驱使。”雍正听到这里，勃然大怒，心想：我这个至尊的皇帝，不

御用房的银药锅

御用房的瓷药钵

过是老天的骄子，还听命于天地神祇，你一个方外的道士，居然要天地神鬼听你摆布，这不是亵渎神明吗！你不就是大逆不忠的反贼吗！当然要捉拿问斩了。其实雍正帝的恼怒，更在于他认为贾士芳的治病，目的在操纵皇帝的健康："其调治朕躬也，安与不安，伊竟欲手操其柄，若不能出其范围者。"贾士芳吃了豹子胆也不敢开这种控制皇帝龙体健康的玩笑，他给雍正帝治病，当然要竭尽全力将皇帝龙体治愈，可是雍正帝的感觉也不是发神经病得来的。事情可能是贾士芳综合使用催眠术、按摩术和气功给雍正帝治疗，而自身功力不济，令雍正帝时而有疗效感又时而失望，因此认为其欲操纵龙体康宁。贾士芳行"以手按摩之术"，无疑施行按摩术，同时"口诵经咒"，装神弄鬼，以"驱神"为皇帝疗疾，而他本人也可能会点气功术，在向皇帝发功。按摩术、念经咒，诱导皇帝进入睡眠状态，以便得到休息。按摩术、催眠术、气功施行疗效如何，要视施术人的功力来定，还要被施术者的配合，因为被施术者的心理、情绪和精神状态同样影响治疗效果。

看来，贾士芳多少有点功力而又有限，他从河南初进宫时，雍正帝对他期望甚高，与他配合得好，因而有些疗效，待后功力不济，以装神弄鬼欺骗皇帝，为雍正帝识破，要了他的性命。贾道士未卜自家生死，当然算不得什么异人；雍正帝大要君威，喜怒无常，也绝非厚道之君。贾道士的遭遇，倒是正合“伴君如伴虎”的俗谚。

乾隆帝的好胜性格

有一个有趣的历史现象，雍正帝、乾隆帝（1711—1799，1736—1795在位）父子在世之时，都被民间指责有十大罪过，指斥雍正帝的是谋父、逼母、弑兄、屠弟、贪财、好杀、酗酒、淫色、诛忠、任佞。如此咒骂皇帝的事情，赖有雍正帝颁发的《大义觉迷录》予以著录（《大义觉迷录》，收入中国社科院历史所清史研究室编《清史资料》第4辑）。乾隆帝登基将《大义觉迷录》作为禁毁书，不许流传。而辱骂他的是"五不可解、十大过"，是民间假借工部尚书孙嘉淦的名义写的所谓"奏稿"，乾隆帝于十六年（1751）兴起大狱，而文献今则无存，令后世之人只能知道他的两条罪状：南巡；杀大臣讷钦。同样是责难皇帝有十大罪状，一个是公布，一个是销毁，于此让我们看到两个皇帝有相异的心态，不同的政治作风和性格，必定会有不同的政治举措，是以笔者有兴趣研讨乾隆帝继位之初的政事，并由此窥视乾隆帝的政治理念和性格。

乾隆初政，在许多方面改变雍正朝的政治经济文化社会政策，所谓去烦苛，施仁政，暂停贪官的追赔，起用废员，为政治犯及其家属作某种程度的平反，不许报垦荒、报路不拾遗及献祥瑞，但有的初政反对的事情，过后又肯定了，在某种意义上说初政是在翻前朝的案，只是制度性的政事未作更动。乾隆帝在施行

西洋人郎世宁绘《弘历平安春信图轴》，图中人物为雍正帝、乾隆帝父子

宽严相济的方针和宽平政策，这种方针政策的产生，除了乾隆帝赋性因素之外，是在皇孙、皇子时代逐渐形成的，他接受康熙帝的宽仁思想熏陶，鉴于雍正朝严猛政治的某些不良影响，以及他在谋求美誉（好谀邀誉），树立个人的权威所导致。

乾隆帝宽严相济政治思想的提出及其内涵。

乾隆帝继位的第五天颁布大行皇帝遗诏，就其内容来看，自然有的是雍正帝遗愿，有的则是乾隆帝的愿望，下引的一番话应当是乾隆帝的意思：

> 国家刑罚禁令之设，所以诘奸除暴，惩贪除邪，以端风俗，以肃官方者也，然宽严之用，又必因乎其时。从前朕见人情浇薄，官吏营私，相习成风，罔知省改，势不得不惩治整理，以戒将来。今人心共知儆惕矣，……若从前之例本宽，而朕改易从严者，……仍可酌复旧章，此朕本意也。向后遇此等事，则再加斟酌，若有应照例者，仍照旧例行。（《清世宗实录》卷一五九，十三年八月己丑，中华书局 1985 年影印本）

乾隆帝借用大行皇帝雍正帝的名义，在这里提出治理天下的宽严交替使用原则，初步表示改严从宽意向。一个多月后，召见总理事务王大臣，说明宽严相济的施政方针：

> 治天下之道，贵得其中，故宽则纠之以猛，猛则济之以

宽。而《记》称一张一弛，为文武之道，凡以求协乎中，非可以矫枉过正也。皇祖圣祖仁皇帝，深仁厚泽，垂六十年休养生息，民物恬熙，循是以往，恐有过宽之弊。我皇考绍承大统，振饬纪纲，俾吏治澄清，庶事厘正，人知畏法远罪，而不敢萌侥幸之心，此皇考之因时更化，所以导之于至中，而整肃官方，无非惠爱斯民之至意也。皇考尝以朕为赋性宽缓，屡教诫之；朕仰承圣训，深用警惕，兹当御极之初，时时以皇考之心为心，即以皇考之政为政。惟思刚柔相济，不竞不絿，以臻平康正直之治。夫整饬之与严厉，宽大之与废弛，相似而实不同，朕之所谓宽者，如兵丁之宜存恤，百姓之宜惠保，而非谓罪恶之可以悉赦，刑罚之可以姑纵，与庶政之可以怠荒而弗理也。朕观近日王大臣等所办事务，颇有迟延疏纵之处，想以朕宽大居心，诸臣办理，可以无事于整饬耶？此则不谅朕心，而与朕用宽之意相左矣。……恐相习日久，必至人心玩愒，事务废弛，激朕有不得不严之势。此不惟臣工之不幸，抑亦天下之不幸，更即朕之不幸矣。（《清高宗实录》卷四，雍正十三年十月甲戌条）

此后，乾隆帝不断论述宽严相济的施政道理，由上引谕旨和历次的讲话，可知乾隆帝的宽严相济、刚柔相济的内涵在于：

1. 因时制宜，纠正前朝末年留下的弊端。

康熙末年，与民休息，出现宽纵之弊，所以雍正帝即位不得不实行严猛方针，进行整饬，于是又产生严峻之弊，形势要求予以改正，乾隆帝当政，只好用宽仁方针取代烦苛之政。雍正朝的整肃与乾隆朝宽容均为形势使然，不是当政者随意采取的，不是出自当政者个人的好恶。所以乾隆帝屡次说，他实行宽容政策，如果造成政务废弛，他就会被迫采取严峻方针，希望臣下同他配合，不让废弛的局面出现。由此可知，所谓宽严相济，当“宽政”出现弊端，就用“严政”来补救，而“严政”出了毛病，再以“宽政”纠偏，如果又发生问题，只好复行“严政”，这是因时制宜的政治思想。“严”并非好事，是不得已而行之，最终要走到“宽容”的政治轨道上。

2. 执两用中，强调中庸和谐。

“治天下之道，贵在其‘中’”，这一类的话，乾隆帝不知道重复了多少遍。继位第十七天，给雍正帝拟定谥号，赋予乃父“建中”桂冠。雍正十三年（1735）十二月乾隆帝说：“凡政事之张弛，治理之竞绒，惟恐不能协乎大中至正之矩。”同月又说：“朕遵奉皇考圣训，以中平之道治天下。”（《清高宗实录》卷九）乾隆元年二月谕总理事务王大臣：“治道贵乎得‘中’，矫枉不可过正。……天下之事，有一利，必有一害，凡人之情，有所矫，必有所偏，是以‘中道’最难。”（《清高宗实录》卷十二）同月训饬陈奏诸臣，所言之事“不能适合厥中”。四月殿试策论，以“执中”问于贡士：“朕惟治法莫尚于唐虞尧舜相传之心法，惟在允执厥中。……夫用中敷治，列圣相传，然‘中’无定体，随时而用，因事而施，宜用仁则仁即中，仁非宽也；宜用义则义即中，义非严也；或用仁而失于宽，用义而失于严，则非中也。何道而

乾隆帝朝服像

使之适协于中耶？”（《清高宗实录》卷十六）话休叙繁，征引就到这里。乾隆帝的意思，实行中庸之道、执中政治，讲究宽严相济，不让因宽而出现废弛的现象，因严而产生烦苛弊病，不可偏废一方，应当防止这种情形的发生。事情的关键是找到用中的法则，令宽严相济而不相悖，施政艺术也正在这里。所以在他讲述这些执中道理的同时，屡屡告诫臣工，现在实行宽政，就有放纵的苗头，不能不加以警惕。所以说他施行惇大宽政不久，臣下“渐错会朕旨，而趋于废弛之意，朕滋惧焉”（《清高宗实录》卷十二）。让宽与严互相配合，而不是割裂开来，偏于一边。元年三月谕总理事务王大臣，严治民间开始冒头的盗贼、赌博、打架、娼妓四恶，因为雍正期间“四恶”已经敛迹，如今“无识诸臣误谓朕一切宽容，不事稽查，以致大小官吏，日就纵弛，民间讹言，诸禁已开”。故而严饬官吏，厉行禁止（《清高宗实录》卷十四）。

乾隆帝宽严相济的政治思想是怎样产生的呢？

这有客观与主观两方面的因素。以客观形势来讲，乾隆帝认识到雍正年间存在的社会问题，在强力控制之中有不安定的成分，他认为需要改变。乾隆帝御撰《世宗宪皇帝圣德神功碑》讲到康雍两朝为什么会有相异的治理方针：“圣祖时，疮痍初复，非遍复包涵，不足以厚生养而定民志”，但是“政宽而奸伏，物盛而孽萌”，如果皇考不来“廓清厘剔，大为之防，其流将溢漫而不可以长久”，因此进行整顿改制（《清高宗实录》卷五十）。他讲了康熙帝、雍正帝各自施行其政的客观条件和原因，那么他呢？他不好细说乃父的坏话，惟说臣下奉行不善，出现烦苛之弊，因而令他不得不予以改变，实行宽严相济的方针政策。雍正帝的严猛政治，令许多官僚不安不满，将他的清查抄家，用打牌中“抄家和”来讽刺，讥笑他是“爱银皇帝”；对他的打击允禩党人，就有官员谏议他“亲骨肉”。乾隆帝将这些现象看在眼里，所以继位就对官员和宗室成员施恩。

乾隆帝的赋性、政治理念之中，存在着温和的仁善成分。雍正帝遗诏中有乾隆帝“秉性仁慈，居心孝友”的话（《清高宗实录》卷一），应当是雍正帝的原意。乾隆帝自谓皇考屡次教训他，说他“赋性宽缓”（《清高宗实录》卷四）。礼亲王允礼说在雍正朝，作为皇子的乾隆帝“性资乐善，于道德仁义之根源，既得之圣祖之渐涵，复申以皇上之谕教”（乾隆帝《乐善堂全集》允礼《序》）。大学士鄂尔泰在雍正朝经筵会讲中，见皇子乾隆帝“动容出辞，温肃之气具备”（《乐善堂全集》允礼《序》）。这些人都说乾隆帝性格仁慈、好善、温和而严肃，同宽严相济的政治观相吻合，而尤近于宽仁。

乾隆帝自身，在皇子时代，将自家的居室命名为“乐善堂”，雍正八年（1730）汇编诗文集，名曰《乐善堂文钞》，乾隆元年（1737）编订成《乐善堂全集》。以“乐善”为名，反映他的一种理想，自云取这种堂名，是予人以善的意思，因为给人以善，所以最为欢乐；而善是什么？是孝弟仁义，是孝以养亲，弟以敬长，仁以恤下，义以事上（《乐善堂全集》卷八）。作为皇帝，主要是仁以恤下了。在文论中，乾隆帝阐发宽平之政的政治理想，他在论述唐太宗、宋太祖时，赞扬他们“以仁爱之心，宽平之政，保养百姓，治功灿然，昭于千古”。为何实行宽平之政，乃因它能赢得众人之心，他理解孔子的“宽则得众”观点，是“自古帝王受命安邦，遐迩向风，熏德沐义，非仁无以得其心，而非宽无以安其身，二者名虽二，而理则一也。故至察无徒，以义责人则难为人，惟宽能并育兼容”。他的结论是宽能得众，而宽是仁的体现。如果不行宽仁之政，“以偏急为念，以刻薄为务，则虽勤于为治”（《乐善堂全集》卷一），又有何益？这些话给人的感觉是针对乃父政治而言。宽仁的对立面是刻薄，因为刻薄失掉民心，故云宋神宗“信任王安石，用其新法，取利尽于锱铢，掊克罔不在位，于是民心已瓦解矣”（《乐善堂全集》卷六）。

乾隆帝宽仁思想的产生，受康熙帝的影响。他于康熙六十一年（1722）春天起被康熙帝抚养于宫中，深受宠爱。他非常感恩，无论是在皇孙、皇子还是在皇帝时期，都对康熙帝异常崇敬。他是善于自律的皇孙，虽然年少，每以受康熙帝教诲严格要求自己，如其自云：“孙臣时虽少，然受皇祖深恩，尝思久侍慈颜，长领训诲，谨身约束，庶无过尤”（《乐善堂全集》卷八）。他接受了康熙帝宽容的政治观念，所以在讲到康雍两朝政治的时候，对乃父总是用整风饬纪来概括，而对乃祖则是推崇他的宽仁。如云康熙帝在平定三藩之乱以后，“惟务以深仁厚泽，沦浃中外，俾涵泳优游，四方从欲”，民得其乐（《清高宗实录》卷五十）。又说康熙帝的包容：“皇祖临御日久，天复海涵，臣工贤否，无不洞悉。

乾隆帝射鹿图

晚年多所优容，大臣中或有徇情纳贿之弊，岂能逃皇祖之圣鉴，但不欲深究以保全之。”（《清高宗实录》卷二十五）包容贪官，本来是不足为训的，可是乾隆帝却是有条件地予以赞扬，可见他对乃祖崇拜的程度。

总之，乾隆帝少年时代从乃祖康熙帝那里接受宽平之政的理念，有着仁善的政治观念，向往宽平之治，以宽为表，以仁为实，希望用宽恤获取众心，营造太平之世；成年后鉴于乃父雍正帝的严猛政治的弊端，深明利弊相循的道理，更加明了实行宽平之政的必要，即位后决意施行宽严相济的理想。

乾隆帝宽严相济施政思想的来源还在于他的邀誉意识，而且在初政期间有其强烈性。

乾隆帝爱听赞扬、奉承话。左都御史孙嘉淦于乾隆元年（1737）上半年上“三习一弊”疏，谓人君“习于所闻，则喜谀而恶直”，“喜柔而恶刚”，“喜从而恶违”，“三习既成，乃生一弊，何为一弊，喜小人而厌君子是也”（李元度《国朝先正事略》卷十五《孙文定公事略》）。孙嘉淦的上书属于谏议性，并非说乾隆帝犯了三习一弊的毛病，提出来加以警惕，乾隆帝也表示赞赏他的见解。但是任何谏言都不会无的放矢，孙嘉淦看出乾隆帝有喜谀喜柔的问题，故而提请皇帝注意。二年（1737）十一月，乾隆帝刚刚释服，御史陈其凝疏陈“二欲宜克，三私当省”，三私中有一私，是“好谀”（《清高宗实录》五十七）。他同孙嘉淦一样，提请皇上警惕好谀等毛病。乾隆帝好谀对初政的某些决策，不能说不起作用，他需要标新立异，要与乃父有所不同，改动前朝的政事，以显示他的才华和仁爱品格，树立自身的新朝的形象。有些事情可以做，但是不一定在初政时期急急忙忙地去做，如对宗室政治犯的宽贷，前几朝都是慢慢进行的，多尔衮的事，顺治帝不许变，康熙帝维持不动，直到乾隆后期才作出改正。乾隆帝这时忙什么，不能说不同邀誉有关。为着邀誉，他不自觉地说一些过头话，过多地否定前朝的业绩，而后慢慢地把其中的一些话收回来，恢复到前朝的状态。对于他的改变政策及心理，藩属国朝鲜使者将耳闻目睹的情形及收集到的情报，汇总起来，对继位初年的乾隆帝及其政事作出这样一些评论："政令无大疵，或以柔弱为病"（朝鲜《李朝实录·英宗实录》卷四十三，学习院东洋文化研究所1964—1965年版）。"雍正有苛刻之名，乾隆行宽大之政"，"政令皆出要誉"（朝鲜《李朝实录·英宗实录》卷五十八）。看来，乾隆帝好谀邀誉，也是他以宽平之政改变乃父政策的一个原因，这个原因不能说分量很重，但却是不可忽视的。

乾隆帝不愧是明君康熙帝、雍正帝培养出来的帝王，总结两朝的政治得失，初政即提出宽严相济、刚柔相济的政治方针，尤其可贵的是随时观察政治动向，比较及时地纠正露出端倪的偏差。在他初政期间，屡屡告诫臣工，不要因为他施行宽平之政，而不理民务，听任自遂，出现废弛的迹象，如元年三月说，现在臣下"今日曰宽此，明日曰宽彼，以至群相怠玩，百弊丛生，必至激朕又有不得不用其严之时，则非天下臣民之福也"（《清高宗实录》卷十五）。似此上谕甚多，不必枚举。不难从中发现，乾隆帝很敏锐，及时发觉宽政中官员的心态，官民的恣肆，政事的废弛，告诫臣下警惕，以及全面实行宽严相济方针的必要。他之能够训饬臣工，是因为他时刻进行反省，生怕从一个弊端走向另一种毛病，并且有能力来发现。初政期间如此，以后仍然注意。三年二月谕九卿，不可“因朕宽大，稍萌纵弛，甚至苟且营私，致干物议”（《清高宗实录》卷六十二）。四年（1739）三月训饬部院堂官，“近来看得各部院办事，渐觉懈弛，天下之事，整饬难，废弛易”，应当警惕（《清高宗实录》卷八十八）。由此可见，乾隆帝随时调整政策，注意克服弊端，使宽严相济的方针得以完整贯彻。因为宽严相济，政策适中，反映乾隆帝政治的活力。

清上官周绘乾隆《南巡盛典》中卢沟桥图

初政中乾隆帝不时讲他实行宽容政策，臣下也这样体会，但是笔者发现乾隆帝与康熙帝很有不同，并不以慈爱面目出现于世，他的严毅一面也很明显，从囚禁王士俊可知，严厉打击可能出现的反对派，也是杀鸡儆猴。他是宽中有严，柔中有刚。从其一生来看，严饬雍正帝遗诏命入太庙配享的大臣鄂尔泰、张廷玉以及庄亲王允禄，杀戮大臣讷钦、张广泗，实际上废黜皇后乌喇那拉氏，大兴文字狱亦是一端，甚至因立储的事，要诸皇子安分，不要兄弟相戕，否则，“与其令伊等兄弟相杀，不如朕为父者杀之”（《清高宗实录》卷三一七）。这种话，康熙帝是说不出来的，而且因为皇长子允禔说出要代父皇杀废太子允礽的话，康熙帝立即将他圈禁。对比一下，乾隆帝的严酷一面就暴露出来了。他的这种性格，赋予到政治当中，就能够宽严相济、刚柔相济。

道光帝、咸丰帝的理政和性格

道光帝（1782—1850，1821—1850在位）、咸丰帝（1831—1861，1851—1861在位）是平庸之君，似已成为学术界的定论，这里不是要发出什么异议，而是希望通过他们召见官员张集馨和段光清的史实来认识他们的理政能力和个性。

前面《雍正帝接见中下级官员》文中说到清朝制度，中下级的地方文武官员上任，都要面见皇帝，聆听训示，这种活动叫作“引见”；若是地方高级官员的布政使（藩司）、按察使（臬司）的履新，则应请求皇帝给予当面指示的机会，皇帝同意了，就进京面君，是为“召见”。引见往往是多人同时进行的，只见一面，而召见则多属个人行为，系皇帝与被召见人单独交谈，即是密谈，而且可能多次见面。

张集馨（1800—1878），江苏仪征人，进士出身，历任编修、知府、道员、按察使、布政使，

咸丰帝朝服像

于道光十五年（1835）、十六年、二十五年、二十七年（1847）、二十九年（1849），咸丰元年（1851）、六年（1856）、九年（1859）先后八次被召见。段光清（1798—1878），安徽宿松人，举人出身，历任知县、知府、道员、按察使，道光二十四年（1844）引见，咸丰九年（1859）召见。张集馨著有《道咸宦海见闻录》（中华书局印本），段光清作有《镜湖自撰年谱》（中华书局印本），记录了他们被召见的历史，下面所利用的历史资料就出自这两部书。

召见关乎君臣双方，这里则将关注点放在君主方面，从他的提问、指令、表情，来看他关心的事情，处置政务的能力，为人与智慧状况。

道光帝、咸丰帝的召见张集馨、段光清，谈论中说到大政方针，但更多的是了解从封疆大吏到民间情况，太平军、捻军及少数民族战争情形，大员察吏的职责和方法，施政的细微原则，以及被召见人的家庭与生活，涉及面相当广泛，这里不必一一介绍，仅将我们有兴趣的略陈于次：

安内攘夷的战略性思考

咸丰九年（1859）三月，咸丰帝连续五天召见浙江按察使段光清，在第五天咸丰帝问段光清："方今夷人横强，粤匪扰乱，是天下两大患也。据尔看来，如何办理？办理宜以何者为先？何者为后？"咸丰帝首先明确当时存在着安内、攘夷两大难题的形势，接着提出两个问题，一是如何克服这两个大患，二是平息这二患的先后次第。段光清任职于杭州，同太平军中心地带接壤，又在宁波担任过属县县令、知府和宁绍台道，宁波是鸦片战争后五口通商之一，所以他对夷务和太平军的对策早有考虑，立即回奏：

> 夷人扰害中国，今已二十余年，内有商贾，交易往来，已渐相安。当初若沿海地方，任其蹂躏，亦未必遂能深入内地；今则内地既深入矣，猝欲除之，势必不能。臣窃窥夷人之志，不过专心营利，未必遂有他志。且连年外而哦夷（俄罗斯），内而属国，祸结兵连，习以为常。刚者必缺，自然之理，不久夷人当自虚弱。皇上为中国百姓忍辱含羞，天下自能谅之。
>
> 目下粤匪到处掠人赀财，毁人庐室，淫人妻女，焚人诗书，每破城池，衙署尽烧，每逢庙宇，则神像俱毁，此万姓所切齿，而天理所不能容者也。皇上且振刷精神，命将出兵，奠安海内，以顺舆情。
>
> 粤匪既灭，夷人自驯，内顺外安，有不期然而然者矣！

他的看法很明确，第一先处理太平军之乱，办法就是用兵，武力消灭对方；第二位才是对付洋人，一则平定了太平天国，夷人见中国没有内乱就会老实一些，再则盛极则衰，夷人必然会败落，所以可以放到第二步来料理。咸丰帝当时没有表态，会见后就把段光清的意见告诉军机大臣，得到他们的赞同，九门提督穆某当面赞扬段光清“所言甚善”。安内、攘外的次第与方法的决策，本来是朝廷的事，咸丰帝竟然谋及并非封疆大吏的地方官员，是否病急乱投医？其时清朝的形势确实是危机重重而难于处置的，太平军和捻军已搞得焦头烂额，第二次鸦片战争也在进行，咸丰七年（1857）十一月英法联军攻陷广州，八年四月攻占大沽炮台，逼近天津，五月清朝被迫先后与英、法、美、俄四国签订《天津条约》，十月又在上海与英法美三国签订通商章程，半年前的四月还同俄国订立了《瑷珲条约》，清朝政府实际上采取先安内后攘夷的方针。可是外国侵略者咄咄进逼，九年正月英国使臣坚决要求进京，朝廷一面下令严防海口，一面令海运漕船躲避夷轮。三月，俄国强行在乌苏里江、绥芬河建造房屋的奏报到京；英使兵船北上，不理睬直隶官员的阻止。就是这种形势逼着咸丰帝君臣再次思考安内攘夷的战略大计，所以才在召见中谋及地方官员，并且坚定了他们先安内后攘夷的方针。

多方考察疆吏和领兵大员

道、咸二帝在召见官员时，常常询问他们的上司——疆吏的优劣，因为那时战事多，也问及在地方上的领兵将帅。

张集馨将由四川按察使升任贵州布政使，道光十九年（1839）十一月接受召见，道光帝问他近年来四川总督谁最优秀？张集馨一时不便回奏，道光帝就说琦善办事老练，又问裕成如何？张集馨奏称他“中正和平”，道光帝则说“嫌他太软”，不过无人可用，还是派他去做川督，并预料他，“大约整顿未能，亦未必敢坏地方公事”。第二天再见时，道光帝查问琦善带兵攻打中瞻对藏人的事情，起因是什么，用了多少兵饷，谁承办粮台？这是从具体事务考察琦善了。

咸丰九年（1859）三月，皇帝召见浙江臬司段光清，问他历任浙江巡抚谁最好？段光清对原任吴文镕、黄宗汉等四位巡抚一一作出评论，又为现任胡兴仁说了好话，但是咸丰帝仍然追问："胡兴仁到底何如？"这就使得段光清预感到胡兴仁将会碰到麻烦。果然，九月胡兴仁就离职了。道光、咸丰二帝通过属员了解其主官，是皇帝的惯常手法。

施政指示

皇帝对召见的官员，总要根据他的职务给予一些既原则又具体的教导和指令，详细地说有下述诸方面：

用人原则。道光十九年（1839），道光帝对布政使张集馨说，用人不要有成见，做官的人不外来源于科举、捐班、满、汉四个方面，哪一方面都有人才！当然，捐班的人将本求利，操守难求，让人不放心。不预存偏见，就要根据属员的实际表现来使用，避免委屈优秀人才。

胸中有数，全盘料理。咸丰帝于九年（1859）训饬行将就任闽省藩司的张集馨："汝到任须将事审度到底，再行办理，无为州县蒙蔽。"就是到任不要急急忙忙，还不了解多少情况，就拿主意，处理事情，而应对所有的事务有个通盘的认识，明了原委，有计划地去做，将不会受下属的蒙骗，把事情办理妥善。

考察属吏、不可徇情废法。这就涉及到明确各种官职的职责、考查方法以及不可避免的参劾。道光帝于十六年（1836）告诫即将上任的知府张集馨，知府不能只是洁身自好，还要能够查察所属的州县官，办法是“明察暗访”。二十七年（1847）训饬川臬张集馨：臬司专管刑事案件，难免要判死刑，不要存怜悯之心，或杀人报应之惧，为情实罪犯减刑。又以自身为例，每年勾决人犯，并不惑于生死之说。又说臬司管理驿站，马匹紧要，可是盘查马匹时，州县官彼此挪借，查不出毛病，因此不必去查点，只看公文递送，如有迟缓的，即行参奏，就会收到实效。二十九年，道光帝对即将出任布政使的张集馨说：“理财固为藩司专政，而察吏尤为当务之急，地方得人而治。”道光、咸丰二帝告诫长吏要善于御下，警惕被僚属欺蔽，故而道光帝对张集馨说，“不要听劣幕救生不救死之说”；咸丰帝告诉张集馨，“无为州县蒙蔽”。

兢兢业业理政，要坚持不懈。俗谚“新官上任三把火”，像是有一番作为，而后就疲沓了。咸丰帝深知官员有这种毛病，对新任闽藩张集馨说：“汝到任后，诸事自然要整顿，切不可初到整顿，久则因循。”要求他勤劳办事，持之以恒。

张集馨、段光清身任藩、臬，系地方高级官员，各司民政钱粮、司法治安之职，道光、咸丰二帝对他们的要求，在本职的主导方面之外，重在他们的任用和考核属员，以及始终勤勉供职。

获取知识、了解民情

在召见当中，道光帝、咸丰帝会因着被召见人的经历、知识询问想知道的各种事情，有不懂得的也不隐讳，照问求知。这是私下会见，不是坐朝，不必显出天纵圣聪、无所不知的样子，所以交谈中，无论是职官制度、人丁钱粮、交通道路、水利水患、收成口粮、民风民情和民众运动，少数民族，以及历史往事，皇帝表现出兴趣，臣下就尽心回答。

职官制度。官制中的重要内容，皇帝当然知晓，特别是道光帝中年继位，坐朝时间又长，知道得更多，但有些规则还是不甚了了。道光二十六年（1846）召见陕西粮道张集馨，问："粮道自然管粮，不知管地方否？"回奏："西、乾、鄜三属地方，归粮道统辖。"又问"哪个乾字"，回答"乾坤之乾"。于是道光帝获知粮道不仅管收钱粮，还兼管地方，陕西有个乾州。

人丁钱粮。人丁的掌握，钱粮的征收，是政府的命脉之所在，为皇帝高度关注。道光帝问张集馨四川库存有多少，每年田赋是否够本省支销？咸丰九年（1859），咸丰帝询问式地对张集馨说："各直省地丁，自然以贵州为最少。"张集馨回奏甘肃亦不多，咸丰帝遂连续问及甘肃、四川、河南、山东、福建的地丁钱粮，以及四川为什么赋税比其他省份轻，张集馨一一作出解说。

道路交通。道、咸二帝不像他们的祖先康熙、乾隆二帝巡幸的地方多，地理知识多来自书本、奏章和臣下口述，因而常在召见中问及有关事情。咸丰帝因张集馨将赴福建之任，遂在九年（1859）五月召见中详细询问去福建的路程及交通情形，兹将张集馨的记录抄录于次：

> 上曰："自京至福建省有多少路？"对曰："七十余站。"上曰："仙霞岭一日过得去否？"对曰："可以过去。"上曰："汝今年能到任否？"对曰："臣亦想赶于年底接印，恐长途风水阻滞，不能刻期。"上曰："到福建有水路通否？"对曰："自京至王家营系旱道，自清江雇船至杭州换船至衢州起岸，便是旱路。"上曰："必要走苏杭？"对曰："是，此系驿路大道。"

从交谈中可知，咸丰帝地理知识不少，仙霞岭之外，王家营、清江、衢州等地应是知道的，否则不会提出来的；不过他由此得知到福建的具体走法，以及必经苏杭的原因，也可能消除他一种误解：以为走苏杭是为游逛。

水利水患。道光帝于十五年（1835）五月召见张集馨的这一天，正好见到河道总督关于黄河水涨的报告，心中不悦，说"黄水陡长丈余，岂不可虑"，张集馨回奏，夏天涨水不足忧虑，因此时天亢，随涨随消，可忧的是秋汛，涨水不能消退。接着又奏称，河道总督奏报是怕万一出事，好以早经奏闻推卸责任，而他下面的人故意将水情说得严重，以便兴办河工，从中渔利。道光帝边听边点头，表示明白了个中缘由。

收成口粮。就在上述讲水患的那天，道光帝问到张集馨故里扬州所生产的粮食够不够本地食用，为什么要仰赖四川、湖广粮食。二十九年（1849）十一月川臬张集馨奉召由成都到京，道光帝问他沿途年景如何，张回答："各省皆收成丰稔，且已早得大雪，麦苗滋润，来年可庆有秋。"道光帝又问起成都米粮够不够民间食用。

民风民情和民众运动。上述道光帝询问从四川到京师沿路年景，同时还问民情和地方是否安静，近年四川啯噜比从前如何。又同张集馨讨论鱼米之乡的四川为什么游民那样多。咸丰年间太平军、捻军战事连年，迫使咸丰帝更其关注地方治安和民众运动。九年（1859）询问张集馨，湖广白莲教齐二寡妇为何能以一个妇人聚众闹出那么大事，四川民风为什么强悍？又详细了解福建的械斗始于何时，械斗情形，如何完结，丧命的人赔偿价码如何，地方官为什么不弹压？同年召见段光清之时，恰值浙江巡抚奏报余姚佃农抗租，聚众进城，焚烧恶霸邵五住宅及富户李、谢二姓之家，咸丰帝问段光清是否知道此事，段光清知其详情，不愿细说，只说主佃发生口角，即使有一二莠民煽动，不过土匪之类。咸丰帝一听到土匪就紧张了，急忙问："土匪不虞滋事乎？""知县能平土匪乎？"段光清作了知县能平土匪的回答，咸丰帝情绪从而缓和下来。

道光、咸丰二帝召见官员的交谈情形和内容就介绍这一些，下面从召见活动中观察道、咸二帝的性格，以及所受清朝皇家家法的影响。

召见是道、咸二帝勤政图治的一种表现

召见、引见中下级官员是道光帝、咸丰帝日常事务，每日晨起，先见军机大臣，议事决策，发下昨日或先前批阅的奏折、题本，接着可能就是召见、引见内外官员。召见、引见，几乎成为日课。对于藩臬的召见，每一回都是交谈几次，连续进行，道光帝于二十七年（1847）八月召见行将赴任的川臬张集馨，十九日、二十日、二十二日三次面谈，二十一日的轮空，是因为道光帝去黑龙潭求雨，未能正常办公。咸丰帝于六年（1856）十月召见张集馨，第一次在初三日，次后于十三日、十四日、十五日、二十日进行，共计五次；二十日的见面，本来定在十六日，因咸丰帝生病推迟到这一天。九年（1859）三月召见段光清，也是会面五次，且是连续进行的。藩、臬的召见，清朝旧制，只有一次面圣的机会，所谓："旧例藩、臬入觐，虽许条奏地方事宜，然仅由通政司投递，引见一次，辞朝，即行。"康熙二十二年（1683）接受左都御史徐元文的建议，增加会面次数，以便官员陈奏地方事务，皇帝予以咨访，观察其人的才具优劣，以及督抚保举是否得当（吴振棫《养吉斋丛录》卷三）。至此藩、臬有了不止一次的面君机会。正是在这一制度下，道光帝、咸丰帝每回召见张集馨、段光清几次，动辄三五次，真是不嫌繁细，实为一种勤于理政的表现。

召见的时间，都是在上午早些时候。段光清记录他的召见，

养心殿西暖阁

每次都是在黎明进宫，等候面君。张集馨对召见的钟点笔录有时严谨一些。道光二十九年的召见，都是五更到宫门等候。咸丰六年十月初三日辰刻（七时至九时）在大内养心殿召见，十三日也是辰刻在圆明园勤政殿会面；十五日丑正（凌晨二时）张集馨进圆明园等候，辰初（七时）见咸丰帝骑马过来，张集馨在最后被召见，时在巳正（十时）；二十日仍然是辰刻召见。咸丰九年的召见，均在巳刻（九时至十一时）进行，五月十八日这一天，是在玉泉山清音斋召见的，张集馨于卯刻（五时至七时）到宫门侍候，辰正（八时）见咸丰帝乘马而至。据做过军机章京的赵翼记忆，乾隆帝每天必定在卯刻（五时至七时）起床，冬天时节驾临乾清宫，还要点

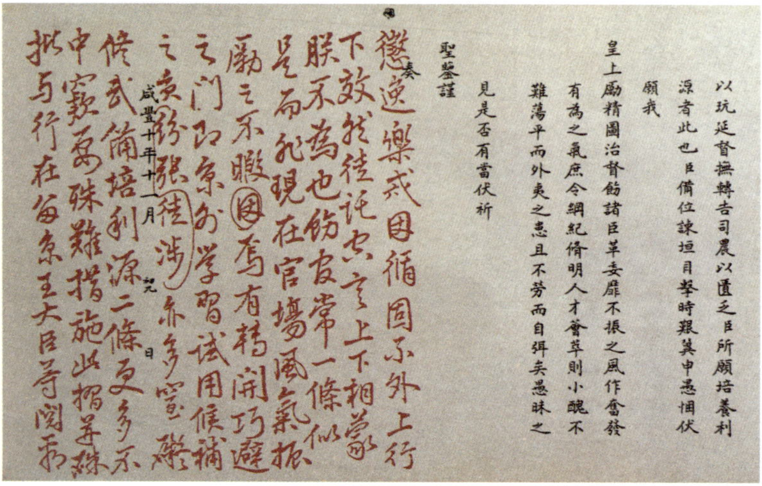

咸丰十年十一月初九日徐启文奏折咸丰帝朱批

寸许的蜡烛天才明亮（赵翼《檐曝杂记》卷一《圣躬勤政》）。咸丰帝基本上在辰刻以前会见军机大臣，而在辰刻召见地方官员，还是传承了祖宗的惯例。据此而言，对道、咸二帝，仍然可以用赵翼的“圣躬勤政”来形容他们的勤于处理政务。

道光帝是有见识、有责任感而缺乏刚毅性格的君主

关于道光帝的识见、性格，有学者认为他“犹豫不决，愚昧无知，气度狭小”。也有人评价他“不是昏君，却是一位平庸的君主，缺乏力挽狂澜的魄力、能力以及对时局的洞察力。……是一位循规蹈矩的皇帝”。在用人方面，“一是谨慎过度，二是缺乏定见”。他们所论均有事实凭据，笔者在这里不是要同他们讨论

什么事情，而是谈一点想法。

考察道光帝的识见有三桩事情可做依据。其一是继位之初的接受军机大臣英和的建议，清查陋规，整顿吏治，然而刚一实行，遭到朝内外官僚的反对，他立即罢手，并将英和撤职。其二是支持禁烟派，任用林则徐到广东查禁鸦片，但是英国军舰一打，他又软了下来，订立屈辱的《南京条约》，并惩办禁烟中坚人物。其三是倡导经世致用之学，他在道光二十一年（1841）策试贡士的“制”文中云：“士不通经，不足致用，经之学不在寻章摘句，要为其有用者”（《清宣宗实录》卷三五一）。务实，这是道光帝的一贯主张。清厘陋规整饬吏治，严禁鸦片烟毒，是朝政中的大局，是势在必行的，道光帝认识到了，抓住了，问题就出在不能紧抓不放上。在道光帝的意识里办理这类事情就是整顿，通统属于他不离口的“整顿”范畴。务实、整顿，说明道光帝是有见识的，也是有主见的，确实不是昏君，但是他不能坚持主见，反映了性格中软弱的一面。似乎可以说道光帝能够察觉朝政中固有的一些问题和弊病，至于外国侵略者的汹汹来势之不能识及，就不是那个时代的人所能够认识到的，可以不作深论。要之，道光帝是有识之君，而没有坚毅的品格来支持他坚定自家的主见。

道光帝对国家的责任感之强烈，我们也需要注意到。六年（1836），他在召见中告诫张集馨，不能光是洁身自好，还要管好属吏：“持身虽严，而不能察吏，尚未能了我事也。”“我岂肯以好好地方，听人糟踏耶！”二十七年（1847），道光帝召见中要求川臬张集馨赶快赴任，说“我地方要紧，汝明日不用再递牌子

道光帝行乐图卷

咸丰帝便装行乐图轴

道光皇帝检阅卫兵图

（意为不再召见）”。道光帝一口一声“我”的地方，“我”的事情，将国家、地方、政事都视作“我”的。本来，朕即国家，政事、地方、人民都是皇帝的，不必讲了，问题是道光帝这里是要求官员协助他把政事办好，地方、百姓管理好，使国家安宁，百姓乐业，从这里我们看到道光帝的治理好国家的一种责任感。他将国家、民人看作他所有的，很自然地具有管好的责任。因此说他有责任心，不足为奇。“朕即国家”，是专制主义的代名词，皇帝是专制主义的象征，对这种专制皇权应予批评，多年来都是如此做的。不过皇帝对国家的那种高度责任心，以至有的亡国之君以身来殉社稷，后世走马灯式的国家治理者很难有那样强烈的感情。因之，高度责任感的治国精神是值得提倡和继承的。

咸丰帝的好学与不成熟

对咸丰帝的为人，《清史稿》的评论是相当不错的，谓之“任贤擢才，洞观肆应；赋民首杜烦苛，治军慎持驭索；辅弼充位，悉出庙算”。似是睿智善断之君，然而有的当代史家颇为恭亲王奕䜣鸣不平，认为若他登基要比咸丰帝好，则是看不上咸丰帝了。从召见中看，咸丰帝是位遇事感觉新鲜，很有好奇心，乐于了解下情，希望获取治理经验的皇帝。他好问，下指令并不多。他20岁（实岁18）登基，应当说多少具有有为的年轻人的好学精神。咸丰帝希望得到的知识和兴趣可以归纳为以下四个方面：

1. 国家大政方针。如征求段光清对安内攘夷次第处置的意见。

2. 战争与战术。询问张集馨贼军何以屡攻不克，究竟官兵比贼兵技艺如何，敌军木寨是怎么回事？胜保与僧格林沁两人，用兵优劣如何，胜保打仗真是勇敢吗？张国梁战功多，必有用兵奇异之处，是个粗人，能懂兵法指挥调度吗？哪一省的营兵最为精锐？齐二寡妇以妇女而能御众打仗，过人处何在？

3. 官员相见礼仪。询问张集馨，两司见督抚是何仪注，督抚在什么情形下坐大堂，坐大堂时两司又如何相见，什么是庭参礼，督抚要站起来回礼吗？胜保是否待人傲慢，连提督、总兵、都统都不让坐？

4. 官员相貌与官兵是否接近女色、男色。问张集馨，胜保帐篷内是否“娇童林立”？向荣是否赳赳之气，是何相貌，是否在战斗中被削去半边脸？知道不知道江北兵勇私养女人，不肯打仗？

前面两点的咨询是完全必要的，对处理政务、战事必然有益。后面两点不能说全然没有价值，而咸丰帝的发问多半是出于好奇心，试想向容、张国梁那样勇敢善战，是什么模样，也许有种想象，不如问一问。作为皇帝，自家坐朝的仪式当然清楚，督抚坐大堂与天子不能比拟，不过究竟是什么样子呢，好奇心驱使他发问了。如果有机会谈到知县坐堂审案，咸丰帝一定会饶有兴趣地听下去。人云咸丰帝好色，他问将领和军士是否好女色、男色，也许反映了他的内心世界。他的时间、精力有限，有的事情是无须提出的。

咸丰帝记忆力可能不好，或者不善于记忆，他同张集馨在六年（1856）的谈话，到九年（1859）再见时，问了许多重复的事，如张集馨是怎样坠马受伤的，他在仪征老家的人有无在太平军进城时伤亡，张集馨在向荣江南大营是否管粮台、写奏折，张在北京有无住房。皇帝日理万机，那些琐事不会记得住，是可以理解的，但是咸丰帝丧失的记忆太多了，不便承认他是聪睿之人。说他洞察力很强，似乎根据并不充足。

清代帝王的生育

历代皇子皇女多夭亡，清朝亦然。清代后期的同治帝没有遗胤，他的堂弟光绪帝也无后人，真是有点怪。笔者试作某些解释。

清代自顺治帝建立统一的全国政权，到宣统帝灭亡，共经历十个君主，宣统帝在童稚之年退位，可以不考虑他的生育问题，其他九帝的生育状况，先制作一表，以便有个感性认识（表见下页）。

表中的殇逝，系指15岁以前夭逝者，共74人，而清代9个皇帝共有子女146个，殇亡数是出生数的一半，其中皇女60人中竟夭亡37人，夭亡殇逝率高达61.7%。应该说龙子龙女在保育方面不会有大问题，何以出现这么高的死亡率？

再看这样一个事实：皇帝的头几胎子女多短命。顺治帝的长子、长女是这类中人，康熙帝的头六个子女都在4岁以前亡故，雍正帝的大女儿和头三个儿子也是殇逝的，乾隆帝的长女、次女及

	子女数			其中殇逝数				
皇帝	男	女	合计	男	女	合计	子女生母数	皇帝享年
顺治	8	6	14	4	5	9	12	24
康熙	35	20	55	15	12	27	32	69
雍正	10	4	14	6	3	9	7	58
乾隆	17	10	27	7	5	12	10	89
嘉庆	5	9	14	1	7	8	7	61
道光	9	10	19	3	5	8	9	69
咸丰	2	1	3	1	0	1	3	31
同治	0	0	0	0	0	0	0	19
光绪	0	0	0	0	0	0	0	38
总计	86	60	146	37	37	74	80	

次子分别活了 2 岁、1 岁、9 岁，嘉庆帝的长子和长女、次女均于 4 岁以前离开他们的父皇，道光帝的头六个子女和康熙帝的一样，没有一个人能够活到成年，咸丰帝的长子亦是幼殇的。上面提到的就有 25 人，占殇逝总数的 1/3 强。死的这些婴幼儿出生时他们的父亲年龄都很小：顺治帝 15 岁得其长女；康熙帝 14 岁做了父亲，所夭亡的头六个孩子全是他在 18 岁以前生养的；雍正帝所殁的长子、长女是他 17 岁那年出世的；乾隆帝 18 岁生的长女没能够养活下来。这里说的皇帝生育年龄都是虚龄，按实足年龄计算要减去 1 岁。生育要十月怀胎，这又要减去 1 岁；如此算来，康熙帝的第一个儿子是他 12 岁时的精子，12 岁还是少年时

宜男萱草，古时以为孕妇佩戴此花会生男儿

代，自身发育还不完全；而夭亡者的生母也是和皇帝一般大小的少女，发育也不成熟，他们结合生育的子女当然先天严重不足，缺陷甚多，再精心护养也不能久留于人世。皇帝成年之后，自身身体是发育成熟了，但妃嫔众多，性生活若没有节制，所生育的子女也仍然多有不健全的，故而死亡率高。总之，先天不健全是清代皇子皇女殇逝的主要原因。

表中业已显示，清帝前 7 人有生育，平均每人生养 21 人，但是到了咸丰帝时锐减，仅得 3 人，其后同治帝、光绪帝则全没后嗣。皇帝遗胤的多寡，同他们的享年有一定的关系，如顺治帝死时才 24 岁，如果他能长寿，可能还会添不少子女。但也不一定，咸丰帝 26 岁有了载淳之后还活了五六年，且正处在生育

杨柳青年画《浴婴图》

杨柳青年画《浴婴图》

旺盛的年岁，然而却没有再添子女，这只能说明他失去了生育能力。同治帝死时 19 岁，年纪虽轻，已大婚两年，后妃 5 人，若有生育能力，早该有几个子女了，然而却没有。光绪帝享年 38 岁，始终无出，显然与他年龄无关，真正问题在于他的生殖功能不正常。自咸丰帝起，皇帝享年不永，胤息奇缺，说明他们体弱，是不景气的现象，而这种式微，与国势的衰弱又是完全相一致的。这表明两者间有着互为因果的关系：皇帝虚弱，无力励精图治；国力不充，也使皇帝忧虑，心劳力绌，健康恶劣，在此情况下，像咸丰帝、同治帝那样不节制性欲，本身只有早亡，遗下弱嗣，甚至没有血胤。

7 个皇帝的儿女，由 80 位后妃所生，平均每人只生 1.8 胎。康熙帝 55 个子女的生母是 32 人，平均每位后妃生育 1.7 人，其

年画《子孙万代》

小校场年画《百子图状元及弟》

中有 21 人只分娩过 1 次。为康熙帝生育最多的是雍正帝母亲德妃（孝恭仁皇后）、诚亲王允祉母亲荣妃，各生 6 个子女。敬敏皇贵妃生育怡亲王允祥三兄妹，是在康熙二十五年至三十年的 6 年内连续诞育的，密妃王氏于康熙三十二年至四十年也给康熙帝生了 3 个儿子，康熙四十一年到四十五年襄嫔高氏生产了 2 人。这些事实说明，康熙帝对某些后妃有所喜爱，或在一段时期宠幸某个妃嫔，故而她们生养子女多于他人。可见，帝王多妻妾，是造成多子女的重要原因之一。

官绅晚年生活

死于任所的古稀总督于成龙只有三两银子的遗产

清初有两个于成龙，都是有名的督抚，这里要说的是山西永宁（今方山县）人、被康熙帝称为“今时清官第一”的两江总督于成龙。他生于万历四十五年（1617），卒于康熙二十三年（1684），得年68岁。顺治十三年（1656），45岁的于成龙开始做官，出任广西罗城县知县。出发前，给友人写信，表示出仕不是为了自家的穿衣吃饭，而是要凭天理良心办事。他做官20多年，始终清廉，生活异常艰苦，实践了出仕之初的诺言。请看一些事实：

在罗城县的艰苦生活。罗城县是清朝边疆小县，今为广西罗城仫佬族自治县，于成龙初到的时候，城里只有六户人家，衙门十分简陋，用土坯垒成台子当办公桌，荆条编成的笆子做大门，他的生活用具只有一口锅、一个饭盆。他经常出访，了解民间疾苦。人们被他的简朴生活所感动，虽然贫困，到时就缴纳钱粮。官员征税要加征火耗，这是不成文的规则，于成龙却不多收，百姓过意不去，便主动多放一点钱在土桌上，请他收下，劝慰说，老爷不收火耗，不给自己弄钱改善伙食，我们留这一点儿给老爷买壶酒喝还不行吗？于成龙仍不收用。他在罗城时间长了，仆人见跟他没有油水可捞，就离开了，他便独自生活。当地人可怜他，敬重他，每天早晨都有人来问安，有时送点钱，于成龙哭着辞谢了，并说我一个人能吃多少东西？你们把钱拿回去，孝敬你们的父母，我就高兴了，也如同我自己吃了一样。一次，于成龙的家属来探视，百姓听说了很高兴，以为这一次可以送东西了，他们把钱物送到知县住处，说是给你家人的。哪知于成龙却说：我老家离这里六千里远，一个人带着东西不是累赘吗？结果还是没有接受。

于成龙靠人接济上任四川合州知州的途程。他在罗城任职七年，升任四川合州知州，没有回家探亲，径直赴任。罗城百姓不少人送出几百里才被劝回去，一个算命的盲人非要继续送行，于成龙问他原因，他说路途遥远，我估计老爷盘费不够，我有一技在身，或许能帮助老爷。于成龙只好让他同行。果不出盲人所料，半路上遇到雨天，行走困难，延长了时间，钱花完了，只好靠算命先生挣钱做路费，才到达合州。在这里，上司下公文要鱼，于成龙说每年全部税银 15 两，百姓苦极了，拒绝额外供应。

赴任福建按察使道上。1678 年，于成龙由湖北道员升任福建按察使，出发之前买了几百斤萝卜，人们不理解，笑着说这是便宜东西，买这么多做什么，他说路上当饭吃。当时八旗兵平定福建耿精忠叛乱，把一些平民当作罪人惩办，役使几万名青年男女做奴隶，于成龙指着妇女儿童说，这些人怎么是叛乱分子，积点德，把他们放了吧，官兵只好放人。

在直隶参劾赃官。康熙十九年（1680）于成龙出任直隶巡抚，青县知县赵履谦贪赃枉法，于成龙教育他，不听，遂参劾他。

在两江总督任上。上任时，不用驿站马车，自雇一辆驴车，自行住宿旅店，不到驿馆居停。在江宁衙门，只吃青菜，或者就一点咸菜，当地人管他叫“于青菜”。由于总督清廉，江宁官员不敢互相送礼，收受贿赂，连过端午节也不敢相互送粽子。

遭到贪官嫉恨。贪官散布他的谣言，副都御使马世济在江宁听到了，回京弹劾于成龙年老多病、受人蒙蔽废事，吏部因而建议让他退职。学士锡住到东南沿海考察，回京向康熙帝报告，于成龙做官确实清廉，但是轻信属员。康熙帝明白，说于成龙的坏话不可轻信，并以他做例子教育官员廉洁奉公。

于成龙死于任所，三两银子遗产。于成龙死在江宁任上，由于家属不在身边，江宁将军和总督衙门官员为他料理后事，发现他只有一件袍子，一双靴子，几斛米，几碗盐和豆豉，银子三两，制钱二千文。这就是一个堂堂总督的遗产。

康熙帝认可于成龙，说他是当下第一清官，为他赐谥“清端”，为他的祠堂书写“高行清粹”匾额。

于成龙是大清官，连一些应当享受的待遇也不接受，如上任不用驿站负责的交通。清官，历来为百姓讴歌，盼望清官当政，这在君主专制政体下是合情合理的愿望，因为他们没法自己选择官吏，自然认可清廉官吏。清官也有挨骂的时候，那是在“文革”初期，批判《海瑞罢官》，由于海瑞是清官，于是说清官比赃官还坏，因为他麻醉人民不起来造反。这是只顾“革命”，不顾人民的生死。清官挨骂，是非颠倒如此，何其悲矣！百姓盼望清官，颂扬清官，有时代原因，有政治体制原因，论及此事，需要察明。

终身反省的学者李塨（附述：翰林严修讲求反省之道）

清代学术史上有反对理学空谈、崇尚经世致用和自身践履的颜李学派，他们生活在农村，亲自耕作，讲求实学，注重践履，并以卓越的修养传名后世。直隶博野人颜元（习斋，1635—1704）是学派创立者，李塨（恕谷，1659—1733）是颜元学生，发展老师的学术思想，推动学派的发展。这里不谈李塨的学术思想，关注他的两件事，即终身自责自勉不辍、对友人责善不交权贵。

颜元反对学者"党同伐异，虚学欺世"，就是攻击不同于己的其他学派，没有学识而欺世盗名。其中就有自我反省，追求自我完善的意思。李塨接受老师的自我省思精神，在为颜元编写年谱时，写出他的成功与缺失两个方面，不替老师缺点做掩饰。他自身更是身体力行。他写日记，名曰"日谱"，每日讲求修身养性，检讨得与失，以期达到完人境地，而且一个月一小结，一年一总结。他的学生冯辰为他写年谱，继承他对颜元年谱的求实精神，对李塨一生行事，“大德大节固必书，至于悔过迁善，正所以勉强进德也，亦详载，不避重复。”怎么知道李塨的悔过迁善呢，固然有学术同人的耳闻目睹，更多的来源是李塨的日谱。李塨在49岁，日谱里检查自身毛病，表示：“去繁琐，戒暴怒，勿听人是非，待人以和，日必习恭一次。思吾心不精而粗，不一而杂，年已将衰而德不立，惭哉！”明确改正方向方法。53岁，与同门友人书信写道：“我兄弟年亦老大矣，衰至而骄，何常之有！望彼此共策，益拓度量，邃涵养，改过取善、雷行天复。不然，学且堕落，不畏愧负天下圣贤，亦吾师习斋之罪人矣。”与老友共勉，警惕倚老卖老，不思改过迁善，仍然需要提高涵养性，待人大度量。在得了类似中风病后的72岁，日记仍有“小心翼翼，惧以终始”，反省不辍，终身如此。

李塨的省思，还表现在坚持责善待友、不交权贵方面。康熙帝诸皇子争相招募名士，以提高名望。据冯辰等人的《李恕谷先生年谱》记载，皇三子诚亲王允祉派大学者陈梦雷（1650—1741）去征聘李塨，他以草野之人，不足供奉贵人辞谢。皇四子贝勒胤禛（后来的雍亲王、雍正帝）将清代考据学开创者之一的阎若璩延揽到府中，优加礼遇，所谓“执手赐坐，呼先生而不名”。作为阎若璩的朋友，李塨亲自进京，劝他“老当自重”，即作为平民学者，或者说是隐逸，不要同权贵往来。他是真诚待友，才有北京之行。皇十四子“大将军王允禵（1688—1755）”三次派人召请李塨，李塨为了摆脱他的纠缠，曾经考虑迁居躲避。名学者，不

严修像

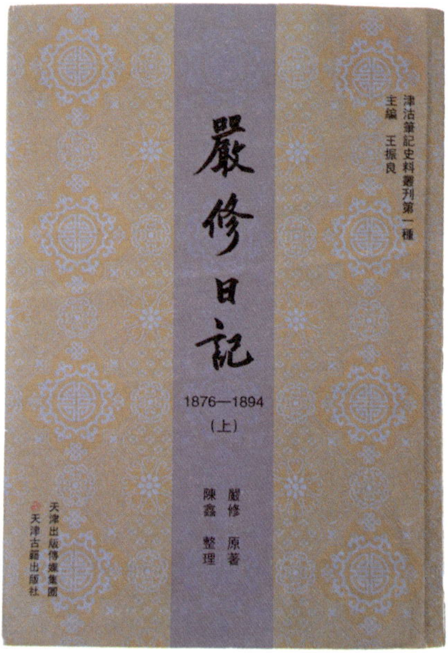

《严修日记（1876—1894）》书影

做权势的装饰品，李塨做到了，很不容易，是他能够砥砺自持的结果。

附述：翰林严修讲求反省之道

清末民初的杰出教育家严修也是终身砥节砺行的典范，这里附带叙述他在清代自省情形。严修生于咸丰十年（1860），24岁［光绪九年（1883）］中进士，不以此为满足，立志成大器，做有胆有识、不畏风险、敢于践履的人；为此勇于面对自身弱点、误失，明了知耻为人生应有品格，需要艰苦磨砺，力戒浮夸及耽于安逸生活。十年后（1893）34岁时，总结人生经验，提出为人行事的治心、养身、理事“四要”：“治心四要：去饰，抑矜，澄昏，纠褊。养身四要：调欲，淡嗜，时劳，重药。理事四要：谨小，镇猝，谋豫，贞人。”进一步明确在实践人生正道上，警惕和克服不良意识和行为。严修终生写日记，满篇自省自谴的内容。日记簿版心印“毋自欺堂”，设有“静过（妄逆诈）动过（伪世故）”或“敬怠”栏目，填写的多系“敬二怠八”“敬三怠七”，表明实实在在每日三省吾身，不自欺，不懈怠，严于解剖自己。从日记看，严修自我意识中的毛病，是性情急躁、多欲奢求、不良习惯、知过难改四个方面；改正的办法主要是端正做人态度，在于正心戒躁、窒欲、知耻、恒心，勤于反省，运用多种方式激励、磨砺自己。他在光绪十二年（1886）正月二十五日“静过”栏书写“躁气多，宜寡言”。十三年五月初二日“记事”：“日来心气浮躁，且多下急之病，平旦之气存焉者寡矣。宜亟思居敬养气之法，先以治怒为主。”检查自身的不良习惯，严修把惰性、爱看戏与饮醉酒当作克服对象。十年九月十一日，“夜五更后醒，因思近来荒废景况，如沃煎油于心，焦灼难可言状，遂有改过之念。天未明即起。”严修爱同朋友聚会饮酒，常常喝醉，十三年元宵节，严修与众多友人在上午就喝醉了，午后观剧，又喝到大醉，晚间听唱，因酒性发作，大呼小叫，“丑态万出”，然后赌博，恣意嬉笑。“醒后思之，不可以人齿。”于是下决心，“自今日始，饮酒不得逾十杯，不得赌博，浪唱。”认为不去掉这些恶习，就是禽兽，就不配做人。改正缺点是难事，改了会再犯，改错需要持之以恒。所以严修将日记命名为《恒斋日记》，立恒心做正人君子；有不当行为而又不能检点，或屡改屡犯，为着惕励，又标目为《无恒斋日记》，以便每一次触及日记，就用“无恒心”责备自己。严修被誉为近代教育家，近代教育先驱，南开校父，是他成大器做人目标和勇于自省、勇于进取、勇于践履所造就的（《严修日记（1876—1894）》，陈鑫编校，天津古籍出版社2018年）。

享高龄的阮元不做寿

阮元，字伯元、芸台，祖籍江苏仪征，乾隆二十九年（1764），生于扬州府城一个文武兼备的家庭。祖父阮玉堂，武进士出身，官至参将，军事余暇，“尤喜读书，为古文辞诗歌，援笔立就”，著有《湖珠草堂诗集》《琢庵词》《箭谱》及《阵法》等书。父阮承信，国学生，幼读书，“治《左氏春秋》，为古文辞”（阮元《揅经室二集》卷一，《诰封光禄大夫户部左侍郎显考湘圃府君显妣一品夫人林夫人行状》，文选楼刊本）。母林氏出身仕宦之家，“通诗书，明古今大谊”。

阮元5岁，母亲教他识字，开始读书，6岁到私塾就学。阮元幼年、少年时受父母的精心教育，为日后的学业精进打下了良好的基础。乾隆五十四年（1789）中进士，充庶吉士。次年散馆，取中一等第一，任翰林院编修，时年二十六岁。五十六年（1791）大考翰詹，他又是一等第一，很得乾隆

阮元画像

帝的赏识，任为少詹事、南书房行走，同年晋为正詹事。嘉庆元年（1796）出任浙江巡抚，十七年（1812）出任漕运总督，二十一年（1816）晋湖广总督，次年改两广总督，任至道光六年（1826），其间有时兼任粤抚、粤海关监督。离两广改任云贵总督，十五年（1835）调进京城，任体仁阁大学士，管兵部事。道光十八年（1838），七十五岁的阮元以老病请准休致，八十三岁获（1846）太傅加衔，二十九年（1849）病逝，享年八十六，谥文达（以上传略，见《清史列传》卷 36，《阮元传》；李元度《国朝先正事略》卷 21，《阮文达公事略》；《清史稿》卷 364，《阮元传》）。

阮元不好虚热闹，高官耆寿，从不做生日。40 岁是人生开始大做寿辰的年龄，阮元在十月二十日生日这天，离开浙江巡抚衙门，到海塘工地视察，避免亲友属吏的祝寿。以后无论大小生辰都这样过，所谓“每于是日谢客，独往山寺”，作竟日之游。因往山林，参观古迹外，煮茶消遣，所以他把这一做法叫作“茶隐”。道光三年 60 岁花甲大庆的日子，身为两广总督兼广东巡抚的阮元，跑出总督衙门，来到抚院东院空无人迹的竹园中避客，煮茶作画题诗。他的“茶隐”，到 80 岁休致在乡时，仍不废弃，在华诞以前，为“避寿”就从扬州城里搬到城郊的草庐中。他不仅自己不做寿，也不给孔夫人做生日。仍是道光三年，孔夫人生辰这一天，他为避客，独游广州荔枝湾。

齐梅祝寿图

阮元的不做寿，有两个原因，一是谢却寿礼，不以“屏幛宴乐为美”。二是讲求养生之道，即不做生日，把精力放在保养身体上。他同白居易生日相同，白居易40岁时作有诗歌，阮元步其韵为诗，写道：

人生四十岁，前后关壮衰。
我发虽未白，寝食非往时。

知道这时应当注意身体了。又考虑到自身政务、做学问繁忙，更要有好身体：

百事役我心，所劳非四肢。
学荒政亦拙，时时惧支离。

所以他到此盛年，不是沾沾自喜于过往的成就，而是研究如何“却老病”。阮元得享高年，同他爱惜身体，不搞狂欢淫乐，有很大关系。

清朝人习惯于做寿，当遇到老人生日时，子孙不惜破财大肆庆祝，在上流社会尤其如此。皇帝的圣寿节，是一年的三大节日之一。乾隆帝做80大寿，至今留存有记录其盛况的120卷的巨著《八旬万寿圣典》。贵胄官僚在大小生日时作一番庆祝是常事，更有闹笑话的，一年过两次生日或者提前做寿，不过是为着多收贺仪。纪念诞辰，并不是坏事，问题是怎样过法。大肆做寿，则是丑陋风俗。阮元不拘于时习，不做生日，不收贺礼，实有过人之处。

休致后梁章钜的“浪游”

在旅游中如何获得更多知识，有更加美好的享受，笔者以为明了老年梁章钜是如何旅行的，或许有借鉴价值。

梁章钜（1775—1849），乾隆四十年（1775）生于福建福州，晚年号退庵，官至江苏巡抚、署两江总督，道光二十二年（1842）68 岁休致，寄居福建浦城四年余，梓刻《退庵所藏金石书画题跋》《藤花吟馆诗抄》。在所营建的北东园“草木日长，半亩塘中游鱼亦渐长大，甚可闭户自娱”的时候，感觉当地风俗日趋恶劣，福建省时局变异，所见所闻多不如意，遂在居停四年后，接受儿子劝说、友人邀约，举家出游江苏、浙江，遍历太湖水域和长江下游的南北各地，观赏名胜古迹，访问旧友新朋。自云为“浪游”，时间在道光二十六年（1846）至二十九年故世前。他每去一处，绝非走到为止，而是考订掌故、风俗民情和物产，增加对该处所的了解；在与友人聚会中，必有唱和，表达对朋友的感情，因而记录成《浪迹丛谈》，刊刻于道光二十七年，次年刻出《续谈》，辞世之年印刷《三谈》，他还作有《楹联丛话》《称谓录》《归田琐记》等书。

这里主要介绍梁章钜在扬州与阮元的交游。阮元（1764—1849）历任浙江巡抚、江西巡抚、两广总督、云贵总督、大学士。道光十八年（1838），七十五岁的阮元以老病请准休致，仕宦半个世纪，二十六年（1846）加太傅衔。1846年梁章钜游历杭州、苏州、常州、镇江之后，于5月20日到达扬州，住在扬州新城南河下街，第二天就去拜访83岁的座师阮元，他们已经阔别5年，但见阮元言谈、步履虽然较以前差一点，而精神兴致极好，三天后，阮元邀请他到自家的瘦西湖花园游览，梁章钜作诗一首致谢。30日，阮元又邀请梁章钜及一些诗人、僧侣到双树庵看竹，吃斋饭，中间梁章钜将持去的苏斋谈《诗画册》，请阮元观赏，并请题词。事后，阮元给梁章钜纪事诗，梁章钜奉复一诗。梁章钜获知，阮元因为高龄，给人的一般性函件写得不周正，因老年眼睛模糊之故，而应人请求写匾额，因是写大字，非常认真。一次梁章钜拜访阮元，阮元久久地注视他的面貌，而后说你的眉间有二长毫，你会长寿。梁章钜注意到阮元没有寿眉，但是耳间有几根长毫，算命书上说“眉毫不如耳毫”，从阮元身上得到印证。冬天，梁章钜将所作《师友集》改定本送呈阮元，阮元读得忘记疲劳，为他写序，赞扬梁章钜能够把60年间的交游记录下来，评论又很公允，是优秀的历史之作，必能流传后世。

阮元旧宅在公道巷，巷口大牌坊，有八字对联：“三朝阁老一代伟人”，他历事乾隆、嘉庆、道光三朝，称“阁老”没有问题，但自诩“一代伟人”，遭到非议，后来阮元迁到南河下街新居，将大门门联改为：“三朝阁老 九省疆臣”，换掉“一代伟人”四字。梁章钜见过阮元的新旧门联，又读过《湖海诗传》中阮元的诗注，得知“一代伟人”是皇帝夸奖阮元的话，不是他自卖自夸，但他知道有人非议，就改写了门联，可见他是谦虚谨慎的。阮元荣获“太傅”加衔，梁章钜与友人去祝贺，并考证出，在清朝大臣中，生前得到太傅加衔的有七位，很难得。

梁章钜在扬州，遇上大热天气，久旱无雨，突然连着下了三天大雨，喜而赋诗，写道：“放晴待上平山（平山堂）望，何处新秧不插齐？”又咏道：“游宦何如听雨眠，三家村里好相怜。荷衣云阵真堪恃，亟献新诗祝有年。”作为游寓之人的梁章钜也为当地得雨而高兴，祝愿当年有好收成。诗中的“三家村”，是指住在同一条街的阮元、梁章钜和另一位当过都御使的人，扬州人因这条街住着三个大人物，称它为“三家村”。

今日去扬州的游客，往往去小玲珑山馆游览。梁章钜两次去参观。山馆的原主人是扬州绅商马曰琯、马曰璐兄弟。乾隆朝编辑《四库全书》，马曰琯家族进呈珍藏图籍七百七十六种，为私人进献者之冠，成为乾隆帝在扬州设立存放《四库全书》的“文汇阁”的重要原因，该家族获得《古今图书集成》《平定伊犁御制诗》《平定金川御制诗》等赐书的殊荣。道光间，梁章钜去观光，听新主人黄氏介绍山馆历史，记录在《浪迹丛谈》中，说明此园的特色、名称的由来和主家的变更。

梁章钜到苏州，朋友邀请观光嘉庆朝总督、《续资治通鉴》主编毕沅建造的灵岩山馆，他曾经去过，来去匆匆，走马观花而已，这次为“考悉其颠末”，欣然再往，细细观赏，一面感叹毕沅花重金营造的园林，因为被问罪，竟然连目睹的机会也没有，更不必说在其间享受了；一面将过往没有留意的楹联抄录下来，以备补入《楹联丛话》一书，因此感到不虚此行。

梁章钜晚年的生活，以享乐为主，著述为辅。他在游山逛水中享受人生，希望能把看到的事物弄明白，获得新知识。这是较高层次的精神享受，文化享受，与单纯地追逐物欲两不关涉。旅行不是做学问，不过增长文化知识、增广见闻还是必要的。官员告老还乡，不必案牍劳形，也可以放下“伴君如伴虎”的心理负担，应当可以养尊处优，颐养天年。确实有这么一批人，梁章钜应当是一个。

清代名人写年谱

清代有一些名人，自家撰写年谱，成为生活的一项内容。自撰年谱，当然是在后半生，特别是晚年进行的。

清人形成写作年谱的风尚

年谱的源始，学术界业已有了共识，就是出于宋朝人之手，是他们创造了这种人物传记的体裁。通检年谱的创作史，大致经历了三个阶段，即宋元的初创期，明代的有所发展，清代的形成风尚，并延续到民国时期，近期又有赓续者。

明代自订年谱出现。万历年间，嘉兴人周履靖，自号梅颠道人，博学多能，喜好金石、书画、诗词和曲艺，著述丰富，《明史·艺文志》著录有《茹草编》《艺苑》《绘林》和《画薮》，此外，还有《梅颠稿选》等书。他为自己写了题名《螺冠子自叙》的年谱。另一位明人张文麟，有自叙的《端岩公年谱》问世。

清代出现自写年谱的风尚。清人自撰年谱愈来愈多，人们写日记已然成为习惯，同时写年谱，与日记相辅相成，用来回顾人生，以自惕自励。这正如康熙晚期冯宸奉其师李塨之命为师编写年谱时所说的："年谱犹日谱耳，日谱记功过以策励习行，年谱何独不然？"(《李恕谷先生年谱·序》)将自订年谱作为省身手段。

造成清人自写年谱风气的另一个原因是功利性，自纂或家属写，是为了感谢天恩祖德，以发达子孙，绵延家世；而对谱主则是提高知名度，以便国史馆立传之采择和私人为其作传。如提督杨芳（1770—1846）讲他为何自撰年谱，乃因出身行伍，获得高官厚禄，但是"先德源流，贻谋有自；天恩高厚，报称未遑；帅德帅功，不忍淹没。据事直书，使后嗣知感云耳"(《宫傅杨果勇侯自编年谱·叙》)。洪亮吉的儿子饴孙请求乃父老友法式善为乃父写行状，是拿着洪氏年谱做资料去的，以便通过行状有更多的传记文问世，所以法式善说：

> 饴孙居丧次，不能为文，以余久故，知先生深，乃寓年谱乞余为行状，以待他日有道能文之士为铭幽文者之采择。(《皇清奉直大夫翰林院编修洪稚存先生行状》，收入《洪北江先生年谱》)

张廷玉为记录荣宠写年谱

张廷玉（1672—1755），安徽桐城人，乃父张英生卒年（1637？1638？—1708），康熙朝大学士。世传“六尺巷”故事，电视剧也搬上舞台，说的就是张家的故事，原来两家邻居对边界划定不明，张英说“让他六尺何妨”，于是相安无事，成为义让美谈。张廷玉进士出身，康熙末年官吏部侍郎，雍正帝继位就起用为翰林院掌院学士、礼部尚书，起草雍正帝谅阴期间的文告，甚合御意，四年（1726）晋升大学士兼尚书，六年（1728）兼管吏部尚书事。雍正朝设立军机处，张廷玉是具体规范人，当西北两路用兵时，每日三次面见雍正帝议事。清朝制度，中央部院主官实行满汉复职制，上朝行走照例满人在前，张廷玉虽然是大学士，但在吏部屈居满尚书之后，及至雍正帝对张廷玉的宠信日增，破例令张廷玉行走在前，后来又将张廷玉和另一宠臣鄂尔泰比作左膀右臂，遗命此二人故世后配享太庙，入祀京师，这是汉臣前所未有的破格待遇。雍正帝印制中国存世的第一部大类书《古今图书集成》，共印刷 64 部，张廷玉受赐两部。面对如此圣眷，如此逾越常规的荣誉，张廷玉更加小心翼翼，谨守臣节。他自撰年谱，就是为记录恩宠，感谢皇恩祖德。

张廷玉对自家生平行事，在 50 岁以前，就有记录，但遭火灾毁失，于是追记，只得原先内容的五六成，自此之后按年写作，到冬月（11 月）归总。乾隆十四年（1749）正月，张廷玉休致，年谱到此终止。于是在乾隆十三年（1748）12月写出自序，时年77岁。谱名《澄怀园主人自订年谱》，凡六卷，采取编年系月法，内容起始于康熙十一年（1672），止于乾隆十三年12月。张廷玉生平事迹繁多，他是选择性记录，对于受职、受赐，不论是本身的，父兄子侄的，叙述不厌其详，诸如康熙朝的掌管文翰，领衔纂修《康熙实录》和《明史》，西北两路用兵时值班的勤劬，在乾隆即位中的作用——雍正帝驾崩之际，张廷玉赶到遗体处所，指出大行皇帝秘密立储遗诏所在，从而使乾隆帝顺利继位。他的编写原则，就是在《序》里写的：参大政，历朝五十年，小心谨慎，“冰渊自凛，有如一日”，因而想到“古之笃于自修者，日有课，月有程，于己之一言一动，辄记录有备省览，而应时接物出处进退之大端，尤斤斤致详焉。”“无时不惕惕于持盈履满之防，而有欠于进忠补过之义”。说白了，就是记载承恩荣耀，但是低调做人。张氏年谱有光绪六年（1880年）、中华书局1992年刻本。

传奇人物罗思举撰写年谱

罗思举（1764—1840），四川东乡人，农家出身，是所谓自幼不拘小节的人。参加会党，做过盗贼，后来带领乡勇参与对白莲教徒的战争，屡立奇功，位至提督大员。他在晚年于道光十八年（1838）的湖北提督署中写作年谱——《罗壮勇公年谱》，两年后逝世。有些人写年谱为自家评功摆好，隐瞒丑事，而罗氏则直言

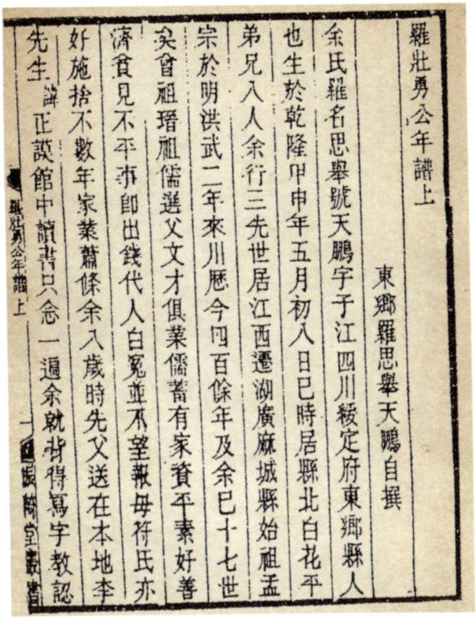
羅壯勇公年譜上
東鄉羅思舉天鵬自撰
余氏羅名思舉號天鵬字子江四川綏定府東鄉縣人
也生於乾隆甲申年五月初八日巳時居縣北白花平
弟兄八人余行三先世居江西遷湖廣麻城縣始祖孟
宗於明洪武二年來川歷今四百餘年及余已十七世
矣曾祖瑨祖儒選父文才俱業儒耆有家貧平素好善
濟貧見不平亦即出錢代人白冤並不望報母符氏亦
好施捨不數年家業蕭條余八歲時先父送在本地李
先生 諱正蔚館中讀書只念一遍余就背得寫字教認
羅壯勇公年譜上 一

《罗思举年谱》书影

不讳，在年谱里如实记述了生平：

8 岁入学，能背诵而不认字，受到老师责备，就设法捉弄老师和同学，老师为此数说他："小小年纪，作孽出人意外，后来成人，如学好定显亲扬名，如不学好，必至披枷带锁。"乾隆四十三年（1778）东乡大旱，次年凶荒。民谣："戊戌年前起，烂田干透底。甑蓖问筲箕，何曾见颗米。"16 岁的罗氏带着幼弟逃荒到太平，种地采樵，恰有川北总兵到那里阅兵，他因自己贫穷，心怀不平，偷拿营中铜盆换米。17 岁时认为打柴没有出头的日子，读书又不成，于是到终南山跟随道人学了两年武艺。辞别师傅返回，途中与巨一品等人结拜义兄弟，讲究劫富济贫，巨一品赌博，赢了茧商银两，茧商谎报遇盗，捕役追拿，罗氏等拒捕伤人。

21岁返回东乡，其伯父、三叔见其不法，设计烧屋，诬赖其父子，虽经审讯得实，但在家乡无趣，父子遂迁居陕西定远厅。次年外出访友，见乡约强娶寡妇为妾，抱打不平，送还孀妇；见人卖女惨状，助银赎回完聚；又看到债主逼债剥人衣服，遂代为还钱；遇到朋友缺少路费，乃抢人银钱相助，及至得知被抢人之父正在监狱，就将钱还给人家。又返回故乡，其三叔把他活埋，幸而土松挣扎爬出，但被官方捕获，不久越狱逃亡，顺路盗窃，众族人怕受牵连，联名告他。于是东乡的盗窃案都安在他的头上，将其父兄拘拿，他遂投案，换出父兄，在狱监禁两年。乃叔见他不死，贿买狱卒，断其饮食，奄奄待毙，以为已死，拉出掩埋，夜间苏醒过来，捡了一条命。24岁时，其叔又告他，重新演出上一幕。

29岁时，发生一客商被抢5000两银子的大案，人们想当然地以为他是盗首，四路缉拿。他的结盟大爷为得赏银，把他的住所报告官方，并将他灌醉捉拿，严刑折磨，引起失主同情，要求撤讼，知县赦放他人，惟独拘留他。一年后换了个狱卒，心狠手辣地迫害他，罗氏乃说，你不收拾我，我还在监里，如若加害，我就逃走，狱卒恃牢房坚固不怕，而他竟然越狱。行至湖北老河口，一店铺柜上放置50两银子一锭，说若有啯噜（一种下层民间组织）里的人能拿走，再送他一锭，罗乃用偷梁换柱的办法把银锭弄到手。在河南、山东交界处捉弄下江客商，偷拿茶馆名贵茶碗，诸如此类，与少时的恶作剧差不多。到陕西独河霸除掉开赌局、放重利的恶棍包谷大王和平山王；在巴州金华石，惩治专偷耕牛的恶霸斜牵王，将牛散放给失主；到贵州大丫山，除掉拦劫行商客旅的冷气王，将他们的银子千余两、制钱千余串分给附近穷人；行到荆州浅滩河，戕毙困山王；受人邀请，到洞庭湖击毙专在湖面杀人劫财的船户。

乾隆五十八年（1793），到河南卫辉，杀死卖良为娼的人，放出妇女三十余人，并各给银两。听说各州县捕役荼毒百姓，乃访查各地恶捕姓名住址，夜晚将他们暗行处置，认为这是行好事。以此惹怒官府，严行缉拿，幸遇道人救助，重上终南山躲避一年。下山来，适值嘉庆初元，白莲教四处起兵，罗氏改变对清朝态度，决心“出力报效，以扬名天下”，遂往教军最多的四川。他的族人罗崇等业已组织团练与教军对垒，他入伙教练团丁拳棒。白莲教王三槐部来攻，罗氏前往侦察，假言敌少，骗得众人一鼓作气，打了胜仗。但是大家说他冒险，不愿和他合伙，而罗崇等冒功，得顶戴之赏，经人说明原委，罗氏被收为乡勇。适有王三槐一部驻扎东乡的丰城，当地人出赏银5000两以拔除该部。罗氏这时不想要钱，而要出名，遂约能“飞檐走壁”的同伙三十余人，携带火药潜入敌营。他人皆胆怯退去，他乃只身焚烧敌军营盘，获得大胜。又有人冒功，迨后被总督英善查知，罗氏被赏予七品顶戴，从此声名在四川全境传播。

罗氏此后的事迹，在其自订年谱里都有较详细的叙述，如若这里不厌其烦地转述，则太费篇幅，还是以从略为好。总之，他转战四川、陕西、湖南，屡立大功。先后任贵州、四川、云南、湖北提督，赏戴双眼花翎，给予一等轻车都尉世职。他就这样在年谱里写自家的经历，对青少年时代的不光彩行为，毫不掩饰，和盘托了出来，实乃奇特之人。

麟庆纂著图文相间的年谱

一般的年谱都是用文字叙述的，另有以表格形式表达的，还有图画形式的，这就是麟庆（1791—1846）的《鸿雪因缘图记》。麟庆，满洲旗人，官至南河总督，署两江总督。在河工十余年，著有劳绩，因道光二十二年（1842）河决成灾，罢官回京，数年

麟庆画像

后亡故。他平日就注意保留自身的资料，将经历的事情，特别欣赏的山水名胜，请人一一绘制成图，自己写出说明，并及时把文字部分印制出来。晚年家居，更是怡情园林生活，继续绘图配文，几乎把它当作事业来进行。他如此郑重其事，是把它当作自家年谱编制的。他对儿子崇实（1820—1876）、崇厚（1826—1893）说："此即我之年谱，而别创一格。"言下颇以此自负。他死后，崇实将此书的图文全部印出（含有240幅图画和记文，今有北京古籍出版社1984年版本），传到宫中，为咸丰帝所见。崇实因之奏称，这是其父"感激君恩祖德，每于所难忘情处，手自为记，即画一图"而成（《惕庵年谱》）。

前文对罗思举年谱，是转述谱主青少年的经历，这里相反，只说明麟庆在"图记"中所描绘的晚年生活，不妨从他罢官时开始。《鸿雪因缘图记》的《卸肩集句》，画面是花烛大堂内，有一抱琴少妇，院子里一老年男子向喜堂迈去。原来这是麟庆于道光二十二年，即卸任这一年，因鳏居多年，至此接受子女的建议与安排，纳姬成亲，当晚"集古人诗为卸肩四截句"，此图、文反映他的晚年婚姻史。这一年他被撤职，但"加恩免其枷号发遣"，获罪之忧，却变成卸肩之喜，故在《竹舫息影》图文中说："无责于身，无忧于心，此境正不易得也。"他离开任所返京，路经清江浦，士民为他写送行诗205首，官绅赠诗184首，绘图38幅，题名《袁浦留帆》，他亦以此为题作图和文。一般地方官离境的情形是绅民送万民伞，他不是父母官，则得了如许诗画。到京，过金鳌玉蛛桥回家，作七律一首，有句云"而今幸作闲鸥

《鸿雪因缘图记·卸肩集句》

鹭，沐浴恩波许到家”，庆幸朝廷开恩，没有往深治罪，得以平安回府。

麟庆祖茔在东直门外酒仙桥，外任十年不得祭扫，回京后前往祭奠，此为《仙桥敷土》图文之由来。麟庆家居半亩园，据说原为明清之际的李渔（笠翁）的匠心之作，麟庆父子又寻觅佳石，筑成拜石亭，并题联云：

湖上笠翁，端推妙手；

江头米老，应是知音。

此为表达其日常生活情趣。园内有藏书轩，收有康熙帝赐给其祖上的初刻本《佩文韵府》，麟庆率领二子整理图书，教训儿子

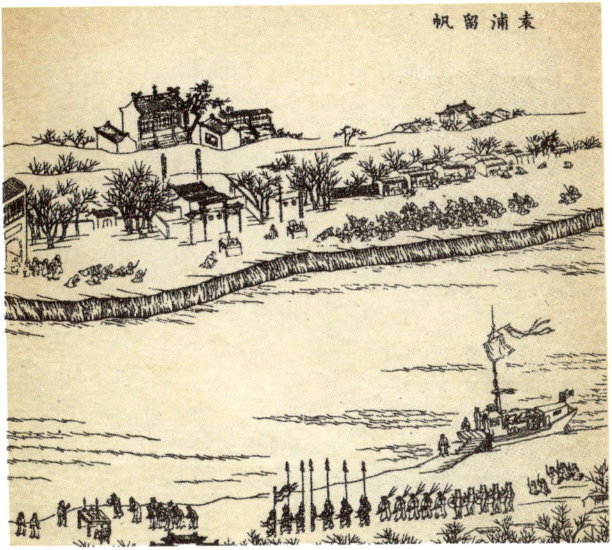

《鸿雪因缘图记·袁浦留帆》

“藏书千万卷，便是神仙家。……区区抱经心，慎守休矜夸”，强调读书传家。秋天游西山大觉寺，卧听泉水淙淙，安然入睡，因“思十余年来，值伏、秋汛，每闻水声，心怦怦动，安得如今日听水酣卧耶！寺名大觉，吾觉矣”。此正所谓无官一身轻，得享林下之乐。

《图记》最后一帧画题名《焕文写像》。焕文为贺世魁，内廷如意馆画师，为道光帝及皇太后绘像，画《平定回疆战图》暨《献俘图》，名声倾动中外，人们以得其画为幸。贺氏为麟庆画珥貂佩剑像，作为全书的首幅。为此书作画最多的陈鉴（朗齐）则将贺世魁为麟庆绘像的场面摹绘成图，作为全书最后一幅画面。至此，麟庆为全书作了总结，并写出参与绘画人的履历。用图

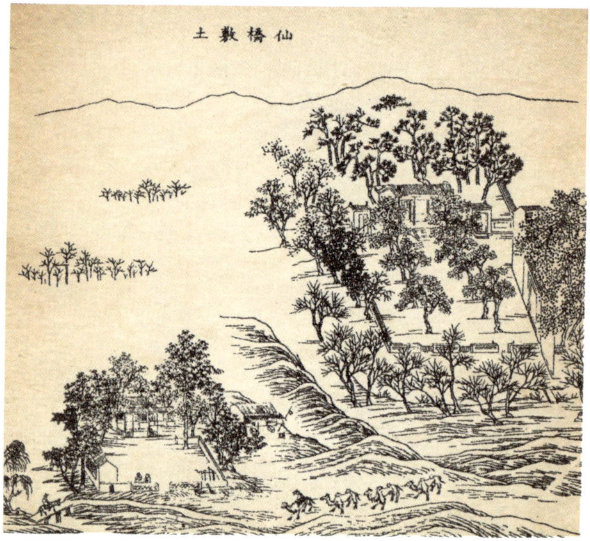

《鸿雪因缘图记·仙桥敷土》

《鸿雪因缘图记·焕文写像》

画表现人物一生的行踪经历，很新鲜，也很生动，大约是历史上的首创。麟庆罢职至辞世，不过四五年的时间，上面所介绍的几个生活片段，基本上反映他的晚年经历和写作图文相间年谱的历史。

年谱的学术价值

今人阅读年谱，可以了解谱主个人的历史及谱主生活的社会的历史，具有学术研究的资料价值。

不过年谱还有一种社会价值，似乎不应当忽视，这就是开发读者的智力。无论年谱的谱主是什么类型的人，认真地阅读其谱书，不难发现：有的人大智大勇，建功立业；有的人猥琐怯弱，成就甚微；有的人修身养性，反省不辍；有的人能够急流勇退，另一些人迷途而不知返……如此等等。读者倘若细细思考谱主人生之路的得失，做到知人论世，在前人那里吸收智慧和经验教训，从中得到做人和做事的启发，不论是处世，抑或是从政、经商、治学、做工，相信都是很有益处的。

官场风气与官民生活

清代的游民

游民之众以及由此提出的研究课题

清代游民（或者说闲民）之多，实在惊人，且看当时人的一些说法：

清初朱泽沄在《养民》文中说：

古之闲民十之一，今之闲民十之六。通都大邑之闲民十之三，穷荒州县之闲民十之六，有无田之闲民，有无业之闲民，有有田而无田、有业而无业之闲民。（《清经世文编》卷二十八）

乾隆间，法国天主教神甫阿米窝考察中国社会的报道讲：

大多数的人，在整个年头，都没有职业，尤其是在南方各省，这种情形，就引起农村中有用

的手工业及工业之扩大。（转见邓拓：《中国历史的几个问题》，第140页）

嘉庆中纂著的《巴陵志田赋论》云岳阳地方："十分其民，而工贾居其四。"（《清经世文编》卷二十九）那时这个地区经济发展水平并不高，从事工商业活动的人员何能占到居民的40%？看来所谓的"工贾"，不一定是道地的工商业人口，而是游离在农业之外的游民混迹其中。嘉道间龚自珍在《西域置行省议》文中写道："自乾隆末年以来，官吏士民，狼奸狈蹶，不士、不农、不工、不商之人，十将五六。"（《龚自珍全集》第一辑）

如何理解朱泽沄、龚自珍等人的话，正是我们所要提出的问题。

居民中百分之五六十的人是闲民、游民，怎么会有这么多人游离在劳动生产之外？

所谓闲民、游民，按照通常的理解，应该是不在士农工商的四民之内的人，是无业游民，既无产业，也无职业的人。可是其中又有有产业、有职业的分子，又有在四民之列的，这是怎么回事，他们究竟有无产业和职业？怎样认识有业、无业？其实，相当多的游民、闲民是有职业的，且看：

游民的职业与社会职业结构

游民有就业的，在工商业发达的城镇，如江苏的苏州、松

北京茶馆

江、常州，浙江的杭州、嘉兴、湖州，江西的景德镇，云南的铜矿区，广东的佛山镇等地，尤其是在江浙的太湖水域周围，手工业和商业繁盛，为游民创造了一些就业机会。他们的职业是：

酒馆、茶馆、戏楼、娼楼的从业人员、艺人，车夫、船夫（游船）、轿夫，掮客，成衣匠，香烛匠，织工、染匠、踹匠，铜锡匠，窑工，硐工，木工，泥瓦匠，乞丐，娼妓，以及三姑六婆等，皆系人们看不上的行当和职业。

这些行业的就业者，人数不少，这里主要从苏州和景德镇两地来看。乾隆五十八年（1793）英国使臣马嘎尔尼来华，200年后的法国学者佩雷菲特撰著《停滞的帝国》一书，说在当时外国人

跑堂图

的眼里，苏州“是女人的都城，也是女人最珍贵的外衣——丝绸的都城”，而景德镇则像“一座着了火的城市”（转见郑勇《旅行者的奇遇与发现》，文载《中华读书报》1998年2月6日）。苏州确实是丝棉织业中心，雍正时期苏州染布业中的踹坊有450处，踹匠多达两万余人。这是苏州织造胡凤翚在奏折里明确讲述的数字（《朱批谕旨·胡凤翚奏折》），乾嘉时代染踹业有很大的发展，工匠应当更多。染踹业是棉纺织业的一个部门，从事纺织的人员更多，虽然其中的大多数人是兼事纺织的农夫农妇，纯粹的织工不占主要的地位，可是这个行业大，织工也是不可忽视的工匠成分。与纺织业相联系的棉花收购商、开设棉布字号绸缎字号的棉布商、丝绸商（多为包买商）、踹坊作头（包头，即包工头，由棉布字号领来待加工的布匹和踹匠工银，负责加工和踹匠管理）、丝绸作坊机户（类似于作头，从铺户处领料，用织工加工）、外地贩布的商人。这样，丝、棉纺织业就有一个较大的队伍，它的从业人员当以万计数（踹匠已两万多人，踹坊属于染布业，原料布匹的纺织业的从业人员，自然要比踹匠多得多）。丝棉纺织业及其他行业的发展，必然开拓为其服务的行业，道光时钱泳讲苏州“商贾云集，宴会无时，戏馆、酒馆凡数十处，每日演剧，养活小民不下数万人。”（《履园丛话》卷一）戏馆、酒楼业即是应运而发达的，而且依赖其为生的队伍庞大。

以陶瓷业闻名的景德镇，确系火一样的城镇，官窑之外，嘉庆年间有民窑二三百处，窑户数千家，工匠动辄以数万计。或谓该镇“列市受廛，延袤十三里许，烟火逾十万家”（兰浦《景德镇陶录》卷八）。云南铜业的从业人员，每个厂矿，“大者，其人以万计，小者以千计”（王文韶《续云南通志稿》卷四十四）。嘉庆中，汉口有铁行 13 家，铁匠 5000 余人（包世臣《安吴四种》卷三十四）。佛山镇的经济以制造铁丝业最为著名，制瓷业亦较盛行，聚集的工匠多，本地生产的稻米不够食用，靠西江供应补充，与此相关的是碾米业和米铺的存在，乾隆后期，米铺梁太盛、梁升平、黄兴臣等家，各自雇工七八人至十余人不等（《明清佛山碑刻文献经济资料》），可知米铺雇工不在少数。米铺之增添，赖有制铁、制陶等业的发展，这是连锁反应。夙以经济落后而不为人知的陕西南部凤县、略阳、镇巴等地，出现了许多铸造农具、铁锅的铁厂，从采矿、伐木作燃料到冶铁，大厂用工匠 3000，小厂也要用工 1000 多人（严如熤《三省边防备览》卷九）。

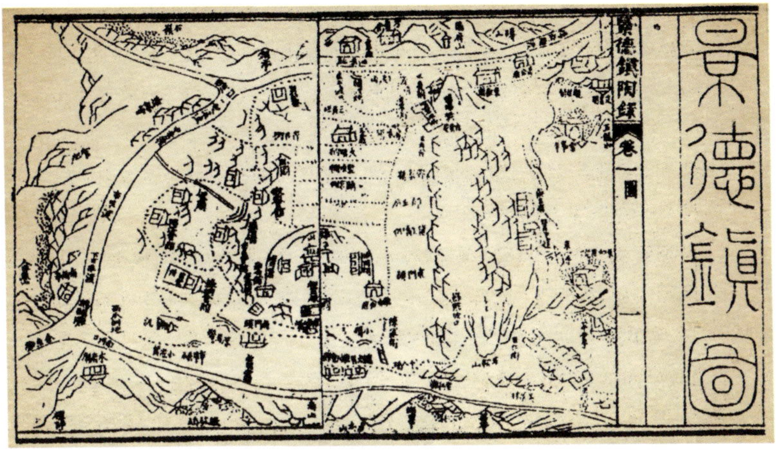

景德镇图

这类工商重镇，居民来自各个地方，外地人很多。如苏州、松江的踹匠，多来自江北、安徽南部及镇江府属之地，大体上是有先行者，然后是将亲戚、同乡介绍过来。景德镇的工匠，来自附近以及远方各地，如谢曼所说：景德镇“业制陶器，利济天下，四方远近挟其技能以食力者，莫不趋之若鹜”（转见《景德镇陶录》卷八）。因此景德镇的居民，十分之七八是外地来的工匠和商人，属于土著的不过十分之二三。自古以来商人奔走四方，各个工商重镇的会馆的相继建立，即为外商云集的标志，就以《景德镇陶录·景德镇图》所显示的，该镇有徽州会馆、苏湖会馆、南昌会馆、临东会馆、饶州会馆数所。再如佛山镇汇聚山西、陕西商人，于乾隆四十五年（1780）创建山陕会馆，嘉庆十七年（1812）重修，出资的商号 191 家，并在碑记中云：“大丈夫有志四方，无远弗至，……此流寓之有会馆所由设地。”（《明清佛山碑

蹬梯子卖艺人

刻文献经济资料》）苏州、南京、上海、武汉、广州各有会馆数十所、十余所，盛产丝绸的苏州吴江县盛泽镇亦有数所。正因为流寓之人众多，地方志写到这些地方的居民状况时，总是用“五方杂处”来形容。

染踹、矿冶、陶瓷、戏曲等业的下层从业人员本来是有职业的人，可是往往被社会上层，乃至整个社会视作“无业游民”“游手好闲”之徒，如雍正帝即称酒楼戏馆之人为“游手好闲者”（《朱批谕旨》）。踹匠被官方称作“踹棍”“流棍”，康熙三十七年（1698）松江府娄县发布禁止踹匠倡聚抄抢告示，开篇即云“为踹棍倡聚抄抢等事”，原来踹匠朱阿文等抢了坊户彭昼三家，且这类事时有发生，故下令“踹匠责令布坊拘管，仍勒石永禁，不许结党生事”。十几年后的康熙五十四年（1715），嘉定知县在禁止踹匠齐行的告示中云：“（踹坊）包头内择老成者为坊长，管辖九家；如容留流棍，坊长十家，一体治罪。”（俱见《上海碑刻资料选辑》）所谓“流棍”，就是踹匠，或者是寻找踹坊及其他活计的外来人口。

一些游民有职业而被认为无职业，是闲民，是无业游民，是游手好闲之徒，为什么？

第一，在重农抑末的传统政策与观念支配下，不承认游民所从事的一些职业。因为这些行业，不仅与农业生产无关，且认为占用了农村劳动力，又从事所谓“奢靡”事业，影响人心风俗，不能当作正当行为，不仅不予承认，并且加以禁止。笔者在后面《清代前期江南的商业与人们的消费》文章中提及的康熙间江苏巡抚汤斌在苏州“毁淫祀”的事件，就是这种观念的鲜明体现：禁止打牌、歌妓、礼佛及以商人为主体的迎神赛会，于是出现“寺院无妇女之迹，河下无管弦之歌，迎神罢会，艳曲绝编”的现象（《汤潜庵集》卷七）。这类违背经济发展要求的行政禁令，只能奏效于一时，而终导致“百姓之怨望，无济于事。如苏州等处酒船、戏子、匠工之类，亦能赡养多人，此辈有游手好闲者，亦有无产无业就此觅食者，倘禁之骤急，恐不能别寻生理，归农者无地可种，且亦不能任劳，若不能养生，必反为非，不可究竟矣。”（《朱批谕旨·鄂尔泰奏折》，雍正二年六月初八日）雍正帝为政

焊水烟袋手艺人

务实，看到游民以酒船、戏子、匠工为业，虽不能认为是正常职业，但可以养活人，从而能够保持社会秩序的稳定，应当允许他们以此谋生。可是乾隆时的江苏巡抚陈弘谋、布政使胡文伯，又禁奢华、戏馆，因为将它们视为不正当的职业的观念没有改变，禁止就会不断发生。

第二，这类行业不稳定，就业者也不稳定，人们对它们还没有足够的认识，故而对其非难。

游民的就业，表明社会分工和职业结构在发生某种变化，酒馆、茶馆、戏楼过去就有，至迟在宋代产生瓦子，汴京和临安的酒楼已较出名，到清代瓦子演变为戏楼，而且将看戏、用餐结合在一起经营，使娱乐业与餐饮业有较大发展。沐浴业（澡堂）也在扬州、苏州等工商重镇应时而生。这类行业，就是现代的第三

《景德镇陶录·练泥》

产业。

手工业内部的分工，清代社会要比前代来得细致，比如小五金业，从制铁、制铜业分离出来，锡箔、香烛都成为独立的行业，在苏州有它们的会馆或公所。制瓷业内部分工比过去细致，景德镇制瓷工场分出的工种是：陶泥工（练泥工）、拉坯工（做模型）、印坯工（拍模工）、旋坯工、画坯工、舂灰工（合灰）、合釉工、上釉工、挑槎工、抬坯工、装坯工、满掇工、烧窑工、开窑工、乳料工、舂料工、砂土工等，经过这么多专业工人的手，才烧制出瓷器。手工业的规模亦扩大了，从前述云南矿厂动辄用工

《景德镇陶录·印坯》

数千即可得知。这样，旧行业发展，新行业诞生，特别是过去不认为是职业的，实际成了职业，使它能够容纳更多的就业人员。

人们职业结构的变化，同时是社会经济结构的变化，即在传统的手工业、农业之外，服务业、娱乐业从传统商业中分离出来，或者说萌生了；在手工业内部较大规模的生产和较为细致的分工，于纺织加工业、制瓷业、采矿业中出现了；在农业内部，个别地区出现生产专业化倾向，产生专门的产棉区、蚕桑区、柞蚕区，以及苎麻、蓝靛等经济作物区。

社会经济结构和职业结构的变化，是社会商品经济发展的表现和结果。

社会消费结构的变化需要游民所从事的服务业和手工业

商人和手工业者，为着发展事业，同时也是为了生活享受，需要社会公共服务业来配合。如洽谈生意、交流商业信息、处理商务纠纷，除了当事人之外，要有中介人参与，甚至要胥吏出场，与事人员多，于是需要在某种公共场所进行，茶馆、酒楼遂成为理想的处所。

商海行情变化较大，也较迅速，商人难于掌握自己的命运，因此笃信于神灵，许愿、还愿，成为常事，这就是苏州商人信仰五通神、去五方山大肆进行酬神赛会的原因。

商人、手工业者为着内部的凝聚与对外的发展，建立组织——会馆、公所，保护同乡、本行业及其从业人员的利益，为此进行会馆房屋、花园的建筑，这就要求土木业的服务。会馆大殿必然供奉神灵，或关公，或天妃，或行业神，或各地区信仰神，每年定期举行祀神聚会，同时请戏班演出，而这是堂会的一种；商人和官宦之家还因家庆而办堂会，这就使戏班有了长期存在的社会条件。工商业者的业务和生活需求，使消费结构发生变化。

官僚、绅士、城居地主在商品经济发展的刺激下，消费结构也有所变动，同样需要社会服务业的发展。

但是，消费高的第一个社会阶层还是商人，诚如苏州长洲县令李光祚所云："一切唱楼酒馆与夫轻舟荡漾，游观宴饮之乐，皆行户商旅迭为宾主，而本地士民罕与焉。”（《乾隆长洲县志》卷十一《风俗》）李光祚在强调商人宴乐的同时，多少忽视了官僚士人的消费，其实士人往往有狭邪之游，同样是高消费者。

消费结构的变化，使游民能够在服务业和手工业找到一些出路。

还需要看到，社会经济结构、职业结构、消费结构的变化程度尚有限，新行业尚不稳定，游民时有职业，时而无业，成为真正的“闲民”，所以与“游民”脱离不了关系。

游民提供自由劳动力的可能

农村富余劳动力的大量出现，原因是人口大增而耕地有限；土地自由买卖，分配不均，农村约有50%的人口成为佃农，或无地失业。富余劳力要寻找出路，于是流浪于城镇乡村，成为游民、闲民，也成为工匠和服务业的从业者。法国神甫阿米窝所说的无业者为农村工业、手工业的扩大提供条件，看来他是以西方工业化过程为蓝图来理解18世纪后半叶中国农村多余劳动力的出路，不能说没有一点道理。

等级结构的某种改变使农民成为自由劳动力出卖者。佃农、佣工中的大部分人已经是平民，特别是佣工，本来社会地位低下，几乎是半贱民身份，可是清代法律使大部分佣工成为平民，只有少数人处于“雇工人”地位。当时的雇主曾总结出对待佣工的“三好”“三早”经验。“三好”是给佣工的吃食要好；态度要和蔼；工银成色要足。“三早”是主人先早起，以便叫雇人起床、上工；做饭要早，送到地头，不让雇人觉得饥饿不好好干活；晚上早早烧好洗脚水，让雇人烫过脚，早休息，明天好早起。这种经验的产生，说明农业雇主与佣工基本上是平等关系，若视佣工为半贱民，就用不着“三好”了。贱民中的一小部分也已脱籍为良，如堕民丐户、疍户、世仆、伴当，在法律上被允许改业从良。清朝自实行“盛世滋生人丁永不加赋”和“摊丁入亩”政策后，人口税固定了，并从田亩中征收，政府已无须加强对人口的控制，所以户口编审已成为官样文章。在此情况下，人们可以离开家乡，到外地谋生，被他人雇佣，一般不会受到政府的干预。当然，政府有维持治安的需要时，会通过保甲制强化对人口的管理，但通常不限制人口的流动。

游民的出路

游民能不能都找到职业，或者较稳定的职业，要看社会分工、职业结构、经济结构能否给他们提供较充分的就业机会，也即看商品经济的发展程度，所以要扩大社会分工、职业行当，扩大行业规模，最根本的在于发展商品经济。

政府要有顺应经济发展要求的政策，鼓励工商业发展，要改变重农抑末的方针，不能像汤斌、陈弘谋那样“毁淫祀”，破坏小民、游民、闲民的生活之路。

清代游民，在一定意义上说是社会职业结构、经济结构和等级结构发生某种变动的产物，反映了社会的变化，就这个意义讲是好现象。当然，并不是说出现游民是好事。

在清代，商品经济的发展水平还不足以使广大游民就业，政府的守旧政策也不鼓励游民在农业之外的新行业就业，所以清代游民多，出路不广，聚集游民的会党的盛行，即是此种情形的反映。不能要求清朝统治者对游民有清醒的正确政策，但历史告诉人们，在社会变动之时，要使事物向积极方向发展，不能视旧的社会结构、旧的分工和等级观念为万古不变的东西。

清代的粥厂

“嗟来之食”的典故，读者想多知晓。《礼记·檀弓》记载，春秋时代的某一年，齐国大饥，好心人黔敖制作食品，放在路旁，等待饥饿的人来吃食。一位饿肚男子眼睛不怎么看得见，还用袖子遮着自己的脸，步履艰难地走来，黔敖左手拿着干粮，右手端着汤水，大声地叫着：喂，来吃饭啊！这时来人扬起头盯着黔敖说：我就是不要这种不尊重人的财物和施舍，才落到没有饭吃的地步；你施舍一点东西，就如此得意的样子，我是不吃“嗟来之食”的，说着扭头就走。黔敖感到自己修养不够，不应该在施舍时显出德色，连忙追上去认错，请他回来吃饭，但那人终不回头，活活饿死。后来曾参听到这件事，认为那人开始可以离开，待到黔敖谢罪的时候就应当转回来。遇到荒年，黔敖以个人的力量和名义施舍食品，是本文所要写的清代粥厂的滥觞。但是那时人接受施舍的心态与清代的人差别很大，而粥厂的管理更与黔敖不同了，更难得见到黔敖那样的痛惜穷人的舍施人和管理人了。

施粥以济贫民

粥厂施赈，是清代荒年赈济的一种形式，当时最常见的是平粜，就是政府将常平仓的粮食拿出来，平价卖给老百姓，以平稳粮价，遏制商人囤积居奇；或者贷粮，即把仓粮借贷给百姓，等

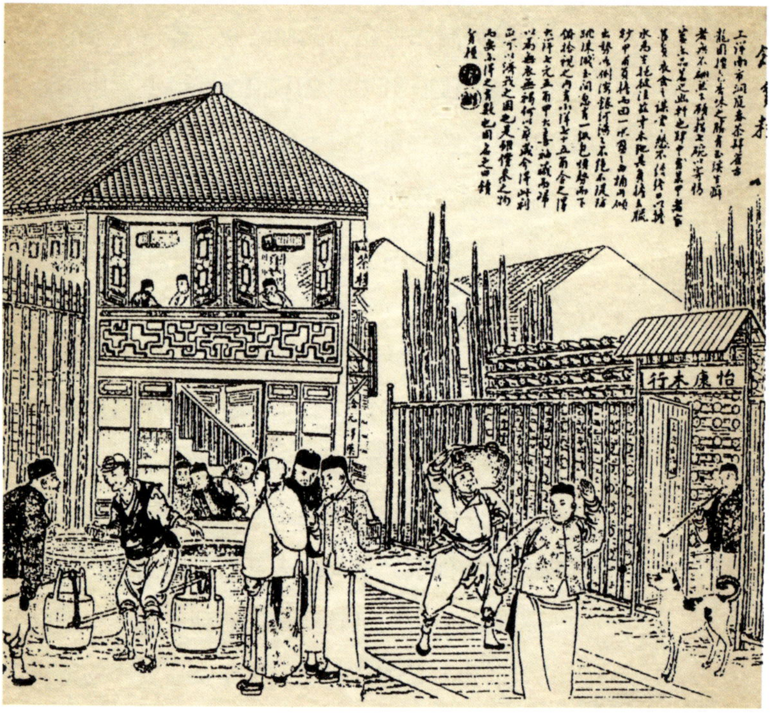

《点石斋画报·馈贫粮》

待收成后归还，以帮助灾民渡过暂时的难关；或者散米，将粮食无偿发给非常贫困的人户。粥厂，也就是施粥，特别困难户可以到这里领稀饭。后两种形式有更多的共同点，都是无偿施舍，对象都是极贫、次贫户，不同的是一种发放原粮，另一种则是给予粮食制品。因为它们有共同点，所以本文虽然讲的是粥厂，难免要涉及散米的情形。

施粥也有不同的形式，有的是纯粹官办，有的是官绅合办，也有私家独办。当然，后一种现象相当少，因为个人力量有限，难以为继，不好收场，还会遭到埋怨。但是为此而鼓吹的人不少，如清初陆世仪在《劝施米汤约》文中提出的施米汤法，就是家里做饭时，多放点水，把米汤舀出来，再放进杂粮面煮熬，然后施舍给没有饭吃的人，自家破费不多，而能坚持下去（《清经世文编》卷四十二）。比陆氏略晚一点的康熙朝江苏巡抚张伯行倡导“担粥法”，希望富户煮粥一担，挑出去，见到饥民就施予，施完为止，第二天再做（《救荒事宜十条·担粥法》，《清经世文编》卷四十一）。下面我们将就前两种做法，举点事例，以便对清代的施粥有一点形象的了解。

首先看首善之区的粥厂。所谓首善之区，是指首都北京，也就是当时的顺天府，顺天府为直隶所包围，不妨把直隶的粥厂一起说来。在京城，平时就有施粥的地方，如《燕京岁时纪胜》所载，京师广宁门外的普济堂，“冬施粥饘，夏施冰茶”。下面所要说的则是临时性设立的粥厂。康熙四十三年（1704）直隶河间府水灾，人们逃亡，巡抚李光地动用库存和借支银两十余万购买粮

施粥赈饥图

食，一面平粜，一面设置粥厂煮粥散给饥民。《文贞公年谱》记载："贫民赖以存济，故岁虽荒，而途无殍者。"道光初年直隶先是久旱，三年（1823）大水，受灾州县多达120个，总督蒋攸铦请出帑银180万，实行以工代赈的办法，修治永定河，同时在水灾最重的地方，于寒冬"拨米石设厂煮赈"（《绳枻斋年谱》、《清史列传》卷三十四）。光绪中，顺天府大雨连绵，九年（1883）水灾，顺天府尹周家楣奏准在各乡镇及京城六门外设立粥厂。十三年（1887）水灾的情形，亲历其境的震钧在《天咫偶闻》中写道："京东大水，通州水几冒城，自是无岁不水"，而以十六年（1890）最为严重，造成的灾害也最剧烈，其时京中"无舍不漏，无墙不倾"，"人皆张伞为卧处"，"市中百物腾贵，且不易致，蔬菜尤艰，诚奇灾也"。

天津人严修在光绪十六年（1890）六月初六的《日记》中说："自五月十八日雨，二十四日始晴，而十九日雨，三十日戌刻大雨，至初三日戌刻始止，然未开晴，连日又雨数次，居室十余楹，漏痕殆遍"，"忧心惶惶，如滨大难"。这时工部尚书潘祖荫和顺天府尹陈彝主持赈务，《清史列传·潘祖荫传》云：光绪十六年六月，潘氏与"府尹陈彝筹放义赈，疏请择地添设粥厂，以便附近灾民就食，并恳钦派三四品京堂分驻稽查，弹压监放。八月，以顺属饥民众多，转瞬严寒，生路更窘，奏请更赏给米石。九月，奏大兴县境添设粥厂两处，冬春赈务，为日方长，请拨银米以资要需"。开始时在玉清观、西城卧佛寺、功德林、普济堂设置粥厂，又根据九年周家楣设厂的事例，在六门外的孙河、定福庄、采育镇、黄庄、庞各庄、卢沟桥等六处设立粥厂，另外在京畿各镇也开设粥厂，由皇帝拨给京仓米石和内帑银两作为经费。为此，严修等顺天府属的京官于六月十八日入宫叩谢（《潘祖荫年谱》《严修先生自订年谱辑注》）。然而事实上，京中粥厂施粥的情形，并没有像《李光地年谱》《潘祖荫年谱》写得那样美好，道咸同三朝大学士、管理工部尚书事务的祁寯藻有《打粥妇》诗，有所描述。所谓打粥，是贫民到粥厂领粥。他写的是一个19岁的少妇，怀抱奄奄待毙的6个月大的婴儿，打粥以延性命的惨状：

长椿寺前打粥妇，儿生六月娘十九。

官家施粥但计口，有口不论年长幼。

儿食娘乳娘食粥，一日两盂免枵腹。

朝风餐，夕露宿。

儿在变，儿亡独，儿病断乳娘泪续。

儿且勿死，为娘今日趁一粥，掩怀拭泪不敢哭。（《清诗铎》卷十六）

接下来看京外地区的粥厂。康熙四十二年（1703）江西兴国大旱，秋天没有收成，次年春天张尚瑗就任县令，立即进行救灾活动，先出常平仓粮放贷，接着与绅士商议用仓中余粮设立粥厂，取得同意后又捐资买粮，在治平观设局管理，于五月十一日至六月十日施粥。每人每天按五合米下锅，五更煮粥，煮好打钟，人们从东庑进来，从西庑出去，妇女在另外的殿里打粥。开始每天用米七八石，后来增加到二十石。就是这样，道路上仍有许多饿殍（魏世效《兴国张公救荒记》，见《清经世文编》卷四十三）。

乾隆三十八年（1773），广东有台风灾害，广州将军、两广督抚报告皇帝，乾隆派出大臣运送救济粮到广东，于是向各府州发出告示，官府设粥厂施赈。在广州，粥厂设于院落宽敞的东门附近的教场、西门附近的寺庙，又在市内相宜地点设立两个粥厂。粥厂煮粥有胥吏负责，由官员实行监督，吏役克扣米粮，官员可以管他，而官员吞没稻米，衙役不敢管。起初煮粥用的是米，渐

鬻儿图

水灾图

渐地掺和白泥充数，再后来就以树皮下锅，所以饥民“嚼泥泥充肠，啮皮皮以香”。然而这是不能充饥的，只能多受几天罪，然后死去，真是“嚼泥啮皮缓一死，今日趁粥明日鬼”（陈份《煮粥歌》，见《清诗铎》卷十六）。就在教场的粥厂旁边，死尸和骸骨随处可见。

嘉庆间，太湖流域水灾不断。嘉庆九年（1804）浙西水害，巡抚阮元实行平粜、赈济、借种子等办法度荒。第二年春蚕不收，于是施行工赈纪事粥赈法，在 15 个州县设立 34 个粥厂，每二三十里间就有一个。每个厂聘请诚实绅士管理钱谷和煮赈事务，不许官吏插手银米，只让他们维持秩序。如海宁县惠力寺粥厂请在籍部郎马钰主持厂务，同时任命原任县令、无锡人华瑞潢助理，他们制订煮赈散筹各项章程，按章行事。规定煮的粥要保持浓度，插的筷子不能倒斜，用布巾包裹不渗水，马氏、华氏也吃这样的稀饭，以保证它的质量。

在打粥方法上，分男女为两处，老弱病残另设一处，每处都用木栅围起来。每到打粥时，敲梆子或放炮为信号，使依秩序进行，不令拥挤。还在寺内搭盖大芦篷，以防雨淋日晒，并为妇女建立厕棚，对有病的人给予药物。由于秩序井然，管理周到，一天有几万人进出粥厂，并没有一个人死在厂内（阮元《硖川煮赈图后跋》，见《清经世文编》卷四十二）。阮元认为他的办法之所以行之有效，就在于使用绅士而不用官吏，正如他在《行赈湖州示官士》诗中所写的：

天下有好官，绝无好胥吏。
政入胥吏手，必作害民事。
士与民同心，多有爱民意。
分以赈民事，庶不谋其利。
吴兴水灾后，馏粥良不易。
日聚数万人，煮糜以为食。
士之任事者，致力不忍避。
与官共手足，民乃受所赐。（《清诗铎》卷十六）

浙西士民参与赈济的记录很多，如康熙四十七年（1708）、四十八年，桐乡旱涝相继，开当铺的汪文桂“设粥厂，立药局”，救济饥民。雍正四年（1726）又遇水灾，他首倡赈济，“以食饥民”（《清稗类钞·廉俭类》）。道光三年（1823）夏秋之交，嘉兴、湖州大雨，水深没膝，稻禾淹没，米价上涨，穷人无法生活。到了次年春天，桐乡马国棠罄其仓廪，捐谷1.07万石赈济县人，据说救活7万余人。清政府以他乐善好施，赐给四品职衔（姚清华《石门马氏蠲粟赈饥纪事》，见《清诗铎》卷二十二）。

粥厂的实行办法

叙述了这些事例，不妨对清代粥厂的实行方法作一点归纳：

厘户法。根据民户财产状况，确定其户别，以便在赈灾中做到区别对待，也即明确赈济对象。当时著名的经学家惠士奇设想，依贫富情况将人户分为五等：甲等人家要捐助粮银，进行救助；乙等户要平价出卖粮食，以便政府平粜；丙等户自给；丁等户购买平价粮；戊等户接受散米、施粥的赈济（《荒政》，见《清经世文编》卷四十一）。在实践上自然不会像惠氏这类学者所设计的那样，如果这样无异于强迫甲、乙等户捐粮、卖粮，当然行不通。在灾年，政府在实行救荒政策之始，登记贫困户，并把他们区划为次贫、极贫，以便放赈时有所区别。这种登记叫作赈籍，胥吏在上名册时，需索钱财，否则虽是极贫，也不能列入赈籍。王嘉福在《粥厂谣》所咏的“昨朝里正点村屋，老翁无钱名不录”（《清诗铎》卷十六），就是这种情形。在登记时还要区分大口、小口，一般来说，10岁以下为小口，散米时按成年人减量发给，而打粥则没有什么不同。

拨帑与捐输。赈籍所需银米，先是官拨，如前述顺天府赈灾事例所显示，政府拨给粮米和银钱；再就是官捐，各级官员捐俸，作出示范，以便劝民间捐输；另外有绅民捐献，地域性灾害的赈济，民捐最多，也最起作用。前述马国棠式的人物还有一些，不过捐粮数量不一定有他那么多，比如雍正时福建漳泉大饥，仙游太学生徐方宝赈米八千余石，并主持赈务，积劳而亡（《郎潜纪闻初笔》卷九）。在地方史志里这类记载屡见不鲜，不必缕叙。民捐出自自愿的虽大有人在，但也有一定的强制性，所谓“有司谋设厂，粥米按户索。上不遗荐绅，士庶均见迫”（周正《散粥行》，见《清诗铎》卷十六）。总的说来，赈物来自政府、官绅和民间三个方面，大灾政府要出钱，小范围的灾情则是民间的事情了。

分赈法。就是多设粥厂，以便利饥民打粥。江苏常熟人蒋伊于康熙十年（1671）在家乡赈荒，在乡村设置三厂，城里则设两个。实行的结果，是设在乡村的救活人多而费用少，而在城里的费用大，救活的人少，效果大不一样。因此他总结出分散粥厂的经验，于康熙十八年（1679）写出《敬陈分赈之法疏》，建议分县分乡赈济，而不搞大建制的粥厂。他说：

> 务令县各为赈，而不可聚之于一郡；乡各为赈，而不可聚之于一城；人各为赈，而不可委之于吏。（《清经世文编》卷四十二）

分散设厂，是为了饥民能够就近领粥，避免奔波，死于沟壑。

嘉庆间，金匮县令齐彦怀实行图赈法（图，相当于现代的行政村），在城乡设立粥厂十余处，将本乡人的捐献物资用于本乡的饥民，这样人们也乐于捐输，本乡人就近打粥，得到实惠。齐氏为此写出《图赈法》一文，以事宣传（《清经世文编》卷四十二）。分赈法越来越成为人们的共识，普遍这么做。如乾隆朝直隶总督方观承制订的《赈纪十五条》规定：

> 赈定例，州县本城设厂，四乡各于适中处所设厂，……地方官宜勿拘成例，勿惜小费，更多设一二厂，以便贫民。

景州就设置七个厂（《清经世文编》卷四十一），厂地所选择的处所，多是建筑较多、场地广阔的公共场所，诸如寺院、道观、教场。中国最早的救济机构就出现在寺院，唐代的福田院就是收养贫病无告人的，所以在寺院设立粥厂有传统，也有经验。再说寺院斋僧，锅灶齐全，像北京雍和宫的大锅能煮几石米，使用起来非常方便。

号牌法。是打粥的具体办法，规定如何领票，如何凭票打粥，何时、何地打粥，如何遵守纪律。如徐文弼的方法，是把一个粥厂分为四部分，用栅栏隔开，每一处又分成若干行，每行前面放置条桌，以便置放盆碗；每一部分有一个颜色的旗帜，打粥人固定区位，持有与区位相同颜色的筹码，到时凭筹去指定方位打粥。如此把人分散开来，不致拥挤，排队到桌前，器皿放到桌上，打得既快又均匀（《清经世文编》卷四十二）。当然，这是理想的方法，实际上难于做到。

打粥的惨状与官贪吏蚀

打粥人的状况就如同要饭花子，不到万不得已，人们不会走进这个行列，其悲惨处境是可以想见的。嘉庆中在江南做知县的陈文述在《粥厂》诗里描绘饥民打粥路上的情景：

> 疲癃纷扶藜，孀雏远负襁。
> 伶俜走鸠鹄，蹲蹋聚夔魍。（《清诗铎》卷十六）

老幼病残手持藜杖，孀妇背负婴儿，饿得移不动脚步，说不定走着走着就倒下来，成为在头顶上盘旋的恶鹰的食物。

至于打粥时的惨况，曾在江苏做过县令的谢元淮有着真切的同情的歌咏，不妨将其《官粥谣》转录于下：

> 东舍挈男西携女，齐领官粥向官府。
> 日高十丈官未来，粥香扑鼻肠鸣苦。
> 忽闻笼街呵殿高，万目睽睽万口嚣。
> 一吏执旗厂前招，男东女西分其曹。
> 授以粥签挥之去，去向官棚施粥处。
> 投签受粥行勿迟，迟迟便遭官长怒。
> 虬髯老吏拦门前，手秉长勺色如瞋。
> ……　　　　　　　官厂已收催还家。
> 片席为庐蔽霜雪，严寒只有风难遮。

道逢老叟吞声哭，穷老病足行不速。

口不能言唯指腹，三日未得食官粥。（《清诗铎》卷十六）

饥民等待打粥之时，主官之迟到，饥民之企盼；待到领粥之时，胥吏之豪横，饥民之怯弱；在回归路上，见向隅之老病同类，内心何其凄惨。这首诗如同一幅图画，映入我们的脑海。如果因打粥而能够维持生命，就是三生有幸了，须知许多人死在打粥路上，甚至于等不到打粥的机会就离开人世。康雍时湖广总督杨景仁在《筹济篇·煮赈》中说，施赈之时，“活者二三，而死者十六七”（《清经世文编》卷四十一），可见死亡率之高。有幸领到稀粥而生存下来的人，大多数内心麻木了，以领粥为眼前生活的目标。但是也有一些人心理上不能接受现实，感到特别的痛苦，这主要是穷苦读书人和少数妇女。黄懋在《施粥不如散米说》文中讲，打粥时，“以少年妇女，出头露面，有志者羞愧饮泣，愚痴者习成无耻”；厂役们还对妇女评头论足，无赖之徒“调戏挨挤”，以至于造成人命案（《清经世文编》卷四十二）。清初名士尤侗在《散米谣》中写道：

可怜良家子，乃与乞丐伍。

性命且不保，廉耻何足语。（《清诗铎》卷十六）

打粥以延生命，实在是极其痛苦的事情。但是饥饿难熬，多少人能拒绝这种“嗟来之食”呢！

灾害赈济，历来是赃官污吏聚财的好机会。他们的手段，就是蒋伊所说的："报名有费"，"廪给有扣"。不给钱不让上赈籍，这就是报名有费；粥厂之粥，搀和泥土树皮，留下好米，是乃廪给有扣。康熙时举人郑世元有规劝官吏不要发灾荒财的诗，他咏叹道：

黄须大吏骏马肥，朱旗前导来赈饥。

饥民腹未饱，城中一月扰。

饥民一箪粥，吏胥两石谷。

我皇圣德仁苍生，官吏慎勿张虚声。（《官赈谣》，见《清诗铎》卷十六）

乾隆朝诗人沈德潜评论此诗，说当中四句，是历代通病，无可奈何的事情。也就是说官吏在饥民口中夺食，是无法改变的现实。郑氏说饥民喝一瓢粥，官吏就要克扣两石米，自然是赋诗的夸张。实际情形，据黄懋的估计，大约用米一石，到饥民之口的不过六七斗，其他三四成进了官吏的口袋。要知道，这时的米粮，价值高昂，官吏是大大地捞了一把。至于发放贷粮中的舞弊，就不在这里道及了。写到这里，令我们对粥厂的设立产生了怀疑，其实，清朝人总在讨论是设粥厂好，还是散米好。下面了解一下他们的议论。

粥厂的利弊得失

设立粥厂的好处，是立即解决不能举炊人家的活命问题。极贫人家要钱无钱，要粮无粮，要柴无柴，贷粮对他们无用，散米也难于济事，施粥可以立即进餐。巡抚张伯行讲“极贫之人宜赈粥”；阮元说“赈粥，专为下下贫民供朝夕也”；陈芳生云：“赈粥之举，则唯大荒之年，为极贫之户不能举火者行之，枵腹而来，果腹而往。”（《赈济议》，见《清经世文编》卷四十二）说白了，施粥是延续极贫户性命的事情。粥厂比其他赈济方法容易办到，因为这是最紧急的事情，劝捐相对好实现。有了粮，可以根据粮的多少，决定施多少天粥，事情办起来比较灵活，所以杨景仁说施粥“费易办而事易集”。主持粥厂的官吏虽然也贪占，但比起平粜、赈贷中的作弊还是要少一些的，也正如陈芳生所说，“其中透冒之弊似少”。

粥厂的设立，弊病亦多，黄懋分析它的害处：一是领粥要奔波于路途，造成虚弱之人的死亡；二是粥厂要用许多厂役，费用比散米多；三是人们往返于粥厂家门之间，耗费精力，不能从事生产；四是饥民聚集于粥厂，容易生事，即可能发生社会治安的紊乱；五是妇女抛头露面，有碍社会风化。此外，鲁之裕说到行之不善的粥厂，该打粥的人打不到，不该领的人却得到了。还有人认为，设立粥厂，聚合多人，会造成瘟疫的流行。这些问题，大多是存在的。

总而言之，在赈灾的诸种措施中，平粜、贷粮是常法，散米也较常见，而施粥则是临时性的调剂办法，是作为平粜、赈贷的补充，也是散米的补充，用杨景仁的话说是“施粥以调剂其间”，或如陈芳生说的“其为道，能暂而不能久”。救荒，不能寄希望于粥厂，虽然它有其点滴的作用和不应抹杀的功能。

不仅是施粥有弊病，在古代所有救荒事业都难于实行得好，这有社会客观的和人们主观的多种原因。其中比较重要的，一是社会生产发达程度不高，生产品有限，食品少有富余，一遇到大荒，没有多少余粮可以充饥；二是吏治不清，清官少，贪官多，民命垂危、嗷嗷待哺之际，赃官也不忘口中夺食，骂他们全无心肝，亦无济于事，因为专制政体下的官僚制度决定了贪赃现象的不可避免；三是基本没有社会保障事业和机构，都是临时、就事作某种救济，就很难指望它能解决多少问题了。但是，施粥之类的赈济却给后人留下宝贵的精神财富。那些热诚、主动从事施粥的人，对饥民怀有强烈的同情心，力所能及地给予物质的帮助，救人于濒危之中，这种仁爱观念值得继承和发扬光大。

清人祠堂祭祀生活

江苏《宜兴篠里任氏家谱》卷二《募建大宗祠序》中云："国有宗庙，家有宗祠，所以崇报享而齐众志也。"在宗法社会的国家，把祭祀与兵戎当作头等大事，民间的宗族（祠堂）则以管理祭祀为重大的事务，因此宗族规约有着关于祭祀的一系列条例。

规定族人与祭的义务和权利

《锕川里姚氏宗谱》卷三记录江苏江阴姚氏宗规："时而祠祭，时而墓祭，皆展亲大礼，必当敬谨。"要求按时进行宗祠、祖坟的祭祀。到该祭祀的日期不举行祀典，就是犯了忘本的过愆，是不允许的，所以《澄江彭氏宗谱》卷三载江阴袁氏《祠约》的规定："祭期不许旷缺不举及有事不到。"不准祠堂司事到期不举行祭祀，不容许族人无故不

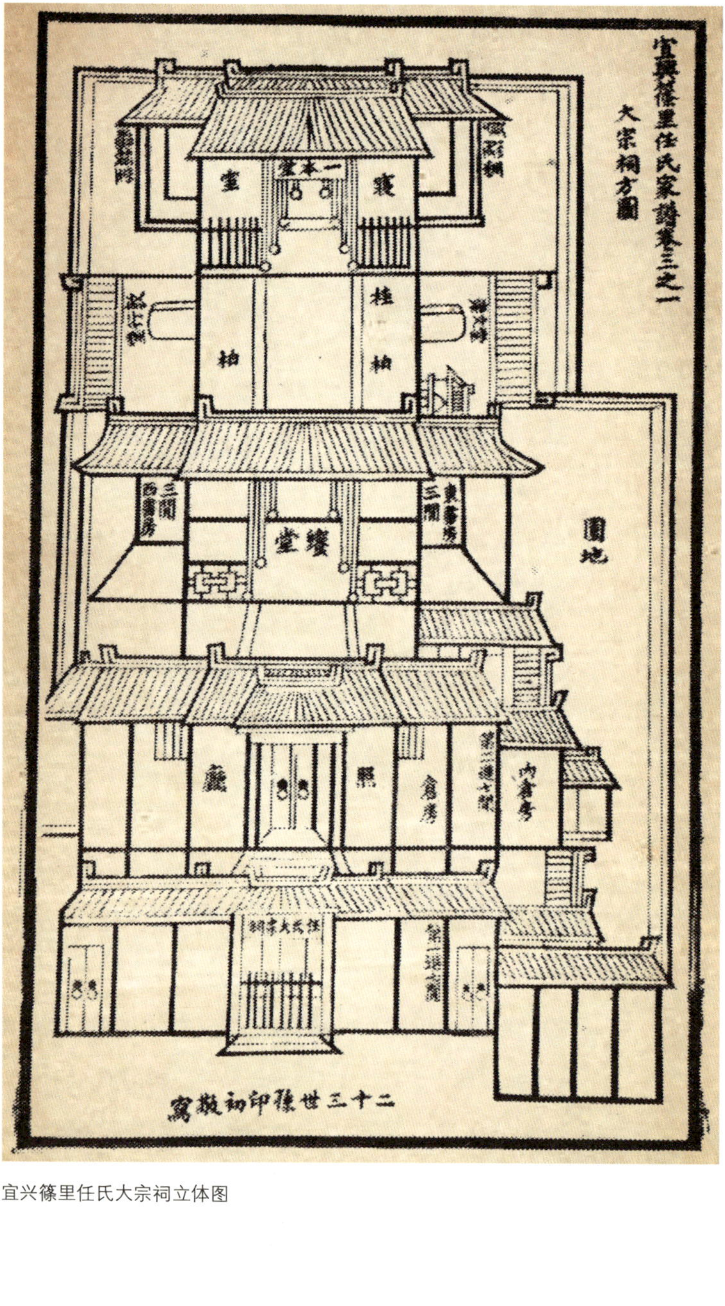

宜兴篠里任氏大宗祠立体图

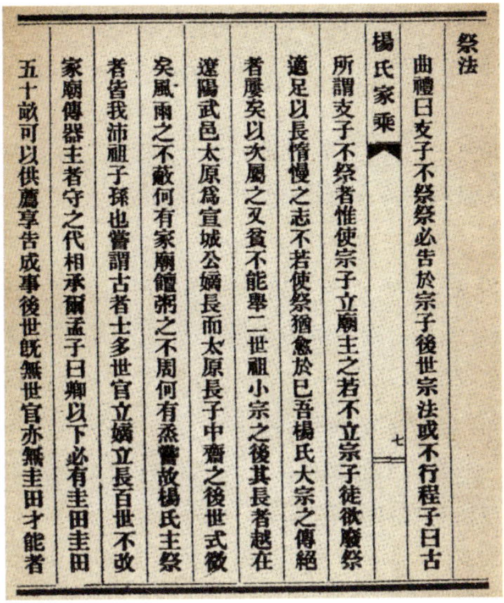

祭法
曲禮曰支子不祭祭必告於宗子後世宗法或不行程子曰古
楊氏家乘 七
所謂支子不祭者惟使宗子立廟主之若不立宗子徒欲廢祭
適足以長惰慢之志不若使祭猶愈於已吾楊氏大宗之傳絕
者屢矣以次屬之又貧不能舉二世祖小宗之後其長者越在
遼陽武邑太原爲宣城公嫡長而太原長子中齋之後世式微
矣風雨之不蔽何有家廟饘粥之不周何有烝嘗故楊氏主祭
者皆我沛祖子孫也嘗謂古者士多世官立嫡立長百世不改
家廟傳器主者守之代相承爾孟子曰卿以下必有圭田圭田
五十畝可以供薦享告成事後世既無世官亦無圭田才能者

《即墨杨氏家乘·祭法》书影

参加祭扫仪式。直隶南皮县侯姓《侯氏宗谱·家规》也作了同样的训诫："朔望率子弟谒先祠。……勿怠废先人祀。"参加祭祀是族人的义务。康熙间山东即墨县杨文敬在《即墨杨氏家乘·家训》中教训后人："子弟幼时嬉戏，当令习拜跪，学揖让，设祭祀，扮长官。"小孩子做游戏，就教他学习祭祀的礼节，以养成参加祭祀的习惯。男子到16岁算是成年了，就正式出席祠堂的祭礼。届期如果不到或迟到，就会受到族法所规定的惩处。安徽潜山王氏家法，每年腊月二十四日、正月初一日族人两次到祠堂礼拜，"倘有托故不到者，每名下罚稻一硕"（《潜山琅玡王氏三修家谱》卷一）。女子也参加一部分祭祀，即墨杨氏祭法，凡元旦的祭祀，男子举行过后，退出祠堂，"妇女齐集参神，四拜，非疾病不得免”（《即墨杨氏家乘·祭法》）。

族丁参加祭祀，有的祠堂要族人出祠费。江阴彭氏祠堂每当大祭时，各房由一人出面敛钱，每一丁交一钱银子（《澄江袁氏宗谱》卷三）。如不交钱，祠堂就要处以家法了：“族中有抗赖祠逋者，二祭日系于祠门，追完释放。”（《宜兴篠里任氏家谱》卷二）对拖欠祠赋的人捆绑示众，处置得相当严厉。所以在有祠堂的地方，族人必须出席合族祭礼，交纳分例的祭费，这就成了宗族成员的义务。

参加祭祀也是族人的权利。武进高氏宗族对过失严重的族人，“不准入祠入谱”（《毗陵高氏宗谱》卷一）。不许进祠堂，不得与祭，都是不准参加宗族祭祀。参与宗族的祭祀，是被承认为宗族里的人，也是一种权利，一旦失去祭祀资格，就不被当作族人对待，不再受宗族保护，也就失去相应的权利了。

有的宗族向与祭人员发放钱物，如安徽庐陵王姓“家祠祭祖，向来等齐族众，一同礼拜，祭毕每人分钱八文”（中国第一历史档案馆藏档·内阁全宗·土地债务类）。公有经济雄厚的家族，还向贫穷的族人发放粮食、布匹、银钱，若被取消族人资格，这类救济就无从享受了。由这些宗规可知，参加祭祀，是族人的义务与权利的一种体现形式。

为了掌握参加祭祀人员的情况，要求族人报告人口，增添男丁要及时登记。山东武城曾参后裔宗祠设有年纪簿，由族长收贮，“凡诞子之家，于三朝命名后报知族长，登名于簿，将生辰注于名下”，这是登录新生的男子。死亡也限期报告：“春秋二祭，子姓毕集，各将半年内寿终者注其月日及葬某处。”娶媳妇要声明系何家之女，何日出生。迁徙者应与祠堂保持联系：“其迁居四方者，每岁一次汇列寄报，凡挈眷迁居某州县某乡镇，族长亦逐为记载。”（《武城曾氏重修族谱·例言》）武城曾氏作为儒家大师的后裔，礼法严密，以杜绝他人冒入宗籍，在宗祠报户口，以便届时参加祭祀。中国传统礼法，有新娘“三日庙见”（“三月庙见”）之礼，清人宗规亦多所强调，即墨杨氏《家法》：“（新）妇三日，姑率之庙见，返中堂拜尊长，其卑幼并见于新妇。”新娘拜了祠堂，婚姻得到宗族的承认，才可以与祭。

祀始祖及配享

宗族祭祀，祭什么人，大有讲究，族规对此是颇为重视的。祠堂祭祖，主要是祭宗族的祖先，这就是始祖、初祖、始迁祖。江阴姚氏以隋代姚允为祖先，为“报本追远”，“宗祠内推忠武王（按即姚允）为初祖”（《锢川里姚氏宗谱》卷三）。即墨杨氏合族祭始祖、一至八世祖。这些被祀的人的牌位置于宗祠大堂。还有祔祀的，被子孙认为有善行而值得纪念的，神主置于大堂的两侧，面向东或向西。有的宗祠规模大，在大堂外，别建祠屋，以安插其他祖先的牌位，如湖南益阳熊氏宗祠主堂外，还置有忠孝堂、廉节堂（《熊氏续修族谱》卷末）。在神主设置上，宜兴任氏祠堂也是一个典型，它建大宗祠一本堂，奉祀 11 世以上先祖，12 世以后的要进一本堂，需别具资格：“十二世以下论德、论爵、论功，孚众论者，配享两列。”即以德、功、爵作为入祠的条件。其具体规则，康熙五年（1666）议定：

宗祠重大之典，莫如配享，论德、论功、论爵不敢不严，子孙能输助百金，亦以功论，此严中宽典也。……至于生前品行不端，有过犯者，即输助倍蓰，亦不得入祠。自议之后，万不得宽纵，以得罪祖宗。

嘉庆四年（1799）续议配享，规定论爵为文官七品、武官三品以上，论功是给祠堂捐银，银数多少，视捐纳人及被配享人的地位来定，地位高者交钱少，如文官八品交40两，从九品为70两，吏员90两，武官四品40两，七品90两。配享之外，在一本堂的左侧建立“树风堂”，“祀一善一行之不与配享者”，右侧建造“锡类堂”，“祀通族祖先之不与‘树风’者”。“一本”“树风”“锡类”三堂有等第，所谓“礼莫大于一本，而树风，而锡类，等杀之义也”。所以被祭祀，主要是一族先祖，其次是官员和有钱财的人，再次则是有一善一行的人，最后是本宗族的一般平民祖先。

按辈分排列祖先在祠堂的地位，这是祠堂尊祖敬宗原则的体现，本系正常之举，但论德、爵、功，则与这条原则不甚吻合。如果只是宜兴任氏一族如此，尚不必多加注意，可是它却不是个别现象。武进庄氏于道光二十年（1840）重修宗祠，决定为始建祠堂的庄恒、庄朝生设立祠室，名曰“缔造祠”，岁时祭祀，以鼓励后人效法，并决定“其后凡有子姓增修祠宇，续捐祭田，大有功于兹祠”的人，“准其身后祔位入祠，大祭时一体享祭”（《毗陵庄氏族谱》卷十五）。据乾嘉间人、知县李兆洛《养一斋文集》卷九《洛阳戈氏宗谱》讲：“宗庙之礼，以序昭穆，此不刊之典也。曾见绅士家止序贵贱，不论尊卑长幼，其与名分何？”这份文献本身表示反对祭祀论贵贱，但也反映一些宗族祠堂祭祀以贵贱区别族人的情况。李兆洛直接批评宜兴任氏的规则，他说：

> 近世祠制，吾所知者宜兴任氏为最。……然吾谓其立法太夸，用意太亵，有入无祧，已无限断，论德论爵，复起争端，见在子姓虽云能守，而当其致祭，祖宗纷纭于上，子姓淆乱于下，有法而仍无法，乖经义矣。……圣人之立宗，非薄众子也，明统也，亦天之经也。

尽管有这些反对论者，有些祠堂仍是以辈分和权势来安排祖宗牌位的。

祭祀种类

各个宗族祭祀的名目纷繁，日期不一，习惯不同，为各家族的规则所制约。即墨杨氏家族定有《祭法》，给后世留下较清晰的记录：元旦祭祖，先男子，后妇女；元宵节祭祠堂，在晚间举行；清明前二三日，合族扫墓，祭始祖，各房祭本房始祖，各家祭祖，并祭伯叔高曾祖、伯叔祖、伯叔、兄嫂；初伏日献新，祭于祠堂；中元日，晚上在祠堂祭祀；中秋节亦祭于祠堂；十月

烧包袱祭祖图

初一日祭扫部分祖先坟墓；冬至前一日祭于祠堂；各家祖先的忌辰，各自往墓前祭奠。

古人秋祭曰“尝”，冬祭曰“烝”，江阴袁氏宗祠“祭期定于二月、八月，效昔人烝尝之义”。这是春祭和秋祭，不过符合古人祭奠之义。吴江任氏《祠规》：“合祭所以收族也。每十月朔期早齐集，历四时而一会，水木之思，何人蔑有，务望各致其诚。”（任兆麟《有竹居集》卷十三）以十月初一日为全宗族的大祭。南皮侯氏《家规》：“朔望率子弟谒先祠。”即每月初一、十五两日拜祠堂。总起来说，清明和冬至，一次扫墓，一次祠堂祭祖，是两次大祭，各宗族大体相同。

以上是常规的祭祀，还有特殊的。子孙有了荣耀，回乡祭祖，或新得功名，表示感谢天恩祖德，举行临时性祭祀。江阴袁姓《祠规》：

凡子孙入泮者，备祭三席；补廪者捐钱三千，作二年交清；中乡举者捐钱三十千，本年交足十千；中甲科者捐钱五十千，本年先交二十千，余皆匀二年交清；其登仕籍而有俸余官资者，临时公议酌捐。

中秀才祭祖，功名高的更要捐钱祭祀了。

祭祀仪式

光绪间武进、阳湖两县合修的县志，谈到当地民间祭祀习俗：“春分秋分祀宗祠，羊一豕一，酒醆菹肴具，族人以昭穆为次，重行北上。”（光绪《武进阳湖县志·风俗》）这里讲了祭仪和供品，反映了家族祭祀状况。族谱宗约的规定比方志叙述得更具体而完整。祭祀仪式包括祭礼、供品、主祭人、分配祭品等内容。

“宗子以主裸献”。宗子、族长主持祭祀仪式，这是他们的权利，也是他们治理族人权力的标志。

司仪所以谨亵也。主祭者先行礼，设茅行灌，出迎牲，既奠，读祝，焚明器，工奏乐，子姓拜，以世及昭穆相祭礼行之献，毕，彻俎。

这是吴江任氏的祭法，族尊先向祖宗牌位行礼，接着亲自摆上供品，奠酒，宣读纪念文字，焚烧纸糊的各种明器，奏乐，然后是族人按照辈分、年龄次第行礼，反复三次叩头，典礼完毕，撤出供品。族人以辈分排列位置向祖宗行礼，这是各宗族共同的，至于三叩还是四叩等细节，则有不同。

> 备物所以致敬也。羊一豕一，大宗祠祭席一；羊一豕一，宗祠席三，义祠二。嘉荐均十有二品，爵席以三，羹食从之，物惟其时。（《有竹居集》卷十三）

任氏祭品主要是猪羊，果品菜蔬依祭祀季节，选择新鲜果菜。在这方面即墨杨氏规定比较详明。其除夕祭三世以上祖先，用大馒头、蒸卷各五个，糯米、黍米糕各二大方，牛羊猪三牲各一份，另有茶、酒，祭时烧纸钱。祭四至八世祖，馒头、蒸卷、糯米糕、黍米糕同于前，另外每位还有米饭、粉汤五碗，猪肉、鸡、鱼做的荤腥菜五碗，时下素菜五碗，油果、山果各五个，茶二遍，酒三巡。上元之祭，蒸食五尖碟，荤素菜十种，二十蔬，油果、山果各五个。清明扫墓，祭品除同于前述的，又有韭饼、米糕、米蒸饼。初伏日祭祀的供物有新麦馒头十碟。中秋节祭祀祠堂，用月饼、西瓜。所用供品及器皿，“皆子孙手设之，不得用僮仆”，以此表示子孙祭祖的虔诚态度。

“祭毕，相率以齿会拜而宴。”（《熊氏续修族谱》卷首）这里说的是合族祭祖仪式完成之后做的两件事，一是族人互拜，一是会餐，分食祭品。族人之间在祠堂的行礼，即墨杨氏于康熙间实行的家法极严，其规则相当繁琐，精神在于强调尊重兄长。若能敬兄，对尊亲自然不会失礼。长兄为大宗，诸弟为小宗，尊崇大宗，是中国宗法制度的要点，杨氏的礼节典型地表现了这种特征。

祭品死者不能吃，如何处理呢？有的宗族举行会餐，令与祭者吃食，所谓“飨馂余”。有的家族人数太多，不能举行宴会，就分配祭品，办法是：凡族人不分行辈，平均给予，惟照顾高年人，多分一些。有的宗族别有分配办法，如浙江山阴王氏雍正十一年（1733）的《宗祠规例》：“宗庙之中，亲亲又当贵贵，凡有超群衣顶子孙，其给胙必较执事者次第倍之，以表奖劝之意。”即具有举人、进士和品官身份的人分到的胙肉，比一般祠堂办事人员还要多，问题不在猪肉多少，而是宗族给予的荣誉。可能是给有功名者的地位过高了，该族于嘉庆九年（1804）又议定：衣顶之家的胙肉与分长、执事相同（《中南王氏宗谱》卷首）。江阴袁姓宗祠给尊贵者以专席优待：

> 凡族中有贵且贤者，当专席以尊显之，盖贵贵、尊贤，义有均重，非阿谀也。且使有志子孙睹兹尊显，以激发其读书上进、显亲扬名之心。

祭祀仪式后，有的宗族举行会议，向族人宣讲宗法。如南皮侯氏，族长于初一、十五日拜祠堂后，即“击鼓而诵家法，使列听之”，表彰孝子顺孙，教育忤逆及有过失者。

在整个祭祀过程中，有的宗族设立纠察人员，如宜兴任氏规定：“祭，设纠仪二人。”纠仪专门检查与祭人员祭祖是否真诚，对亲长是否尊敬，宴饮是否合乎礼仪，以便惩罚那些不守祠规的人。

无需赘言，宗族祭法把祭祀的各种问题都考虑进去了，礼法实在是够严密的了。

在实行祠堂制度和祭祀的地方，宗族成员在祠堂组织下生活，参加祭祀活动，一切行为要符合祠堂的规范。这使我们看到，一个宗族成员，既是君主皇帝的子民，家庭的一分子，又是宗族的属子，祠堂使他增添了一种人际关系，使他的处世趋于复杂。就着宗族讲，由于祠堂的设立和作为存在标志的族祭的举行，它又组成了一个社会团体。宗族社会和宗族成员的人际关系的历史存在，是治史者宜加注意的，否则对一些现象就不能作出说明。如宗族等级与君主专制社会等级制的关系问题，就可从宗

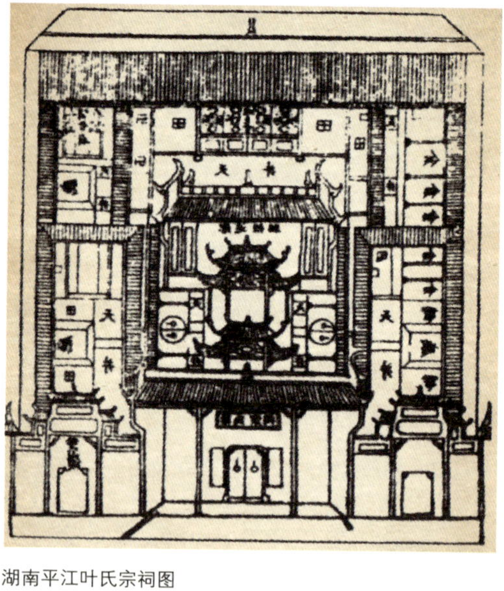

湖南平江叶氏宗祠图

族祭祀中得到一些了解。因为祠堂祭礼把族人分为不同的等次，正是宗族内部人们本来就因政治、财产状况不一而分为不同社会等第的关系的反映。

社会上祭祀中的等级制，清朝政府就有明确的法规。它的品官家庙之礼是：一至三品官员的家庙，中堂五间，台阶三级，东西两庑各三间，中门外设南门，左右两边各设侧门；四至七品官的家庙，中堂三间，台阶三级，两庑各一间；八九品官的家庙，中堂亦为三间，但台阶仅有一级，没有两庑，只有一个垣门。建筑规模不同，特别是庙堂，间数不一，台阶不等，一看家庙式样，就可知道这是什么样的官僚家族的，其主人的身份也即显示出来。祭祀物品也视官阶而异，清朝定制，三品以上官祭祖用羊一豕一，每案置俎二、铏二、敦二、笾六、豆六；四至七品官用特豕，祭器为俎一、笾四、豆四；八品以下官用豕肩，不特杀，祭器为俎一、笾二、豆二。四品以下官祭器铏、敦同于三品以上官。祭毕会食，三品以上官僚家族，每祭必举行，四品至七品官在春秋两次祭祀时举行，八品以下官只在春祭后会餐一次（《清朝文献通考》卷一二四）。庙堂、祭品、食馂余都不一样，品官家庙礼法中等级制度何其森严。官方如此，民间当然效尤，何况许多宗族中有官员，他们必然要把官场中的祭祀形式搬过来，既显示望族的地位，又用以区分族人，给高贵者在宗族中以特殊的地位。

祭祀分等级，存在于宗族和全社会，使等级制从各个方面渗透到民间，可见君主专制社会等级制是社会的基本制度，影响社会成员的生活至为深广。

17 世纪满洲人的命名

取名是一种文化现象，表现人们对自身生存与发展的愿望。历史上不同民族有其各不相同的命名习惯，反映着民族文化特征。17 世纪的中国满洲人，从居住于东北一隅，到稳固地统治全中国，民族地位发生了巨大变化，族人的起名也同时产生变异。

人们的名字是在初生或童稚时期，由家长起定，所选择的文字，蕴含了家长的期望。17 世纪满人为子孙起的名字有多种含义，兹缕列于次。

命名的诸种现象

以动物命名

贝勒杜度（Dudu，1597—1624），名字意思是斑雀；镇国公哈尔萨（Harsa，1605—1651），名字字义是蜜鼠；摄政王多尔衮（Dorgon，1612—1650），名字意思是獾。这些是直接以动物命名。还有以动物体中的一个部位起名的，如贝子博和托（Bohoto，1610—1648），名意是驼峰。

以属相命名

中国古人以 12 个动物配十二地支，成子鼠、丑牛、寅虎、卯兔、辰龙、巳蛇、午马、未羊、申猴、酉鸡、戌狗、亥猪十二生肖，每年一个属相，共十二属相，循环使用。17 世纪满人有用属相取名的习惯，如辅国公固尔玛浑（Gulmahun，1615—1681），名字意思是兔子，但固尔玛浑这个名字的得来并非崇拜动物，而是来自属相，他出生的 1615 年是兔年。17 世纪有两个满人叫尼满（Niman），一个是子爵，另一位是战死疆场的前锋官，名字的意思是山羊，因为他们是属羊的。

以矿物命名

三等公诺敏（Nomin，1682 年袭爵），名字意义是铅矿石。

以山河命名

男爵噶尔汉（Gargan，1657 年袭爵），名字是河汉子的意思。

以用物命名

人们的用物品类繁多，被满人用以为子孙起名的不少，如：亲王博洛（Boro，1613—1652），名字的本意是凉帽。

贝勒阿敏（Amin，1586—1640），名字字义是后鞍桥。

内大臣鄂硕（Oso，？—1657），取名的原意是“驾鹰的三指皮巴掌”。

额驸苏纳（Suna，17 世纪上半叶），名字本意是“牵狗的皮条”。

大学士马齐（Maci，1651—1738），名字字义是“拴鞦的铁钩子”。

以数目字命名

当婴儿出生时，以其父祖年龄数目字为之起名。如轻车都尉那丹珠（Nadanju，1712 年袭职），名字意思是七十，可能是于其祖或其父内大臣硕岱（1629—1712）70 岁时出生的。

以排行命名

以婴儿是父亲的第几个儿子来起名，如老五叫孙查齐。或不严格论排行，以出生早晚来定名，如清太祖的第十二子、英亲王阿济格（Ajige，1605—1651），名字是小儿子的意思；一等侯费扬古（Fiyanggu）名意同于阿济格。

用体形特征、身体的某一部位命名

以皮肤黧黑而起名，如颖亲王萨哈璘（Sahaliyan，1604—1636），又如銮仪卫冠军使萨哈连（Sahaliyan）。

用红眼边、烂眼皮作名字，如贝子傅喇塔（Fulata，1622—1676）。

因小时爱尿炕，起名尿炕孩子，如参领席特库（Siteku，

1634年参加对明朝作战）。

因长得细高起名，如男爵噶达浑（Cadahun，？—1657）。

用大腿作名字，如辅政大臣苏克萨哈（Suksaha，？—1667）。

以胎起名，如豫亲王多铎（Dodo，1617—1649）。

用上牙磕下牙起名，如额驸何和哩（Heheri，1561—1624）。

因相貌或作风像汉人而起名叫汉人，或叫蛮子相，如敬谨亲王尼堪（Nikan，1610—1652），又如理藩院尚书尼堪（Nikan，1595—1660）。

用反映好品格的字义命名

如协办大学士阿克敦（Akdun，1685—1756），名字字义是坚固、信实。

这种寓意取名，在传说中的“三仙女”名字中表现尤为突出。大姐恩古伦（Enggulen），名字意思是恪守纲常、纯正无邪的女子；二姐正古伦（Jenggulen），名意是笃守贞操、纯正无瑕的女子；三妹佛库伦（fekulen），即神话中诞育满洲先祖的仙女，她的名字意思是爱好新奇的天真女子。

以吉祥字样命名

家长希望子孙有幸福美满的生活，选择吉祥文字给他们起名，以博取好兆头。如贝子萨贝（Sabi，1628—1655），名意为祥、吉祥。右卫先锋众神保（？—1696），取名用意是希望诸位神灵保佑他。简亲王神保住（1716年受封奉国将军），名意是祈求神仙保护他成长。领侍卫内大臣讷亲（Necin，?—1749），名意为平安、平坦。

在吉祥文字命名中，也有从文字表面看不出祝福的意思，但实际上包含着祝愿的成分。如贝勒岳托（Yoto，1599—1639），名字字义是呆子、傻公子，实际上不是说名字的主人是傻子，而是世俗以为傻子好养活，取这个名字就是希望孩子健康成长。辅政大臣索尼（Suweni，1601—1667），名字的本意是“你们的”，引申讲这个孩子是百家子弟，也是取其好养活、不会夭亡之意。

其他

两江总督噶礼（? —1714），名字的意思是“让他拿来”。

满人命名文化含义及其变化

前述17世纪满人命名中借用动物、矿物、属相、山河等的名称，反映出那时满人对大自然的认识及与自然物的关系。人们和大自然共存，接受它提供的丰富生活资源，也承受它时而带来的灾害，对它既感谢又敬畏，于是在对自然界还缺乏科学认识的情况下，特别是在以采集业、狩猎业为主要生活来源的情况下，人们普遍存在着崇拜自然的观念。到农业社会，也还是靠天吃饭，同样盛行自然崇拜。16、17世纪之交，满族先进地区的生产方式已从渔猎过渡到农业，但人们自然崇拜的观念变化不大。动物、矿物、属相、山川是身边事物，对它们有所了解，用它们的名称作孩子的名字很方便，适合于当时人的知识水平，更重要的是用那些名称寄托了对孩子的愿望，即希望子孙能像动物那样茁壮灵巧，生生不息；能像矿物、山河那样坚实雄伟。至于人和动物同名，今天看来似乎不雅，但17世纪的满人并没有这个概念，他们的那些名字，正是自然崇拜的表现。

满人以父祖的年龄给新生婴儿命名及用排行取名，是用名字纪念父祖，使孩子长大之后知道父祖养育的恩德，能够孝敬长上，永远不忘祖宗，这是祖先崇拜的表现。

吉祥名字的选取，虽然出现得很早，但普遍性远不及前述的自然物多。到17世纪末，这一特征开始发展起来，其标志就是康熙皇帝（1654—1722）于17世纪80年代给儿子们命名采取了汉字规范性做法，即每人的名字取两个汉字，其中一个字为诸子所共用——排行字，就是“胤”字，另一个字也有一个共同的偏旁，是“示”字，“胤”字字义是继、嗣，取这个字表示子孙相承续。“礻”字与其他字搭配成许多字，各有其义，如废太子名胤礽（1674—1724），礽是有福的意思。第四子胤禛（雍正皇帝，1678—1735）的禛字是真诚受福的意思。第七子胤祐（1680—1730）的祐字是神相助、天保佑的意思。第十四子胤祯（1688—1755），祯是吉祥的含义。康熙帝给诸子起名，希望他们吉祥有福，世代相传。康熙帝又给孙子辈起名，排行字取“弘”字，是广大、扩充的意思。皇家起名的改变，标志着满人起名用意方向性的重大变化，特别是在社会上层人士当中，17世纪末期以后，人们命名日益重视吉祥幸福、品格修养和字义文雅方面，而反映自然崇拜

满族萨满跳老虎神模样

观念的名字逐渐减少。

17 世纪满人名字比较简单，只有一个通称，不像汉人，在大名之外，还有表字、别号、室名等称谓以表示风雅，便利别人称呼和自称。17 世纪中叶以后，个别满洲文人学习汉人，另起字、号。不过这一现象尚少，到 18 世纪以后才多起来。

满人的名字原来当然是读满音、写满文。随着满人政权在中原的建立，做官的人要把名字写成汉字，即根据满语写出对音的汉字，所取的文字，只要音对，一般不考虑汉字的字义好坏。极少数人选取含义好的字词或同汉人姓名相近的字，于是出现满人名字与汉人姓名相似的情况。迨至 18 世纪，乾隆皇帝担心满人在姓名方面被汉人同化而加以干涉。

满人名字还有一个特点，就是名与姓不连称，一般只用名，不提姓氏。如说到固尔玛浑，并不提起他的爱新觉罗姓氏。马齐

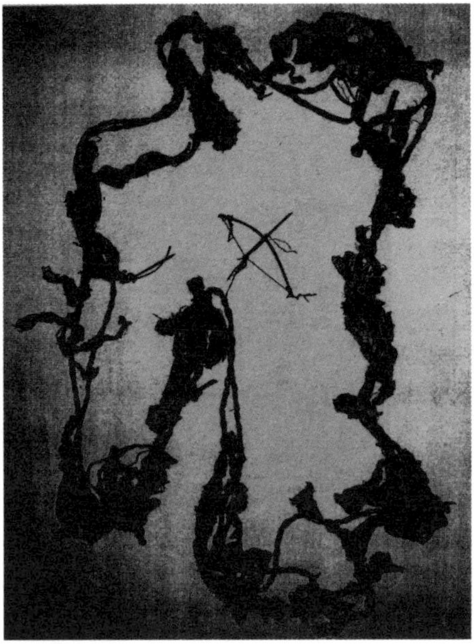

满族原始族谱——子孙绳

姓富察氏，他自称以及别人称呼他时不需要提富察氏，径呼马齐即可。

关于 17 世纪满族人的命名，可以归结为以下三点：

首先，满人取名常常表现出自然崇拜和祖先崇拜的观念，而且有很大的随意性，尤其是在以用物命名方面。16、17 世纪之交是满文草创时期，字数不多，限制了起名的应用，那时满族文化发展水平不高，决定了起名的原始性和简单性。

其次，满人的命名随社会的发展迅速变化，由自然崇拜命名向多方面发展，特别是向塑造品格、表示祈福、吉祥愿望的方向发展。这是 17 世纪中叶开始大量接触汉文化并受其影响，亦逐渐用到命名方面，反映了满族文化的兼容性和发展。

最后，满人命名的变化，有深刻的社会原因。满族贵族对汉文化的普遍接受，影响到其社会生活的各个方面，如在政治上采取了汉族传统的君主专制制度，在教育和选拔官吏上继承了汉人的科举制，在思想方面确定了以儒家思想为官方哲学，在命名方面，满人从汉人的命名观念里，学习到赋予名字以深刻的社会含义，改变了旧日的简单命名状况。这也从一个侧面说明，各民族之间的文化交流具有促进社会发展、进步的作用。

道光朝的陋规与吏治

由“从来未有之奇案”说起

嘉庆年间查赈的李毓昌被害案件的发生，令嘉庆帝（1760—1820，1796—1820 在位）愤怒地说这是“从来未有之奇”的怪事（赵翼《檐曝杂记》卷六《冒赈大案》）。事情是这样的：嘉庆十三年（1808）江苏北部大水，嘉庆帝发帑金赈济饥民，山阳县令王伸汉冒开饥户，领赈银入私囊。受上司委派到山阳查赈的试用知县李毓昌，发现王伸汉的贪污罪行，行将上告，王伸汉请出淮安知府王毂说情，遭到拒绝，又提出与李毓昌分赃，阻止他告发，李毓昌是新进士，廉洁自励，坚不应承。在他离开山阳的前夕，王伸汉指使家奴与李毓昌的长随合谋，毒死李毓昌，并以自缢身亡报案，王毂伙同掩饰。后经李毓昌叔父李泰清发现疑窦，赴京控告，于是真相大白，嘉庆帝下令将王伸汉立斩，王毂立绞，害人的家奴、长随判处极刑，两江总督铁保夺职遣戍，江苏巡抚汪日章撤职，并作《悯忠诗》褒扬李毓昌。此案中的王毂不惜性命地替王伸汉掩护，乃因得了他2000两银子的贿赂。与山阳案同时，在直隶宝坻县发生同样事件，知县向东路同知归恩燕行贿3000两纹银（《清史稿·仁宗本纪》）。

李毓昌的被害在于他的清廉，受委查事，在别的官员是捞钱的大好机会，他却因不要钱而丧生。看来当时的官场形势要钱是常规，不要钱倒是越轨，李毓昌的死就不是偶然的了。礼亲王昭梿（1776—1833）在《啸亭杂录》卷八《李毓昌》条里说“查核故事，凡委员往，漫不省察，惟收其陋规而已”，讲的就是这种情形，可怕的也正在这里：大家并不顾公事，所重视的是陋规，也即按不成文的规矩收受好处费。陋规是不合法的惯例，但是众人习以为常了，几乎成为合法的东西了。李毓昌的死也可以说是不依陋规办事而遭受的杀身之祸，事情的严重性恰恰就在这里。陋规的盛行，标示着吏治的极端败坏。山阳、宝坻的事件，不过是嘉庆朝吏治清浊的测量器，表明官场的龌龊不堪。

官僚内部的陋规

道光帝继位之初，接受军机大臣英和的建议，试图清理陋规，整顿吏治，遭到朝内外的反对而作罢。于是陋规和腐败的吏治沿着嘉庆朝的轨道走下去，问题越发严重了。

举人张际亮在道光十六年（1836）说：

> 今之外吏，贪以铦民之脂膏，酷以干天下愤怒，舞文弄法以欺朝廷之耳目，虽痛哭流涕言之，不能尽其情状。（《张亨甫全集》卷三）

咸丰帝（1851—1861在位）登基四个月，说前朝“登进冒滥，流品猥杂，……闾阎之膏血，以致政治堕坏，民生穷蹙”（《清文宗实录》卷九）。这二位士人和皇帝概括了道光朝吏治败坏的状况及其严重性。笔者检索史籍资料，认为道光时期吏治的问题突出的表现，是变官吏贪污为合法的陋规的流行，其间有两种情形，一是实行在官吏内部的，二是官民之间赋役征收中的。

在官僚内部，下级对上司，地方官对京官，两个有业务联系的衙门之间，为了办事，都要送礼，但什么时候送，送多少，谁给谁送，经过多年实践，形成定规（即后世所谓的“潜规则”），并有专门的名词反映出来。

节寿礼。岁时节日和上司家庆日，僚属为其送礼。历仕知府、道员、按察使、布政使的官场老吏张集馨在《道咸宦海见闻录》里讲陕西粮道向上司和有关衙门官员送礼定规为：给西安将军三节两寿礼，每次银800两，表礼、水礼八色，门包40两；八旗都统二人，每人每节银200两，水礼四色；陕西巡抚，四季致送，每季银1300两，节寿送表礼、水礼、门包杂费；陕西总督，三节致送，每节银1000两，表礼、水礼八色及门包杂费。高级衙门的师爷节寿礼亦有规定，所谓“抚、藩、臬幕友一年节寿陋规，俱由首县摊派各州县书吏册费，藩司用印札代为催取”（《清宣宗实录》卷三二九）。在中央衙门，书吏给司官送“年终规礼”。

程仪。招待过境官员，如在浙江，“凡上司委员到县，各县须送程仪”，候补官因为没有职务可以捞取油水，若被派为委员到县，更要多送（段光清《镜湖自撰年谱》）。

卯规。州县官上任点卯，六房书役先送钱财，表示确定隶属关系，求得主官的欢心。

别敬。地方官奉派出京，或到中央述职，离京时，要给有关官员送礼，有师生关系的门生还要向老师、同年馈赠，名之为“别敬”。张集馨几次赴新任，所用别敬，据《道咸宦海见闻录》的资料制成下表：

时间	就任官职	别敬银数目（万两）	赠送范围
1845	陕西粮道	1.7	军机大臣、军机章京、六部尚书、都御史、侍郎、大九卿、同乡、同年、世好
1847	四川按察使	1.5	
1849	贵州布政使	1.1	
1850	河南布政使	1.2—1.3	

炭敬、冰敬。炭敬，是冬季地方官给京中大臣的孝敬礼；冰敬，则是为消暑而送的礼。冯桂芬说：“大小京官，莫不仰给于外官之别敬、炭敬、冰敬。”（冯桂芬《校邠庐抗议》卷上）原来京官靠地方官的孝敬作补贴，因而别敬、炭敬、冰敬成为不可缺少的规例。

秋审部费。各省每年必有案件呈报，为此给刑部送辛苦费，四川按察司向例每年送600两银子，刑部人员才在五六月间派人把秋审奏折的底稿送到四川，以便川臬做准备，应付部驳和皇帝的查问。

晋升部费。州县官晋升，径直赴任的，照理由吏部发出正式通知即可。但吏部若不见该员的孝敬，不给发文，以示拿捏。

门生礼。清代官场盛行拜师风习，考官、学官广收门生。有的毫无师生关系，如州县官与府道官，府道与督抚，以至京察定为一等，大计评为卓异的人，对堂官、上司表示感恩，结为师生关系，在拜师时送礼，“甚至节寿厚其馈送”（《清宣宗实录》卷三一八、卷二一九）。门生礼实际上超出师生范围，成为官场陋规的一种。

修船陋规。水师所用战船的修理，归文官负责，由武官验收，武官验收时横加挑剔，“索行陋规，有加无已”（《黄爵滋奏疏·查验战船草率筹议赶紧修造疏》）。

官吏在钱粮征收过程中，在贮存库房和动用时，进行侵蚀贪占，情形复杂，也形成名目繁多的规例。

“放炮”。州县官将要离任，提前征收田赋，办法是减收税额，因而民间踊跃交纳，大县可以收到万两银子，或五六千两，这个赋税落入私囊，接替官员替他赔偿。

“太平炮”。地方官并不去任，但放出离任的风声，减额收税，也能达到提前得到钱银使用的目的。

“倒炮”。新官上任，为得钱使用，提前催征钱粮。

税收中的陋规

官吏向税民巧取豪夺，在征额之外，多事勒索，名目同样繁多。

浮收。给事中安诗说："州县征收，任意取盈。"（《清宣宗实录》卷四三八）

陕西粮道一年浮收所得约6万两银子。山东堂邑生员许守宗控告县官浮收，被巡抚衙门迫害自杀身亡，按察使童槐派历城知县诱使尸子许哲受贿息和。

勒折。地方官征收赋税时，在银与钱价格兑换上做手脚，多收钱文。浙江乌程岁征丁银11万6千余两，折收制钱，市场上每银一两合制钱1200—1300文，征收时却要求每一两银子的税交纳2400—2500文，多收整整一倍（《清宣宗实录》卷二一六）。

漕规。有漕粮地区，百姓在正额钱粮外，再交纳耗米和运费，粮道、运官、漕丁皆有漕规费用。浙江海盐县漕粮，定额一石的民户，实际要交两石以上（《镜湖自撰年谱》）。

签子钱。民间向官府递交词呈，衙役得到费用才会接收。安徽阜阳县的门房、签押房，每收一呈文要制钱4500文，称为"签子钱"，有的还加倍索取，叫"双签子"（《清宣宗实录》卷一四八）。

富户节礼。山西商人富有，向本地父母官作特别孝敬："每年有交官陋规银两，按节按季呈送，为数动逾巨万。"（《清宣宗实

录》卷二七一）

以上诸例是通行于官民间的陋规，可谓是陋规中大端。其他如总督的盘库礼，在其境内的税关的规礼，各衙门所受的茶、盐等商人的规礼尚未举出，陋规真是多得惊人。

这种种陋规中金钱财物的交往，是大官吞噬小官赃物，官吏压榨百姓血汗，是官僚在俸禄、赋役之外的贪婪追求。还需指出，下级对上司的敬奉，它的来源是正额赋役外的横征暴敛，所以对税民的敲诈勒索，是维护这些陋规的前提。陋规，不是法定的，但形成了规范，为人们所接受，是不成文的规则。它是既成事实，送礼者，受礼者，敲骨吸髓者，行之合法，受之当然，心安理得，不送、不受，就是傻子，就会产生李毓昌现象。陋规是吏治败坏的实际内容，也是它的标志。

捐纳与官僚队伍

吏治败坏的另一项内容和表现，是大开捐例，滥用非人，官吏队伍庞大。

捐纳。道光初年停开捐纳，其后屡次开办捐纳事例。政府要钱用，就卖官，买官者则大肆贪赃枉法。道光中安徽举人朱凤鸣上书，指出用捐班等于是专用小人，他们最会作伪，对上司“逢迎必工，贿赂必厚，交结必广，趋避必熟；上司必爱悦，吏部必护持”（《校邠庐抗议》卷上）。

署事。旧官去任，新官未到，封疆大吏临时派人代理其职

《点石斋画报·道士捐官》

务，派什么人，本有定规：在新分来的即用官或候补官中按年资排定，可是督抚往往打乱常规，把吏部分发的即用官扣留在省城，改派与自己关系密切的人去署理。署事不记考成，可以放心大胆地搜刮民财，故而“署事如打劫”，其政事的败坏，自不必言了。

调署。让实职府州县官离开任所，到别的府州县署事，使其以苦缺署肥缺。这是疆吏向属员示恩和索贿的手段，经常使用，如“四川官多署任”，1847 年川督琦善说：“文员调署纷繁，不惟易存五日京兆之心，即书吏亦呼应不灵。”（《清史列传》卷四十

《琦善传》）说明了调署的频繁和弊病之所在。

买缺卖缺。地方上好的缺分，有人愿意花钱去买，有人则乐于得钱出让，他的上司和说合人也从中渔利。1838 年山西太原知府王有壬署理河东道，朔平知府张集馨署理太原府，次年春天王要回任之时，年已 70，候补令严于镐等劝张集馨出资接替其任，请其告老，王有壬提出要张集馨用 7000 两银子为其弥补亏空，晋抚和藩司均同意这种办法（《道咸宦海见闻录》）。

胥役众多。未入流的官员，府厅州县的各种吏役多得惊人。1821 年吏部报告，在部候选未入流的佐杂“人数过多”，要求不要再往各省分发了；1827 年直隶一省裁汰吏役 23900 人，道光帝说：“直隶如此，他省谅亦不免。”（《清宣宗实录》卷一二四）确实如此，在四川，大的州县有蠹吏一千余人，小的也有数百人、百余人（《清宣宗实录》卷二六〇）。1837 年段光清说，知县下乡验尸，带着仵作、刑书、门印、签押、小使、六房、三班，以及本官仪卫、皂隶、马仆、轿夫一同前往，多达一百多人（《镜湖自撰年谱》）。一县如此，全国的吏役该是多么庞大的队伍。

幕宾。1822 年御史陶廷杰上疏要求严禁幕友舞弊，指出“督抚两司之幕友盘踞上游，为害益巨，换官不换幕，官生幕熟，百弊丛生”，州县之幕客上下结党，挟制本官（《清宣宗实录》卷二五二）。1833 年胡怀符充任南昌府幕宾，与各地幕友串通一气，人称“四大寇”“二十八喽啰”（《清宣宗实录》卷二三二）。

官亲家人。官员的家属与仆人，代表本官参与政务，甚或违背本官的意愿与幕友、吏胥结交，从中捞取油水。川督鄂山署内，有门丁杨姓、幕友两个杨姓，三人朋比为奸，又有仆妇马氏参与其事，人们把他们的作弊称作“三杨开泰，一马腾空”（《清宣宗实录》卷二五二）。

捐纳和科甲是清代用人的两大门类，捐纳是任官制度的重要内容，署事、调署、幕友、买缺卖缺可以视作执行人事制度的细则，是制度的补充。

道光朝这种制度及细则的通行，本身表明吏治的败坏。捐纳者是“将本求利”容易贪赃枉法，又善于巴结上司，主官利用调署等手段收受贿赂，所以捐纳、调署、署事、幕友都是制度的弊病，这就是吏治不清的严重性之所在。这种制度造成工于结纳和营求私利的官员秉政，他们不祸国殃民才是怪事呢！

亏空及其弥补之法

吏治败坏还表现在亏空钱银及弥补办法上。钱粮是清朝的正赋，是政府的命脉所在，从中央户部到各省、府、厅、州、县的主官都以收税为主要职责，这同时也就是他们为己敛财的条件。

亏空。贪官将征收的钱粮不全部交库，一部分纳入私囊，或者像前述“放炮”“倒炮”那样，为本身早得税银而少征，造成钱粮的亏空。道光一朝亏空问题严重，1839 年给事中况澄指出“外省州县亏空过多”，要求道光帝下令“核实参办”（《清宣宗实录》卷三二五）。1850 年春天赵光奏陈时务四条，其中之一是“亏空累积”，刚即位的咸丰帝承认他说的“切中时弊”（《清文宗实录》

卷六）。1846—1849年两淮盐政应交盐税银183万两，交不出来，经过批准，允许在1849年先交30万两，仍然没有库存可交（《清文宗实录》卷八）。官吏亏损，还不如实上报，等到中央调用，又无银两上交，因此给事中安诗说“虚报库存，动拨则无实贮，各省亏空，大率类是”（《清宣宗实录》卷四三八）。

勒接。官员有了亏空，在其卸任时，本来无法交代，但是接任者为了能得实缺，往往愿意承受他的亏空，答应代为赔偿，以便上任，至于以后是否能赔补就不管了。有的人不愿接受亏空，拒绝给前任出结，这时上司就会出面，强迫新任接受，以免暴露出去，成为他的政绩污点。1822年御史陶廷杰请求道光帝饬禁“大吏毋许勒接亏空”（《清宣宗实录》卷四十四），可见勒接亏空具有普遍性。据揭发，河南永城令沈玉墀接受前任的亏欠银3万两，到任一年多，己身又亏空3万两，前后计达6万两（《清宣宗实录》卷二三五）。

流摊。一个官员的亏空被揭发或并未揭发，其本人赔补一部分，其他的，由其继任者、同僚、上司各任多少，代为赔偿，以弭事端。分摊到各官名下的数目，只是名义上的，并不一定真正代其交纳。

亏空是贪占和挪用公款，比前勒索民财，在性质上还要严重，可是官员就不怕惩罚，竞相违犯，说明吏治腐败的程度是多么深重。

贪官污吏，历朝历代皆有，道光朝也有这种现象似不足为怪，但严重的是它的方法，即对前代已经形成的搜刮民脂民膏、

《点石斋画报·购枪舞弊》

侵蚀钱粮、滥用官吏的各种陋规和弥补办法，使用的更加普遍和频繁，而这些陋规、办法，不仅保障贪污的实现，更掩护这种丑行，使它成为合法的、无罪的，因而得以继续下去。

无可救药的吏治

陋规的盛行，吏治的腐败，道光帝登基之初就想改变这种现实，军机大臣英和（1771—1840）建议清查陋规，他立即接受，发布上谕，指出："箕敛溢取之风，日甚一日，而闾阎之盖藏，概耗于官司之削，民生困敝，职此之由。”清查的方针是，将所有的陋规查明，该保存的留下，该取缔的消除（《清宣宗实录》卷四）。道光帝实际是想效法他的曾祖父雍正帝耗羡归公的办法，承认一部分陋规，取消另一部分陋规，控制其发展。上谕发出不久，遭到中外官僚的反对，吏部尚书汤金钊（1772—1856）等上书要求停止清理，所持理由不外三条：一是怕陋规因此而增多，因为承认一部分陋规是合法的，官吏胆子更大，“势必明目张胆，多求于例外，虽有严旨，不能禁矣！”（《清史稿·汤金钊传》）二是清查中滋扰百姓，扩大清理对象，把零星小户，如舟车户的陋规也进行登记，搅得民间不安宁（《清宣宗实录》卷十）。三是肯定该留的陋规，名声不好听，广东巡抚康绍镛上疏说，若将陋规名目“逐款胪列，上渎圣听，于体制似亦未协”（《庸闲斋笔记》卷四）。清查如果实行得好，并有其他的澄清吏治措施相配合，会有好效果，如若公开承认一部分陋规，于政权形象不利。道光帝于是决定顾名不顾实，罢免英和军机大臣职务，下命停止清查。但是对存在的严重问题，他没有办法解决，只是说了一通空话：“各大吏正己率属，奖廉黜贪，如有苛取病民之事，立加黜革厘正，斯吏治澄清，民生日臻饶裕矣。”（《清宣宗实录》卷十）谚云“新官上任三把火”，皇帝继位亦有所谓励精图治的初政，道光帝整饬陋规是为初政之一，然而它流产了，预示道光朝政治不会有起色，陋规将越来越严重，吏治一发不可收拾，道光朝的社会现实正是这个样子。

道光朝的社会病

社会病，是越出社会道德规范和法律制度的不正常现象，而且情节严重，蔓延迅速，不易扼制。前文叙述盗贼的猖獗，游民的众多，就属于社会病的范畴。这里将要叙述的吸食鸦片烟、赌博、宴请的恶劣社会风气，是社会病的主要内容。道光时期的这些社会病，除了吸毒，都有漫长的历史，不过这时情况严重，更能反映社会腐败的深度。

鸦片烟灾泛滥

英国殖民主义者对中国实行罪恶的鸦片贸易以来，官民吸食者逐渐增多，清政府也较敏感，早在雍正年间即禁止人民贩卖食用，嘉庆朝随着吸毒的增多，十五年（1810）、十八年（1813）、二十年（1815）迭次颁发禁令，不许鸦片入口和官民吸食，然而那时除了“市井无赖之徒私藏服食”，

“侍卫官员等”也“颇有食之者”(《清仁宗实录》卷二七〇)，已显出问题的严重性。道光帝于二年(1822)下令广东严禁鸦片入口，但是禁止归禁止，贩卖、吸食却日益严重。其标志之一是烟土不仅来自外洋，国内许多地方也种植罂粟。在1830年前后，云南、浙江、甘肃、福建、广东等省种烟的较多，安徽、河南等省也有，浙江台州、宁波、绍兴、严州、温州诸府种植和制出的烟土叫“台浆”，由大商小贩运往各省销售(《清宣宗实录》卷一七〇)。福建生产的鸦片烟称作“建浆”，四川的名曰“葵浆”(梁绍壬《两般秋雨庵随笔》)。云南种罂粟，由边境向内地发展，种植量大，制成“芙蓉膏”。鸦片种植发展迅速，到道光十八年(1838)，广西、云南、贵州、四川等省民田“遍栽罂粟”(《清宣宗实录》卷三一七)，在贵州，当罂粟出土时，外省商人就来查看，预付银

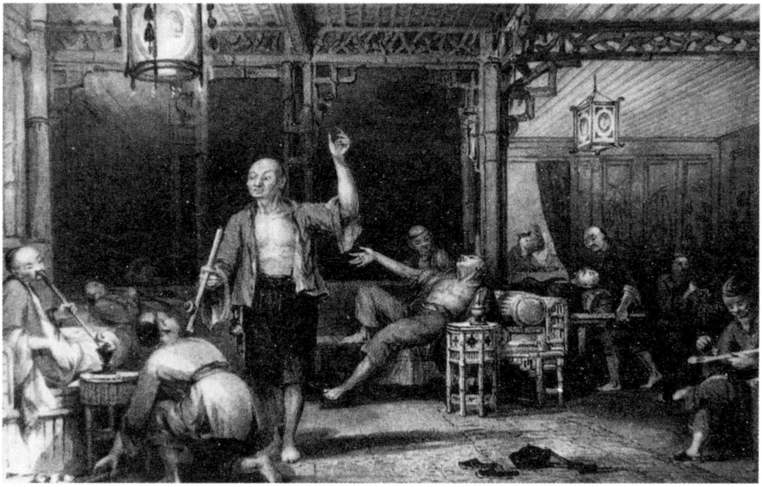

吸食鸦片图

晚清烟民

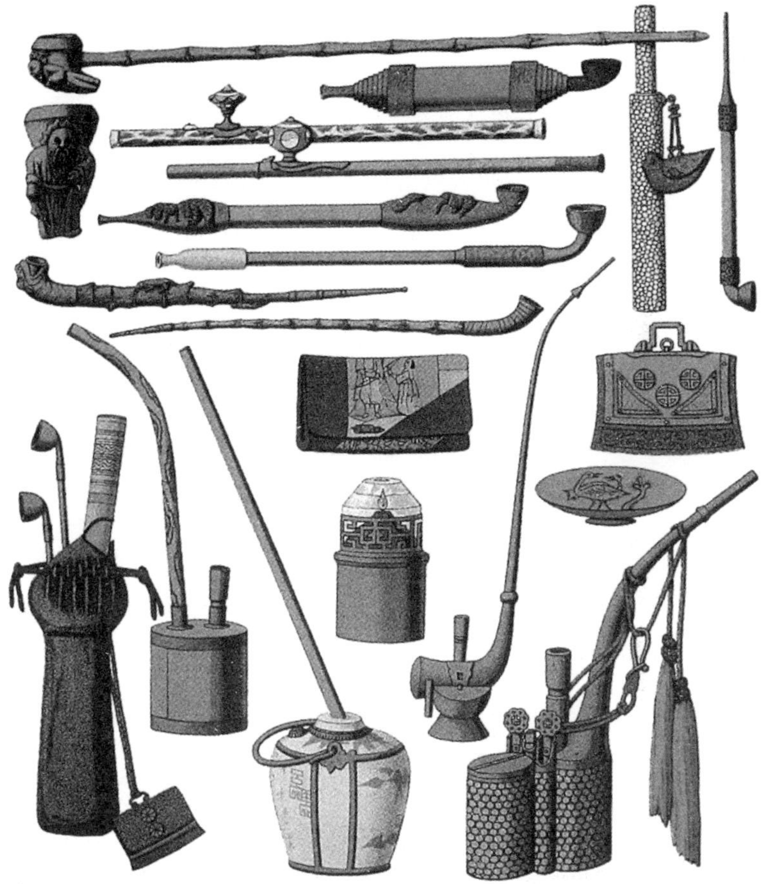

烟具

两作定钱。国内栽植地区日广，增加鸦片烟来源，使吸毒来得方便。

英国商人倾销鸦片，在清朝政府实行禁止鸦片政策的情况下，中外鸦片贩子进行走私贩卖，用海船将烟土销售沿海各省，直至直隶、奉天，并供应烟具。

鸦片吸食者众，如《黄爵滋奏疏》所云："上自官府缙绅，下至工商优隶，以及妇女、僧尼、道士，随在吸食。"遍布社会各阶层、各省份，沿海地区尤甚。

普遍吸毒，给社会带来严重问题：

其一，造成白银外流，银钱比价失调，国库空虚，长此下去，就会出现林则徐说的"无可以充饷之银"(《林则徐集·奏稿》)。

其二，民间生计萧索。宋翔凤的《鸦片馆》诗云："百事无不废，千金坐可耗。"(《清诗铎》)人民钱财耗于鸦片，难于购买其他生活用品，商业、手工业立即不景气，工商重镇表现得尤其明显。1838 年苏州、武汉的商人说，"近来各种货物，销路皆疲，凡二三十年以前，某货约有万金交易者，今只剩得半之数"，因为人们的钱财用于购买鸦片了(《林则徐集·奏稿》)。

其三，吸毒者成为社会废人。抽鸦片成瘾者，"黧面耸两肩，眼垂泪，鼻出涕，一息奄奄死相继"(《清诗铎》)。精神萎靡不振，身体虚耗，影响劳作，失去活力，也如林则徐所预料，几十年后，"中原几无可以御敌之兵"(《林则徐集·奏稿》)。

道光帝在 1831 年进行了一次禁烟活动，没有成效。1834 年广东乡试，以鸦片作为策试题(梁绍壬《两般秋雨庵随笔》)，反映了有识之士对它深恶痛绝的态度。1838 年道光帝决心禁烟，但是随着鸦片战争和禁烟运动的失败，烟毒泛滥，一发不可遏制。

赌博成风

道光二十五年（1845）御史朱琦奏请“查拿赌博”，可见赌博成为社会问题。那时“上自公卿大吏，下至编氓徒隶，以及绣房闺阁之人，莫不好赌者”（钱泳《履园丛话》）。太监张道忠赌博，受到管理步军统领耆英保护（《清史列传·耆英传》）；四川按察使俞某在衙门中开赌；河南祥符令邹尧廷及其弟“专以诱赌为事”，又有幕友、地痞租赁房屋，开局聚赌；安徽六安盗徒张四条等“开场诱赌”；浙江慈溪县殷富之家的妇女赌钱，输赢很大；发配吉林的犯人耍钱，不时引起纠纷。和吸鸦片一样，什么人都赌，形成一种社会风气。

赌博有专门组织，一般叫作花会。花会由头家开设，定期开赌，通知各方，与赌者或亲到现场，或静坐家中，有“跑封”“跑风”的传知信息，下出赌注，跑封者通知头家。赌博是投机和智能的表现，有刺激性，花会的方法又适合人们这种要求，每当开赌，远近之人，趋之若鹜，妇女、老人、少年不便于到场的，利用跑封，也能投身到赌博之中，因此燃起炽热的赌风。花会参与人多，输赢额大，动辄以数千两银子计数（《清宣宗实录》卷一四五、二四四、二九九）。

赌徒有一种侥幸心理，总想赢钱，又有冒险心理，希望下大注，发大财，在“拼得自己赢得他人”的意识支配下，不惜用房屋、田产以及妻女做赌注（王有光《吴下谚联》）。这自然往往不能如愿，多数赌徒会倾家荡产，有的还会家破人亡。1847 年陕西泾阳人马书新嗜赌如命，把家产输光，妻子李氏冬天只能睡在草垫上，其兄可怜她，给了一床被子，马书新却要拿去做赌本，李氏不给，竟狠心将她杀死。这类事例，在刑事案件中屡见不鲜。浙江海盐乡民到城里卖丝，无赖设赌局诱引他们博戏，致使他们输得精光，回家后衣食无着，妻子吵闹，有的投水自杀。赌博还引起妓业的发展，妓女陪伴赌徒，指点参谋，拿筹码，以至代客作赌，所谓“饭博樗蒲，妓家所擅，古人每藉以作狭邪之游”。道光时花会一开，“流娼土妓，游民棍徒蜂拥蚁聚”。赌徒多是游手好闲的人，进一步发展就成为盗贼和其他组织成员。

清朝政府有禁赌的法令，道光朝亦在执行，但是不起什么作用。1848 年慈溪令段光清查拿花会，浙抚吴文熔对他说，我在山东做知县时禁赌，但赌徒“如肥田恶草，无时无之，我等遇则除之而已，然而不能净也”。段光清赞成他的话，说“自今观之，真阅历之言也”（《镜湖自撰年谱》）。表明官方承认赌博禁不了，下力气禁赌的官员，不过是尽心而已。所以道光朝赌博成风，涉及的人群广泛，严重影响民众生活，成为社会的一大公害。

宴戏无度

酣歌宴舞，无论是官场还是民间，是历久相沿的事情。道光朝距离康乾盛世不远，经济也在发展，官员、富人们还沉浸在享受升平之乐的习惯中。但是政治上出现鸦片战争的亘古未有的惨败，民变蜂起，结社遍全国，统治者和富人本应深省，治理危局，化奢靡为俭朴。可是不然，大多数人醉生梦死，征歌逐舞，欢宴无度。官场宴戏之风大发展，民间也不逊色。

官宴，和官僚贪污一样，有陋规为依据，业已规范化了。陕西政府对过往官客的应酬，由粮道承办。每次来上等宾客，上席5桌，中席14桌，上席备燕窝烧烤各菜，中席亦有鱼翅海参、白鳝、鹿尾等难得的食物，也要设法购买应用，宴中要传戏两班。副都统、总兵一类过客，不举行宴会，但要送酒肴。这样粮道衙门，“大宴会则无月无之，小应酬则无日无之”。春秋年节，粮道要宴请西安将军、副都统、巡抚、藩台、臬台和首府、首县以及到省城的外道、府、县官。如果十天半月没有过客，粮道要邀请藩、臬、盐道聚餐一次（《道咸宦海见闻录》）。河工钱粮多，官员得贪赃，有钱挥霍，“骄奢淫佚，乃遂著称于道光时”，每次宴客，杀猪只吃里脊肉，宰鹅单吃掌，杀驼仅吃峰，吃一样豆腐，有几十种做法，要提前到各地购选佐料，算上工钱，没有几百两银子吃不成。一个宴席，要吃上三天三夜，菜还没有上尽，人熬不住了，只得散席。官员如此，民间也不示弱，江南人、老技师玉琵琶，每开宴会，盘中之物，水陆备陈，有的在千里之外购来，助兴的演奏皆由名伶担任（徐珂辑《清稗类钞·豪奢类》）。宴会多，规模大，规格也比前代提高。康熙时，北京宴席用滦鲫、黄羊，侍郎王士禛已经认为是奢靡了，道光时席尚填鸭、镇江肉翅、黑龙

清人绘《戏剧图册·空城计》

江鳇鱼脆骨，在京任职的姚元之因而感叹地说“踵事增华，亦可惧也”（姚元之《竹叶亭杂记》）。

宴和戏联在一起，富贵者在饕餮之时，还要用歌舞来助兴，前已说明宴会中有戏班演出，可谓无戏不开席。人们请客，有时在戏园中进行，边吃边看。戏园兼营饭馆，早在康熙末年就是如此，所以北京查家楼戏园，又称作“酒园”（戴璐《藤荫杂记》）。咸丰帝在道光帝国丧即将解除时说，道光时京城戏园，“宴会馆馔，日侈一日”（《清文宗实录》卷五十一）。可知吃饭、看戏在戏园是那个时代的特点。在苏州民间也是如此，居民要请客，“皆入戏园”，“击牲烹鲜，宾朋满座”，这样待客既体面，又方便（顾禄《清嘉录》）。作这种享受的商人很多，所谓“金、阊商贾云集，宴会无时，戏馆酒馆凡数十处，每日演剧养活小民不下数万人”（《履园丛话》）。可见宴戏在苏州是一种社会风气，涉及的人员众多。

人们大肆宴请，有着多方面的原因。当时陕西粮道，即主持送往迎来之事的张集馨说了两条：一是“以联友谊”，请客是人们社交的重要手段，官场上互相提携，商业中开展交易；二是宴席不讲究，将被视为“悭吝”，这是讲排场作风的要求，惟其如此，才显出主客双方身份高贵，手面阔绰。就是这样两个缘故，决定宴请风习只会发展，不会削弱。

综上所述，鸦片、赌博、宴戏，是旧习和新风结合在一起，形成严重的社会病。鸦片烟虽在嘉庆前有人吸食，但到道光朝才化为社会风气，而这种吸毒，为正常社会所不容，有理智的人所不齿；赌博是相沿积习，但花会在闽、粤、浙、皖、鲁、直、奉广大地区发展，使其更具有普遍性，成为一些人的职业和社会风尚，是社会道德沦丧和人民衣食艰难的表现；宴戏也是积弊，其规格在提高，表明奢侈之风在发展。烟赌倡宴的实践者，第一位是官吏，他们吃喝嫖赌抽样样俱全，其次是商人，下层劳动者、游民亦不乏其人，上上下下各阶层人士都有，具有全社会性，形

打麻将

成风气。

社会病是社会制度、政府政策与社会生产力发展不相适应的产物。一旦社会病繁多，态势严峻，就表明社会制度与政策束缚社会生产力发展的严重，制度和政策就亟须进行变革。道光朝的社会病所以不能解决，是因社会制度不能变化，政府又没有像样的改变政策，只好任其发展下去了。

社会病是社会状况的测量器，治之得对症下药，同时它还有顽固性，像赌、倡、宴泛滥的社会病，历史上反复出现。一个时期好一些，一个时期又严重了。所以治疗社会病不用狠剂不行，不做大的社会变革是达不到效果的。

道光朝的民困与民变

给事中黄爵滋在1834年《综核名实疏》里说，当时人认为："邪教可虑也，会党可忧也，灾黎可悯也，荒岁可惧也，兵弁多无用也，海洋多莫测也。"（《黄爵滋奏疏》）确是概括了当时的民间社会问题。笔者认为其时民间社会有五种普遍现象，就是贫困者众多，盗匪多，民众闹事多，秘密结社和秘密宗教成员多。

贫困者众多

1825年江苏巡抚陶澍（1779—1839）在奏折中说："江（宁）、镇（江）、苏（州）、常（州）等处，小民生计，外虽见有余，内实形其不足。"（《陶文毅公奏疏》卷四）。江南是全国的首富之区，人民家计是外表富实，内囊空乏，日子并不好过，其他地方赶不上江南，民众维生的艰难自不待言。

游民，前文说过，他们大多数是与生产资料相脱离的穷人，没有职业或从事的是当时人认为的非正当职业，游荡在社会，或者流徙不定，也有一些是有职业的人，不满意，不正经地干。游民是社会不安定的因素，也是贫民队伍的重要成分。嘉道时期举人张海珊在《小安乐窝集·聚民论》里说，当时“游手纷于镇集，技业散于江湖，交驰横骛，而上下之人不得问焉”。1849 年川臬张集馨说“川省游民极多，每每三五成群，在集场滋事”。贵州盗匪有三种，其一叫“游匪”，是游民成群的表现（《清文宗实录》卷二十四）。

人民贫困的另一个表现是民众背井离乡，迁徙无常。1826 年流亡到吉林舒兰的就有 14 万 5 千多口（《清宣宗实录》卷一〇〇）。人民往往因为细小的缘故斗杀和自杀。1834 年直隶乐亭小商人赵宗柽外出，妻子杨氏有病，把家里东西当光，自杀身死，陪伴及来探病的她的母亲王氏、杨氏女儿赵银姐、杨氏外甥女李阎氏也一同吊死（《清宣宗实录》卷二四九）。1847 年浙江寿昌有两兄弟因贫穷偷砍人家的竹子，被发现，遭失主勒赔，其父羞惭喝卤水自杀（《镜湖自撰年谱》）。这些人死亡的触发点很简单，是自身或亲人有小的过失，甚至毫无污点，没有致死的理由，但是他们生活困苦，无法摆脱，这是他们死亡的真正原因。轻生的多，反映了人民普遍贫困的严重性。

遍地盗贼

广东学政戴熙进京陛见道光帝，说他沿路所见，“盗贼蜂起，民不聊生”（《清稗类钞·谏诤卷》）。1850年春季内阁侍读学士黄瀛山奏称“邪教、盗匪，在在皆有”（《清文宗实录》卷七）。道光朝盗贼横行，杀人越货，掳人勒赎，无时无处不发生，从两广到东北，从东海岸各省到陕甘，在海洋、内河，没有不报盗案的，在各省的交界地区，一省的不同府州县的邻界处，由于是“三不管”地区，更是强人出没的所在。道光朝强盗的活动，形成下述特点：

有专门组织。河南有捻匪，其中张开运，设立大窝子，能指挥千余人，下设小窝子，每处数百人、数十人不等，散布在各个州县。整个捻匪活动在豫、直、鲁、皖、鄂各省。山东、江苏省有掖匪，四川有帼匪，都是百十为群，“置有旗号枪炮”（《清宣宗实录》卷四〇八）。北京有把棍会，“十百为群”，天津府城匪徒聚会，名叫“锅伙”。漕船水手利用职业作掩护，有组织地抢劫，1836年上谕：“漕船水手等人类皆无业游民，犷悍成性，劫夺是其故技。”（《历史档案》1990年第4期《道光十六年整理漕务史料》）私盐贩团伙性强，江苏海州胡大成聚集党徒，私设“盐关”，保护盐枭，抽钱渔利。

作案情节严重。不仅掳掠平民，而且抢劫官员、衙门。福建漳浦盗首杨九千，纠众四五千人，在1830年4月一天内烧房百余间，杀死 47 人。广州土匪聚众数万，在 1844 年冬至 1845 年春夏之交的期间里，作案几千起，把香山司巡检鲁风林抓去，剃了胡须，勒赎。北京南苑是皇家苑囿，竟有盗贼敢去抢劫牲口。

拒捕伤官。盗贼有组织，人多，有的还备有武器，如刀、枪、鸟枪、火炮。他们作案，往往不把地方官放在眼里，敢于抗拒械斗，杀伤官员兵役。广西归顺州盗匪进入天保县作案，将带领兵勇前来捉拿的县令沈毓寅杀死。

道光朝盗匪活动危害民间，也起着破坏清朝地方社会秩序的作用。盗贼以抢劫为生，其虽有组织，抗官拒捕，但主要是为保障其打劫，不是有什么政治目的，没有举行反对官府起义的意识，只是后来太平天国起义的发展，才激发他们中的一部分人投身于起义队伍。

民变频生

道光朝出现一些民变，主要是反对官府的横征暴敛，少数是反对富人的盘剥和长官的欺凌，运动的规模小、时间短，基本上不具有武装暴动的性质（个别除外），目标单纯，但斗争形式多样，抗官拒捕、告状、聚众示威、张贴传单、结党谋图武装造反。详情请见下表：

道光朝民变简表

时间	地区	情节	资料出处
1821	江苏海州	私盐贩千余人，刘三毛立旗，上书“替天行道”	《清宣宗实录》卷十三
1821	江苏嘉定	王荣芳等结党闹漕，称八卦青龙党	卷十八
1821	江苏徐州	铜山民向学政状告知县陈稷田，击伤之	卷五十七
1823	江苏松江	严海观等大闹松江府衙	卷五十七
1823	直隶大城	水灾，村民向富户勒借，状告知县	卷五十九
1824	河南夏邑	朱欲和号“重明大王”，聚众欲起事	卷六十五
1824	山西永济	罢行控官	卷六十二
1824	安徽宿松	乡民到城里向富户索食，曰“起挨”	《镜湖自撰年谱》
1826	广东嘉应	佃户抗租，拒捕，京控	《清宣宗实录》卷九十五
1826	浙江仁和	徐凤山领众闹漕	卷一一二
1828	山东黄县	农民反对勒折闹堂	卷一四六
1828	直隶房山	营兵闹衙殴官	卷一四六
1828	云南开化	赵应陇、李映川刻大玺，欲图造反	卷一四一
1830	江苏新阳	衿户抗粮闹堂	卷一七〇
1830	广西浔州、桂林	乡民及游民百十为群吃大户、发揭帖	卷一七九
1831	安徽桐城	灾荒中民众禁米出境，赶打知县	卷一九六

续表

时间	地区	情节	资料出处
1832	直隶通州	饥民聚众，向铺户勒借钱谷，地方官通融	卷二一四
1832	顺天府	考试教习士子，抗不听点	卷二一二
1832	江苏桃源	民众强挖官堤，捆缚巡兵	卷二一九
1834	江西龙南	因粮价上涨，民众滋事	卷二五三
1834	甘肃固原	固原镇兵丁齐队，反对提督胡超克扣兵饷	卷二七七
1835	直隶临榆	两千农民祈雨，大闹山海关副都统大堂	卷二六六
1838	湖北蕲州	童生与书役争闹，误伤知州	卷三〇七
1840	江苏丹阳	乡民抗粮捣毁县署，殴伤知县	卷三三九
1841	湖北崇仁	钟人杰领众抗漕，杀知县，占县城	卷三六四
1843	湖南武冈	州民阻米出境，戕官	卷三九八
1843	广东潮阳	潮阳郑族与马族斗争，戕杀署理县令	卷三九八
1844	湖南耒阳	千余人抗粮，攻城	卷四〇五
1844	山西太原等地	居民被人暗中剪掉辫发	卷四〇五
1845	浙江余姚	佃农抗租，被充军	卷四一七
1845	浙江奉化	罢考、抗粮、抗官	卷四二一
1845	甘肃	甘藩报垦荒增税，数千农民至藩署哄闹	《道咸宦海见闻录》
1845	浙江钱塘	重犯越狱七十余人	《镜湖自撰年谱》

续表

时间	地区	情节	资料出处
1846	河南新乡	乡民要求减少钱粮，闹堂伤官	《清宣宗实录》卷四二八
1846	江苏昭文	乡民要求减少钱粮，闹堂伤役	同上，卷四三五
1846	湖南乾州	石观保领导千余人抗租	光绪《湖南通志》卷八十五
1847	江西贵溪	文童罢考，抗漕	《清宣宗实录》卷四四七
1847	四川资州	犯人放火烧监	《道咸宦海见闻录》
1848	四川天全	因官铜质次，商人屡次罢市	《道咸宦海见闻录》
1848	浙江镇海	渔户聚众毁关	《镜湖自撰年谱》
1849	河南涉县	花户聚众抗漕，拒捕伤官	《清宣宗实录》卷四七四
1849	江苏常州	饥民强劫绅士，拒捕伤官	同上，卷四七〇
1849	湖北	饥民要求赈济不遂，捣毁办灾首事各家	同上
1849	安徽青阳	灾民逃荒抗粮	同上，卷四七四
1849	江苏句容	抗粮伤官	同上，卷四七五
1850	江西庐陵	抗粮、捣毁征粮局	《清文宗实录》卷六
1850	顺天府	宝元局匠役借工银闹堂	同上

览表可知，从京城到十八行省，除贵州、陕西，时时发生民变，参加者有农民、商人、工匠、漕丁、兵丁、生员，而其内容则是抗粮、抗租、抗漕、抗暴敛、罢考，总之地域广阔，民众、

城乡复杂，性质是反对横征暴敛和高额地租。

民间秘密宗教活动绵延不断

清代民间秘密宗教活动，继元明之后，异常活跃，由于具有反政府的性质及举行武装暴动，不断遭到镇压，嘉庆间的白莲教起义和天理教暴动失败，秘密宗教元气大伤。

但是民间宗教有个特点，即它生根在贫苦民众中，一个地区的一个团体被消灭了，它的教义、教仪仍会传下来，会以另外的

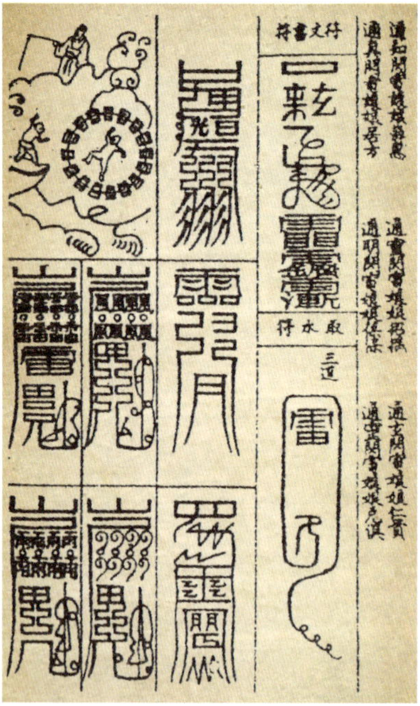

民间宗教符文符书

组织名称在另一个地区重新出现，教徒也极其顽强，一部分遭到屠戮、充军，有幸存留者会继续传教，所以秘密宗教在嘉庆末一度消沉之后，道光间又活跃起来。道光帝在1832年说："习教传徒，久干例禁，近来匪徒故态复萌，实堪痛恨，必应密速查拿，以期净绝根株。"（《清宣宗实录》卷二〇八）表明秘密宗教活动的频繁，是统治者头痛的事情，这时在"邪教出没之薮"直隶巨鹿任知县的黄育楩特地著作和刊刻《破邪详辨》一书，希图从思想上清除民众对秘密宗教的信仰，以便化解它，这是一种梦想，然而表明当时秘密宗教活动的严重。

现就《清宣宗实录》所载的被破获的组织列出《道光朝秘密宗教活动简表》。

道光朝秘密宗教活动简表

时间	地区	情节	资料出处
1821	山东观城	张书笏传播"邪教"被破获	卷十二
1821	直隶天津、河间	民间有"看香""学好"等教	卷二十二
1822	河南新蔡	朱麻子、邢名章起义	卷三十九
1822	广东	拿获吃斋教徒	卷三十二
1822	河南虞城	卢照常等传教被破坏	卷四十六
1823	山东平原	周天明传大乘教，计划在临清起事	卷五十七
1823	直隶东明	王二大嘴与山东菏泽人王景元从路宗染习教	卷五十七

续表

时间	地区	情节	资料出处
1823	山东历城	一炷香教徒活动	卷六十
1823	直隶东安	石三为掌教，组党活动	卷六十
1824	山东临清	马进忠的乾卦教预备起事，被破获	卷六十四
1826	直隶容城	张俭、胡之机等以治病传教徒	卷九十五
1826	直隶承德	徐学宽传教失败	卷九十七
1827	安徽阜阳	王会陇传教失败	卷一一七
1827	山东禹城	冯大坤传一炷香教失败	卷一一八
1827	?	毛金一、麻汝清立仁源教失败	卷一二五
1827	山东邹县	李成文等传教失败	卷一三二
1827	直隶献县	孙荣传教失败	卷一三二
1827	四川华阳	青莲教被破坏	卷一三七
1827	陕西	徐继兰等习教被捕	卷一四〇
1828	浙江处州	处州帮水手信奉老安教、潘安教，自相残杀，被破获	卷一四一
1831	直隶清河	尹老须传白阳教，自称南阳佛，传教有年	卷一九三
1831	直隶巨鹿	曹老尢传大乘教，张贴匿名揭帖	卷二〇四
1831	直隶	传白阳教，又创旗门	卷二一〇
1831	顺天大兴	李二传混元会	卷二〇三
1831	顺天大兴	孟六等传红阳会	卷二〇四
1832	安徽(?)	张义法等教徒被官方逮捕	卷二〇八
1832	江西	黄钧瀶传大乘教，至福建崇安活动	卷二一四

续表

时间	地区	情节	资料出处
1833	直隶南宫、奉天辽阳	陈恭传一炷香教有年，远赴奉天辽阳	卷二四一
1833	直隶，山东	一炷香教在直隶故城、山东德州等处均有传人	卷二七九
1833	直隶唐县	戴汉传天竹教有年	卷二四六
1834	直隶玉田、奉天开原	王平诺、王进和等传红阳教，活动至奉天开原	卷二四九
1835	山西赵城	曹顺传先天教，聚众杀知县	卷二六四
1835	山东东昌	从建等传离卦教于河南	卷二六八
1836	直隶	直隶人到山西传五荤道，暗相封授	卷二八四
1836	顺天通州	张秀传红阳教	卷二七九
1837	山东潍县	马刚传添柱教，被捕，信徒闹衙	卷二九三
1837	奉天盛京	陈喜等习红阳教	卷三〇四
1838	山东章邱	教徒于九月十五日集会，曰“走坛”（无生老母教？）	卷三〇九
1838	山西凤台	王贵等人习清茶门八佛香火会	卷三一一
1838	河南汲县	河南有无生老母庙39个，各地民众每年正月十八日去汲县朝拜	卷三二〇
1839	山东高密	滚单会	卷三二一
1839	湖北襄阳	黄起能（顺?）传牛八教，活动至豫、直、川、鄂	卷三二六
1840	湖南、广西	以《性命圭旨》为经典的组织，信徒断荤腥	卷三三二
1845	陕西、甘肃	夏长春等传青莲教	卷四一五

续表

时间	地区	情节	资料出处
1845	四川	李一原传青莲教	卷四一六
1845	湖北	朱立中为湖北青莲教总教主	卷四一六
1845	山东滨州、热河平原	崔金伯至热河平原传黄莲教	卷四一九
1845	湖南衡州	周灿传金丹大道，信徒传至云南、四川	卷四四九
1847	山东	魏际云等传根华教	卷四四九
1848	江西	董言台等先入金丹教，后改天地会	卷四五四
1848	陕西	刘振麟等习教被破坏	卷四五八

上表似乎揭示，1839年以后民间秘密宗教活动大减，实际

传说中天地会创始人万云龙画像

情况并非如此。鸿胪寺卿黄爵滋在1838年为民众礼拜无生老母庙事上书的附片中说："所有邪教二字，竟为一时地方官所深讳，而办理邪教一事，更为今日官吏所恶闻。"（《黄爵滋奏疏》）原来山西赵城令杨延亮查禁先天教，被曹顺等杀毙，山东潍县令逮捕马刚，激起事变，地方官从中吸取教训，不敢与秘密宗教明显敌对，因而也不敢报告上司，所以"实录"难于再有多少关于它的记载，这不等于说它的活动减少了，前述侍读学士董瀛山说的邪教"在在皆有"，才是历史的真实。应该说，道光朝民间秘密宗教活动不绝如缕，屡破屡兴，它表明民众为争取幸福生活，反对清朝腐败的政治活力及其坚韧性。

民间秘密结社的盛行

秘密宗教大多发生在直隶、山西、山东、河南等北方省区，而南方则是秘密结社盛行，民众组织会党最主要的是天地会、三合会，发源于福建，传播于广东、广西、云南、四川、江西、浙江、江苏、台湾，有比较明确的政治目标，倡言"反清复明"，幻想真主出现。

1831年5月广东籍御史冯赞勋奏报广东三合会活动情况，6月两广总督李鸿宾奏称当地没有三合会，7月新总督卢坤与前任相反，在奏折中承认有三合会的活动，这说明天地会的活跃，地方官已无法掩饰。道光帝在1836年就此指责地方官，指出

洪门会场图

“莠民中惟会匪之惑人最甚”，然而“近来不肖州县，非但不肯查拿，更复多方掩饰，即访出会匪名目，该督抚意存消弭，遂令匪徒有恃，滋生厉阶”（《清宣宗实录》卷二一一）。会党在许多地方都有活动。浙江嵊县有钩刀会，聚众一二千人，每年七月十二日聚会。赣南有添刀会，入会者烧香结盟，与私盐贩联合行动。宜黄有天罡会、新天罡会。福建永安有一字教，建宁、邵武等四府的双刀会、铁尺会、天地会会众活动频繁。湖北江陵、潜江各有郑老鼠、段么组织的会党。湖南人李金保等组织三合会，1832年失败被害。新田王棕献聚众拜会，造旗帜、器械，拒捕伤兵。闽浙赣交界处有“花子会”，又名“餈巴会”，每年五月十三日聚会（《清宣宗实录》卷二七八）。会党在道光朝的发展，表现为进行武装暴动，有的已超出隐蔽活动的范围。道光十一年（1831）末至次年初发生的湖南江华赵金陇领导的起义，道光帝就认为是“会匪”参加的，新宁李源发在1849年起事前，先成立“把子会”，结拜兄弟，动员、组织了民众（《清代档案史料丛编》第二辑）。

道光朝的五多现象，表明它是动荡不定的社会。那时，不安定的社会因素太多，涉及的社会层面广泛，有纳税的农民、工匠、商人、渔户、监生、秀才、纳租的佃农、城镇的平民，士兵、吏役本来是政府的工具，它在鱼肉人民之外，因社会地位的低下而有反叛的某些自发倾向。清朝政府的腐败政治，把广大的民众驱赶到它的对立面，迫使他们从事违法的以致反政府的活动。游民、盗匪、民变，以不同的方式破坏社会秩序。游民盗贼也是秘密团体成员的主要来源，有更大的破坏力。从社会正常秩序来说，人民的贫困和无出路，是社会不稳定的主因；人民没有正常职业和不事生业，因细小的缘故而轻生，是社会不稳定的征兆；百姓广泛参加非法团体，进行了反抗斗争和组织准备，预示社会矛盾激化的到来；频繁出现的各种民变，是民众破坏社会秩序的演习。所有这些现象，揭示道光朝社会处于大动荡的前夜，预示太平天国运动的必将爆发。

册封琉球使节使命在于远播声教

清朝中国与琉球的交往，继承明朝的传统，维持封贡的关系，先后八次派遣使臣去琉球册封国王。册封使的使命比较单纯，只是代表皇帝去祭祀去世的国王，册封王世子为新国王，谕祭文和册封诏书、敕谕都由内阁事先预备好，赍奉至琉球，通过举行庄严的仪式，宣读诏谕即可毕事。琉球王之对于中国朝廷素以恭顺闻名，极望与册封使配合好。所以前往琉球的使节主要是远播声教——宣示清朝皇帝抚绥远人的圣德，其次是记录琉球见闻，兼可作为文士谈助。

前往琉球的使节为正、副册封使，他们有众多的随员，即官派的钦天监天文生，使臣自选的医生，聘请的幕客，兼或还有僧侣同行，如康熙三年（1664）正使张学礼带有天文生李光宏、太医吴燕时及幕客陈翼，康熙五十九年（1720）副使徐葆光有从客翁长祚，乾隆六十年（1795）正使全魁聘幕客王梦楼（禹卿），嘉庆四年（1799）正使赵文楷有从客王文诰、秦元钧、缪颂余等三人，副使李鼎元（1750—1805）不仅有从客杨华才，还邀请僧衲寄尘及其门徒李香崖同往。

册封本身是政治行为，关乎着朝廷在外国的形象，特别关涉到皇帝的威严，因此册封使如何使册封顺利进行，并在整个过程中突出皇帝的神圣恩德惠及四裔，是重大的事情，乃是使者的中心关注点。

册封诏书、使者以及涉及琉球封贡事务的人员和文书，无不讲到“声教”远被的话。汪楫（1636—1689）等出使，所赉奉的给琉球国王的康熙帝诏书云：“朕躬膺天眷，统御万邦，声教诞敷遐迩……”（乾隆朝官修《皇朝文献通考》卷二九五《四裔·琉球》，考7442页，杭州浙江古籍出版社1988年）。康熙中副使林麟焻在《玉岩诗集·自序》中说，琉球贫穷而文化不发达，可是自从“被我皇上声教，后亦骎骎乎盛矣”（《四库全书存目丛书》集部第244册第690页，齐鲁书社1997年）。康熙末从客翁长祚为协助其幕主徐葆光（1671—1723）作《中山传信录》，于《后序》开笔即言：“自古声教四讫，未有如我国朝之盛。”（《四库全书存目丛书》史部第256册第516页，齐鲁书社1997年）张潮（1650—约1709）在王士禛（1634—1711）撰《纪琉球入太学始末》的《题辞》中写道：“国家声教覃敷，无远弗至，而琉球声慕文教，尤为最笃。”（《纪琉球入太学始末》，《四库全书存目丛书》史部第271册第577页，齐鲁书社1996年）皇帝讲“声教”，使者讲，人人讲，然而何谓“声教”？词出于《尚书·禹贡》：“东渐于海，西被于流沙，朔南，暨声教，讫于四海。”（《尚书》，《十三经注疏》本，上册第153页，北京中华书局1980年）意思是说大禹的声威文教，远达于境外，东渐入于海，西及于流沙，北方与南方的境外，在在闻听到了，因此都来朝见。声教，就是皇帝因圣德而声威文教流播于境外，造成万邦来朝的盛世。显然，这是颂圣观念的体现，也是册封之所以产生的基本因素。

使臣怀着传播皇帝声教的使命感，出使前的准备，在琉球的活动，均着力于营造皇帝圣明的形象，而于册封、谕祭典礼的进行与反映，以及御赐宸翰二事上最为留心。张学礼《使琉球记》说册封礼时，“倾国聚观，不啻数万，欢声若雷”（《四库全书存目丛书》史部第128册第422页，齐鲁书社1996年）。康熙中册封使汪楫更说册封典礼后出现祯祥：“先是国久不雨，册封后大雨如注”。（《中山沿革志》卷下，《四库全书存目丛书》史部第162册第464页，齐鲁书社1996年）并在《册封礼成即事》诗中咏及此事：“夜雨廉纤快晓晴，相看搓手贺升平；海风不动秋风劲，吹作嵩呼万岁声。”（潘相编《琉球入学见闻录》卷四，《近代中国国史料丛刊》第92辑第913册第374页，台北文海出版社）李鼎元说谕祭之时，“球人观者，弥山匝地，男子跪于道左，女子聚立远观”，真是“通国臣民欢跃”（李鼎元：《使琉球记》，《近代中国史料丛刊》第48辑第472册第143页，文海出版社）。汪楫出使前，特请向琉球王颁赐御笔，康熙帝因书“中山世土”四字，赐予琉球国王（汪楫：《中山沿革志》卷下，《四库全书存目丛书》史部第163册第463页）。雍正二年（1724），因琉球贡使的到来，皇帝书写“辑瑞球阳”四字，赐给国王。乾隆四年（1739），皇帝因琉球国王遣使朝贺，赐予御书“永祚瀛陆”。琉球为这些御书制成匾额，悬挂于王宫正殿，使臣对此，多留心记录。林麟焻的《中山竹枝词》歌咏王宫，有句“奉神门内列鹓行，乞把天书镇大荒”（潘相编《琉球入学见闻录》卷四，《近代中国国史料丛刊》第92辑第913册第382页）。即为御书而作的歌颂。册封与谕祭，琉球国王的恭谨感激和臣民的欢呼雀跃，标志着清朝皇帝声教远播于化外，是天朝的盛事，亦是使臣的荣耀，当然成为他们最受关注的事情，这正是徐葆光《册封礼成恭纪四章》最后两句所说的：“使臣将命无余事，载笔归来献至尊。”（潘相编《琉球入学见闻录》卷四，《近代中国国史料丛刊》第92辑第913册第388页）关切声教，中心即在于讴歌君王。

中华思想文化向琉球的传播，琉球人对此的反映，是册封使所关注的声教的另一项内容，具体地说，他们了解儒家思想在琉球的影响和表现，同时他们本身也进行儒学的宣传，促使琉球留学生进入太学。作为中国文化的象征的孔庙，于康熙间设立在华人居住的琉球久米村。明代大量华人移居琉球，保持中华文明，成为中琉交往的中介，琉球国王和这些被称作“唐人”的华人后裔需要学习中华文化，明朝万历间琉球紫金大夫蔡坚绘制孔子像，率领缙绅祭祀于家中，康熙十三年（1674）建成圣庙，春秋祭祀。五十七年（1718）建设明伦堂，聘请讲解师和训诂师，教授汉文和儒学。明伦堂两庑收藏儒家经书、史籍，国王还让紫金大夫程顺则刊刻解释康熙帝《圣谕十六条》的《演（衍）义》，在民间讲解。册封使对圣庙与儒学均相当留意，实地考察，予以记载，并为之题写匾额。就中，徐葆光在《中山传信录》载笔甚详，在卷五特写《圣庙》《学》专条，记叙它们的建置沿革，甚至绘出《圣庙祭品图》《启圣祠祭品图》，著录有关圣学的碑刻文字（徐葆光《中山传信录》，《四库全书存目丛书》史部第256册第486—489页）。林麟焻在《中山竹枝词》中为圣庙作出描绘："庙门斜映虹桥路，海鸟高巢古柏枝。自是岛夷知向学，三间瓦屋祀宣尼。"（见《琉球儒学见闻录》卷四，第382页）使节对琉球人接受中华文化，感到欣喜，并通过友情交往，希望中华文化得到进一步传扬。如林麟焻见万松院僧人不羁所写诗句"黄叶落三径，白云归数峰"，即作诗予以赞扬："浮屠亦有不羁人，只树萧萧绝世尘。唐体诗书风格好，白云黄叶争清新。"（王士禛：《池北偶谈》卷一八，下册第440页，北京中华书局1982年）

与圣学相联系的是使臣促成琉球人的进入清朝太学。汪楫离开琉球的前夕，国王尚贞表示要世守忠诚，为此请求派人到太学读书，汪楫回京转奏尚贞的请求，得到康熙帝的批准，二十七年（1688）琉球三名官生到北京，进入国子监读书，清朝配备专门教师，琉球学生得到优厚的待遇。从此成了惯例，使节回国，多应琉球国王请求，代为奏请派遣留学生，因而不时有琉球学生的到来。太学里教员精心指导，学生用心钻研，相处甚为和洽。乾隆中教席潘相《送郑绍衣、蔡汝显归国》七律云："客程此日辞天北，吾道从今渡海南。"（见《琉球入学见闻录》卷四，第426页）他感兴趣的还是儒教传播到琉球去。使臣的致力招徕留学生，亦达到声教远被的实效。

册封使及其随员做了许多传播儒学的事情。张学礼应国王尚质的邀请，为王宫正殿书写“东南屏藩”匾额，为国王家庙写“河带山砺”匾，又给三清殿写“苍生司命”，天妃庙写“中外慈母”等匾额。“东南屏藩”云者，以琉球为中国东南屏障；“河带山砺”，祝愿琉球王室长存；三清殿、天妃庙都是中国文化的产物和体现，并成为一部分琉球人的信仰，张学礼自然乐于为它们题写匾额。其他使臣给王府、寺宇以及官员住宅书写匾额甚多，不一一说明。徐葆光受国王尚敬之请，书写以《孝经》为内容的屏风，尚敬因而作诗曰：“八分墨彩留屏障，展对如亲绛阙仙”。徐氏传扬了孝道，还同国王建立了友情。他访问僧侣宗实，后者赠诗云：“一天不碍华夷月，万里云中眼共明。”（《中山传信录》附《中山赠送诗文》，《四库全书存目丛书》史部第256册第518—520页）因感情交流，突破了中琉界限。李鼎元所做的事情更多，收王族成员和王妃侄儿四人为徒，讲授经义诗文，撰写中琉语文对照的文字学专著《球雅》，因此国王尚温特在奏疏中予以赞扬：“副使大人更为小邦广声教，辑《球雅》，国之略晓文字者，皆得就教尊前，执经问业，父师之恩，尤深感戴。”（李鼎元《使琉球记》卷六，第278页）李鼎元临行之时，求他写匾联的琉球人之多，应接不暇，只得让从僧寄尘帮助书写。传播中华文化，从客是幕主的好助手，如陈翼接受国王的邀请，教授王世子、王婿、法司公子琴曲，将中国的名曲“平沙落雁”“关雎”“高山”“流水”传授给他们。因他琴艺高超，请求的人“无虚日”。医术高明的吴燕时，“切脉知生死，国中求治者，无不立愈”，他还收了几个徒弟，传授医道（《中山纪略》，第 416—417 页）。

使臣在册封、谕祭、赐字、入学的落实过程中，在自身与琉球国王、官绅的各种交往中，传播了清朝皇帝的“圣德”，儒家典籍的要义，诗文的技能，医药的知识，以及华人的生活方式，促使中华文化远播海外，正如尚温所说“推广声教于琉球”。

册封琉球使节为谈助而关注海外奇闻

观风问俗

古人出差、旅行，都有“采风”活动和记录，册封琉球使臣更有观风问俗的自我要求。张学礼《中山纪略》最后的一句话是：“予留日无多，见闻有限，略存其概，以俟后贤，广为考订，以备采风之助云耳。”（《中山纪略》，《四库全书存目丛书》史部第128册第427页）以备采风之用，其实他的著作就是采风得来的。

事实上，册封使返国，有不同形式的文字记录，或册封事务报告，或诗词歌咏，或行程日记，或研究性专著，所有这些，都来自他们的调查访问，而其方法，不外三种，即咨询于琉球人，实地考察，搜求图籍。比如徐葆光采访之勤，他的从客翁长祚以亲身经历称道其幕主，“披残碑于荒草，问故垒于空山，涉海探奇，停骖吮墨，详慎苦心，实所亲见”（《中山传信录》，《四库全书存目丛书》史部第256册第517页）。这里说的徐氏勤劬，主要在现场考察，而李鼎元的向琉球人做调查又有独特之处。他要求琉球官方选择文理通畅，熟知掌故的人常来天使馆，“以资采访”，琉球王遂派杨文凤前来，而其人果然颇具琉球古今知识。他将要撰写《球雅》一书，杨文凤和通中华语文的王室、妃族子弟，一面向李鼎元求教，一面帮助李氏完成其著作（李鼎元《使琉球记》，第36页）。就是经过这样的精心研讨，册封使才有著述的面世。

册封使所作的调查，根据他们的作品的实况，可知他们在了解王室历史之外，着重于考察下述诸事：琉球的地理方位，岛屿及港口，山河，灾害、物产（农产、水产），树木与花卉，贸易集市与货币，行政区划与行政机构，官制和官员来源，司法与刑法，社会治安，食物，宴请习俗，发型，服制，王宫，住宅，姓名，丧葬，娼妓，妇女与婚姻，家族与家庙，僧侣与寺庙，文字，著作，历史传说与人物故事，节令，娱乐，民间交往，唐营（唐荣，华人聚居地）、华裔及其职业，中华文化在琉球的表现，等等。总体来说，对琉球的政治、经济、文化，以及民风社俗都要作或多或少的了解，以满足采风的欲望。

使节及其随员创作诗文

出使琉球的人员既然冒着海洋航行的风险，必然在诗词创作上有所冲动，尤其是幕友，并不因随从使节而有政治前途，他们所为何来？大约就在猎奇创作上了。比如王禹卿善为诗文，而为人“负气好奇，欲尽取天下异境，以成其文”，乾隆中全魁出使，邀他入幕，友人因航海安全劝他不要去，他却高兴地随从全魁出海，航行中船翻了，幸好遇救，因而大喜，认为“此天所以成吾诗也”，于是勤力书写，汇成《海天游草》诗集，被桐城古文派大家姚鼐评为奇诗（姚鼐《惜抱轩集·文集》卷四《食旧堂集序》，第23页，中华书局四部备要本）。册封使同样要将海外见闻和感受抒发出来，康熙中副使林麟焻（康熙十年进士）在册封典礼举行后的日子里，游历山川，“登临瞩望，振衣策马于山颠水涯，睹大海之紫澜，想蓬莱绛宫之明灭，一时花院苔龛，流连歌咏，或酒酣耳熟，落笔如风雨”，遂创作《中山竹枝词》五十首，另有一个诗集（《玉岩诗集·自序》，集部第244册第690页）。

使者及其从客的诗词系身临异域的感情抒发，与无病呻吟者异趣。林麟焻说他的诗作，将琉球“山川人物，飨礼宴游，冠佩之奇，龙鞮鞻之节口，与夫亭台之兀硉，树卉之菁葱，日月云霞之吐吞变幻，悉绘之于诗，一披览而外国风景宛然在目。事属睹记，言非凿空”（李鼎元《使琉球记》，第36页）。他自信能将亲眼所见的琉球风貌描绘出来，可能是好奇者所乐于知道的。康熙末年詹事府左中允汪士鋐说徐葆光的创作：“挥笔赋诗，非以是侈其游眺，盖将归而著述，以为得之传闻，不如见者之为真也。”（《中山传信录》汪士鋐序，《四库全书存目丛书》史部第256册第375页）可能说出了徐葆光的心声：出使作诗词，要据见闻所得的真切素材，以便写出像样的著作。他们写作的有颂赋，如汪楫的《谕祭中山王即事》《册封礼成即事》，徐葆光的《谕祭中山王尚贞、尚益礼成恭记廿四韵》《册封礼成恭记四章》等，而更多的是《竹枝词》，如刚刚说到的林麟焻作《中山竹枝词》，汪楫、徐葆光等人均有此作。竹枝词的体裁，是所谓歌咏土俗琐事，实能记叙风俗。如林麟焻的一首云："日斜烫市趁墟多，村妇青筐藉绿莎。莫惜筹花无酒盏，小妇买得小红螺。"（见《琉球入学见闻录》卷四，第 380 页）道出琉球市集的情景，原来琉球人的买和卖皆由妇女进行，故词中云村妇如何如何。徐葆光的一首七绝琉球人家："小船矗起半天中，一尺樯悬五寸蓬。渡海归人当有信，竿头昨夜是南风。"并有注："渡海之家，例造小木船，桅帆毕具，立庭中，候风以卜归期。自闽归国，皆以南风为候"（李鼎元《使琉球记》，第 394 页），所咏的是帆船模型，用以预测风向，决定航行的日期。这对于岛国的人，当然是极其重要的。寄尘和尚一日得诗四首，有句云"一舟剪径凭风信，五日飞帆驻月楂。"又有句云"相看楼阁云中出，即是蓬莱岛上居。"李鼎元说他写出"真境真情"（李鼎元《使琉球记》卷三，第 125 页）。李鼎元自己的诗，被史家赞誉为"风骨高峻，奉使诸作，尤推豪健"（《清史列传》卷七二《李鼎元传》，第 18 册第 5918 页，中华书局本）。可惜笔者未克获睹他的《师竹斋集》，不能与读者共赏他的出使诗作。

兼具册封政事与采风内涵

前述使节与随员的诗文反映出使意义与猎奇心生出的“谈助”兼而有之，并以前一方面为主。

张学礼返京复命，路过杭州，与表弟王言宴饮于西湖，王言好奇地说，听人讲琉球的马齿山、姑米山都是插在洪波中的，是那样的吗？张学礼就把《使琉球记》给他看，王言因而知道使臣，“或燕燕居息，或尽瘁事国，或栖迟偃仰，或工事鞅掌，信不诬也。”而表兄“乘长风破万里浪，为国怀徕异域，奚啻天上星客”（张学礼《使琉球记》王言《叙》，史部第128册第418页）。赞叹张学礼的书是其完成使命的记录，也是为人解惑之作，这是对使臣著述的高度评价。林麟焻关于琉球的诗文，清初文坛领袖王士禛读后，认为可以“广异闻，且以彰圣朝声教之远”，作者本人亦感到其著作虽不敢与《水经注》比美，然于记风俗的《荆楚岁时记》相仿佛，可供好奇者猎奇和后来的使者参考，因此决定将它印刷传播出去（《玉岩诗集·自序》，集部第244册第691页）。潘相在《琉球入学见闻录》中选辑了一些使节的诗赋，笔者在前面已经多次予以引用了。潘相所以要选这类作品，乃因它们富有内容，能反映“其地其事其人”“皆足志盛典，广和声”（《琉球入学见闻录·凡例》，第9页、第12页）。

包括诗词歌赋在内的使节的作品，就笔者所见到的，是有猎奇成分，诸如女集、女子手背上的梅花针瘢痕、女子的衣裳、土妓等女性生活为多人所描写，相反男性生活特征则少见。有些诗是使者闲得无聊，外出游览，访问僧衲，与其唱和，缺少内容。但是更重要的是那些记录所涉及的范围相当广阔，关于琉球的，从自然地理、生产交换、政治制度、语言文字、宗教信仰、社会风俗，到王室历史、华人移民史，以及同中国的关系，方方面面，均有所道及。关于中国的，则使臣的选择，随行人员和兵丁，诏书的纂修，舟船与海洋航行，天妃的祭祀，册封的仪式，接受琉球留学生等，不仅内容广博，而且包含许多不好懂的科学知识，如航海技术中的“更”“针路”“风信”，是猎奇者所不会注意的。可是使者为顺利册封，就不能不讲究了，并将所得的知识记录在著作中。今人面对上述各种类型的作品，获知使者主要是为总结出使经验，歌颂皇帝的圣明，为后来的使节提供参考资料，同时也是显示自家的成功，就中暴露的猎奇因素和炫耀文采，是次要的成分。林麟焻等人所叙述的创作宗旨，是可信的。

笔者阅览册封使有关著述，还认为他们对琉球的了解是制度性的、表面的，尚欠深入。如琉球国号与王号不一的问题，徐葆光察觉到了，他说赐给琉球国王的银印印文是“琉球国王之印”六字，可是国王自称为“中山王”，两者不统一（《中山传信录》卷二，《四库全书存目丛书》史部第256册第409页）。当然，这不是使臣所能解决的事情，是朝廷政策问题，盖清朝以不生事为原则，矛盾可以不管。

总起来说，清朝出使琉球的官员，其兴奋点在于传播声教，讴歌天子圣德，同时着意于海外见闻，形之于诗文，既有益于巩固中琉邦交，亦可供文人雅士的谈助。他们的兴致多在于注意事物的表象，而不肯下功夫去认识它的实质，以便在双方固有关系的基础上，推动邦交的发展，为后来反对日本吞并琉球的斗争提供更多的资讯。因此，或者可以说他们的观念过于关注颂圣，情趣只在于对事物求得一知半解，要旨在“儒雅”方面，而少了些“务实”精神和求知韧性。当然，这不是否定他们在中琉交往中所做的贡献，对此，陈捷先教授说得好：“册封团俨如文化宣布团，到琉球散播文化种子，特别是医学、文学、书画、音乐，甚至饮食文化，可谓无所不包。”（陈捷先《东亚古方志学探论》，第 137 页）

最后，笔者设问，为什么使者“进取心”不强？日本人冈千仞在为伊地知贞馨的《冲绳志》所作的序言中说：“……况琉球邻支那，又受其封拜，一岛两属，名号不正，苟使彼有俄罗斯之远略，岂不可寒心乎！”（转引自陈捷先《东亚古方志学探论》，第 184 页）他庆幸清朝中国没有“远略”，不像俄罗斯那样极力向远东扩张，没有在日本之前并吞琉球。以天朝自居的中国王朝，与邻国交往，多以“厚往薄来”为原则（《琉球入学见闻录·凡例》，第 10 页），赏赐多于贡物，“做蚀本生意”，维持天朝大国的架子和面子。与琉球的关系亦是如此。国策是这样，使臣只要做到声教远扬就很好了，就应该满足了，哪里还需要深入认识琉球，更无法预知十九世纪世界格局的巨变，“远略”从何而言，换句话说，使臣所做的水准，也就是那个时代中国官员所能达到的。由此可知，清代中国皇帝和官员，在对外事务上经常是安于现状，眼光短浅，不思进取。

妇女与家庭

清代的家庭

家庭是社会的细胞，是初级社会群体，却又是社会的“微型整体”，可以反映社会的若干重要状况，清代家庭生活史将向人们揭示清代社会的重要特点。

家庭以婚姻为基础，夫妻关系至为重要；血缘是家庭的纽带，父子关系在家内诸种人际关系中占据主要地位；家庭因其成员的血缘结构和婚姻状况，区分出不同类型和规模。笔者将把家庭结构和家内人际关系作为清代家庭史的主要内容予以说明。

多种类型的家庭结构

现代人把父母和他们的未成年子女组成的家庭称作“核心家庭”，笔者在清代的档案和家谱、方志、文集的传记中看到不少这类家庭的材料。康熙中江苏昆山人陈涵玉，有妻赵氏，子秉衡，三个女儿，计六口人（《清代档案史料丛编》第五辑第59页）。乾隆时湖南桃源人李盛瑞，有妻和子，三口人，有弟李庭鹤已分居另过（中国第一历史档案馆藏档，内阁全宗·刑科题本·土地债务类，嘉庆三年第69包）。这些人家，成员包括父母和未婚的子女，子女有成年的及未成年的，以父母为主体。家庭人口不多，在三到六口之间。这些家庭大多从事农业。但经济状况不一，贫富相差悬殊。

康熙间江苏长洲人黄某，有妻，有儿子夫妇，有孙男、女各一人，六口（彭绍升《二林居集》卷二十三《黄氏家传》）。吴县王某夫妇，有子王福生夫妇，另有女孙一人（民国《吴县志》卷七十《孝

清麟庆《鸿雪因缘图记·报孙铭喜》

友》)。这类家庭有两代夫妇，不同于前一类型的只有一对夫妻，第二、三代是第一代人的子孙，是他们的直系亲属，这种家庭为“直系家庭”。两对夫妇以外的人口，古人叫作“余夫”，是家庭次要成员。它除了上述诸例中的第二代人的子女，还可以有第一代人的未婚子女。家庭人口在四至十人之间。

清初浙江乌程(今吴兴)人庄胤城，家富有，生三子，长廷钺，次廷鑨(即以明史案而出名者)，廷鑨无子，其兄弟皆有子，庄胤城有三房媳妇及若干孙辈，后主持分了家产(顾炎武《顾亭林诗文集·书吴潘二子事》)。嘉道时武进人张悦、张怡弟兄，都是生员，有老母，兄有四子，弟得一子，长期共同生活，后议分家，张怡为让产，提议按小五房分，而不以老二房为准，是时第三代也应有几对夫妇了(《毗陵天井里张氏圣经公支谱》卷九)。这类家庭在其分裂以前，第二代有两对以上夫妇，以此不同于直系家庭，而且有的有第三代夫妇，甚至不止一对，它可以视为核心家庭、直系家庭的联合体，故叫作“联合家庭”。

雍乾时山东栖霞北埠郝姓一家，50余口，有田100多亩，同耕共食，学者郝懿行就与这个家族同宗(郝培元《梅叟闲评》卷一)。乾隆中湖南沅州蒲宗瑾家六世同居，其第三代兄弟5人，四代17人，五代41人，六代60人，共123人，由家长主持家政，各房没有私财，大锅里吃饭(徐珂辑《清稗类钞》第五册第2508页)。这种家庭成员众多，辈分多至五六代，全有血亲关系，可称为“家族家庭”。

清代还存在着没有一对完整夫妇的残缺家庭以及独身家庭，

清吴友如绘《五世同居》

这些是所谓鳏寡孤独畸零户。

各种类型的家庭互相联系，其成员经常不断地互相转化，前述联合家庭之庄、张等户，分家后产生出若干直系家庭和核心家庭，而原先的联合家庭不复存在。反之，核心家庭人口增多，可以发展为直系家庭或联合家庭；人口死亡则会成为残缺家庭。因此说清人家庭类型是固定的，内部成员则是在不停地变化中。当然，这些情况在其他朝代也都可以看到。

清代家庭有那么多类型，各类占据什么样的地位呢？即以何种为主，何种为次，人们大体生活在哪种家庭呢？回答这个问题的方法，最好是以户口册为资料，逐户逐个类型作出统计，算出比例，就很准确了；如果有不同时期的资料，还可以说明各种家庭类型在清代各个时期的变化。然而由于资料的不完整和难于收集，现时不能采用这个方法，只好退而求其次，研究户口平均数，以了解各类家庭大致的地位。

乾隆《大清会典》记录，乾隆十八年（1753）各行省总计户数 3884 万，《清高宗实录》记载，这一年人口 18367 万，平均每户 4.7 人。道光九年（1829）福建户数 3999143，口数 19081872，正巧也是平均每户 4.7 人。另据方志所提供的江苏吴县、江阴，安徽芜湖、太湖，浙江新昌、诸暨，江西于都、萍乡，福建云霄等县不同时期户口数字，笔者计算结果，有的县平均每户高达 18.9 人，少的才 1.4 人，总算起来平均每户 7.4 口。上述各种平均数是就笔者所掌握的资料得来的，可以说是随机抽检的结果，不是普查，也不是典型调查所得，很难说它具有代表性。只能从全国的、一省的、若干县的平均户口数产生一个印象，即清代每户平均约有五口人。

前述核心家庭和直系家庭的实例中已知它们的人口一般在五口上下，前者以五为上限，后者以五为下限。从全国平均五口来看，这两类家庭应占家庭的大多数，而把联合家庭、家族家庭、残缺家庭排斥于次要地位。因此可以说，清人大多生活在直系家庭和核心家庭中，家庭规模不大，成员不是很多。

以丈夫为主宰的夫妻关系

传统的夫尊妻卑的名分观在清代没有变化，只是个实践问题，法律对男女的不同科罪也是实行中的事情。清代以丈夫为主宰的夫妻家庭生活大致是如下情形。

在丈夫为主导的家庭中，有的丈夫通情达理，而妻子在传统的三从四德伦理熏染下甘愿处于屈从地位，夫妻相处很好的不乏其人。《广东新语》作者屈大均，在宁夏与王华姜结亲，偕游山西、江南，随后回到故乡广东番禺县，王氏先卒，屈大均将友人为其妻所写的哀悼词章汇为《悼丽》一书。其伉俪情好，传为美谈。乾隆丁未科鼎甲孙渊如妻王采薇能诗词音乐，谱曲吹奏给丈夫欣赏，孙渊如每每动情，妻死后绘其奏乐图像，永兹纪念。孙的妹妹嫁给吴鼎，帮助丈夫学习，希望他能与哥哥一样中鼎甲，郎舅辉映，后来吴成了学士。人们把他们的生活视为“唱随佳话”（陈康祺《郎潜纪闻初笔》第91页）。

也有妻子厉害，挟制丈夫的。雍正时编修汪师韩在圆明园内教授皇子，家中妻子怒责其妾，妾逃出，御史遂弹劾汪师韩治家无状，使其遭到罢官的惩罚。汪不能理家，按清人的观念，是不能正夫妻名分，也即不能治国，理应罢黜。他的遭遇，是社会逼着丈夫制伏妻子，实现夫权。

夫妻关系有的紧张到互相残杀的程度。福建长汀人仲学友妻郭氏，八岁到婆家做童养媳，备受丈夫虐待，生有一女，被丈夫乱花钱卖掉，郭氏的夫妻生活如此不幸，气愤之下，在嘉庆初年将丈夫毒害，官府把她凌迟处死（一史馆档案，内阁全宗·刑科题本·土地债务类·3112号）。四川郫县人刘潮倖外出归来叫妻子张氏做饭，张氏因贫穷不予理睬，刘就把张氏打死。川督勒保审案拟刑："刘潮倖合依夫殴妻至死故杀亦绞律，应拟绞监候，秋后处决。"一般地说，导致夫妻间互相残害，或是因为原本就没有爱情基础，或者后来感情破裂，双方都是不幸者。而同是故意杀害对方，妻子要被处以极刑——凌迟处决，丈夫则判处绞刑，且监候至秋后执行，夫妇在法律上的不平等如此之甚。

丈夫休妻的事也偶有出现，而卖妻的现象不少。出妻是男子的传统权力，夫妻感情不和，妻子只好忍受，男子则可以提出离异。如有一对夫妇结婚30年，儿子也成了亲，可是儿子死了，丈夫归罪于妻子，把她嫁出（《清诗铎》第965页）。不过清朝政府一般不判决离婚，怕的是家庭破裂，带来社会问题，这在那个时代有保护妇女利益的客观作用。在社会下层把妻子当作财产出卖是常有的事。四川德阳县黄秀元在父亲黄同兰包办下，与江子陇女儿结亲，双方感情不和，黄同兰经江子陇同意，把江氏卖给曾宣为妾，得财礼17千文（一史馆档案，嘉庆三年第73包）。清人姚柬之的《翁无妻》诗中记述了一个因无力交纳赋税而被迫卖妻鬻女的事例，丈夫曾想用一死来逃避差吏的追逼，妻子则要求把自己卖了以换取丈夫的生存，结果是把妻子女儿一起卖掉才交纳了赋税。休妻、卖妻均反映家庭关系的不和谐，即使感情融洽的夫妇，因贫困生活也不幸福。

休妻、凶杀的家庭总是少见的，夫妻生活完满的也是少数，在夫尊妻卑下平安相处的家庭则是通常的情形。

“天合”的父子关系

乾嘉考据学大师钱大昕说：父子是“天合”的关系，夫妻是人合的关系，自然父子关系重于夫妻关系（《潜研堂文集》卷八《答问五》）。他把这两种关系的地位看得极为透彻。

父子之间开始是教育与被教育的关系。清代做父亲的对儿子要进行职业教育和训练，在士农工商中给儿子选择一种职业，当然以士农为好，没有条件的只能从事他业。品德的、社交的教育，也是家长所重视的。方法多半讲究严厉，不溺爱。理学家张履祥让儿子维恭冬天包幅巾，儿子嫌难看不包，履祥看着他挨冻也不怜惜，坚决不准许戴帽子。直隶滦州边某是独子，幼年身体极弱，以致人们担心他会夭亡，但乃父“不以一子之故而少宽其教”，坚持让他上学。他后来回忆说：“在学有严师，在家又有严父，故吾之学业进于成童。”（《边氏家谱》卷一）教育子女是家庭的功能，清人的教育主要是在家庭完成的，而父亲总想把儿子塑造成自家理想中的样子。

按理，父子关系的准则是父慈子孝。实际上，做父亲的不管在多么困难的情况下把儿子养大就算“慈”了，尽到职责了。人们的着眼点是要求儿子的孝。社会上确实出了不少孝子顺孙，如安徽和州薛文、薛化礼弟兄佣工养母，母死，二人绝食殉亲。还有一些人愚孝，割股剖肝治疗父母的疾病。孝养多发生在社会下层之家，上层家庭少见。有人说："人子之能养父母也，什百中无一二焉。有之，则为乡曲之细民，欲于富贵家求之，殆千不得一矣。"（《清稗类钞》第四册1719页）这句话还告诉人们，清代能尽大孝的人不管在哪一个社会阶层都属少见，而父子不相恤的事情也不乏见。如富贾吴士忍穷奢极欲，好声色犬马之乐，其父分居在外，要求他按照对待犬马的标准供养自己，而他只给吃一顿饭就把乃父打发走了。清代虽然不乏孝子，但父子关系不融洽的事实，令做父亲的总有替儿子当牛马的哀叹。

父子关系的不协调来源于父亲的权力太多。父亲把儿子视为财物，在赋税、地租、高利贷追逼下，天灾和贫困逼迫下，往往靠卖子渡过难关。父亲对儿子有体罚权，不仅在童稚时代随意责打，成人后也有这种权力。清代父亲还有送审权，以儿子不孝告到政府，由衙门代替他惩处儿子。

父子关系尽管有父亲辖制儿子的紧张一面，也有一致之处，就是儿子继承父产，维持家庭。清代遗产法仍是诸子继承制，没有儿子的由家族立近支侄儿为继嗣。有子或有嗣子，使这家香火得以延续，死者也就对得起祖先，财产也不致落到与血统无关的人手里。这是维护私有制所绝对需要的。儿子的财产继承权，证明了父与子各为对方而存在，这正是父子关系比夫妻关系还重要的原因所在。妻子不生育，可以休弃；在父子、夫妻的交叉矛盾中，做儿子的要使妻子遵守妇道，乃至不惜以"不事舅姑"为名出妻，从而尽孝。这些无不说明父子的"天合"关系是清人家庭中最重要的人际关系。

在清人家庭中，尤其是人员构成复杂的家庭，还有兄弟、伯叔子侄、祖孙、婆媳、姑嫂、妯娌、叔嫂、姊妹等人际关系，都影响人们的生活和家庭生活的面貌。

家长制家庭的特点和历史影响

家庭是人们生产和生活的基本单位，清代的家庭有其特点，也对社会历史的变化起着影响。

其一，直系家庭为家庭结构中的主体，大家庭不占主流地位。

前已说明清人家庭类型虽多，却以直系家庭和核心家庭数量最大，而其中直系家庭最重要。核心家庭主要孕育在直系家庭中，而且孕育较长时间后才从中分离出来。一般讲，家庭为第二代成亲之后，经过一段时间，经济上能够独立，才可能分离出去，它绝不同于近现代家庭，能够谋生的子女一结婚就可以建立自己的家庭。在清代，核心家庭与直系家庭的分离也很不彻底，有时核心家庭在直系家庭、联合家庭的躯壳下存在着：它们有一些共同财产。家庭中的父子关系重于夫妻关系，主要不是体现在核心家庭中，而在直系家庭、联合家庭表现得更明显。从直系家庭与核心家庭的关系与区别，更可看出直系家庭在家庭结构中的重要。

直系和核心两种家庭是中小型家庭，联合家庭是大家庭，后者数量不少，在清代家庭结构中也占重要地位。但是人们一说到古代家庭，就称之为封建大家庭，以为大家庭是家庭的主体。从清代的情形看，这显然是一种误解，是把联合家庭、家族家庭看得过多过重而造成的。联合家庭、家族家庭成员构成复杂，人数多，更讲求血缘关系和宗法关系，更注意家庭伦理和五服制度，是传统社会家庭的楷模，从性质上讲可以视作传统家庭的代表。但是它们在数量上远不能与直系家庭、核心家庭争高下，简单地以它们作为传统家庭的代名词是不合实际的，传统社会家庭就是大型家庭的误解需要消除，应当重视直系家庭的地位。

其二，父家长制形成家庭的等级结构和男尊女卑的社会。

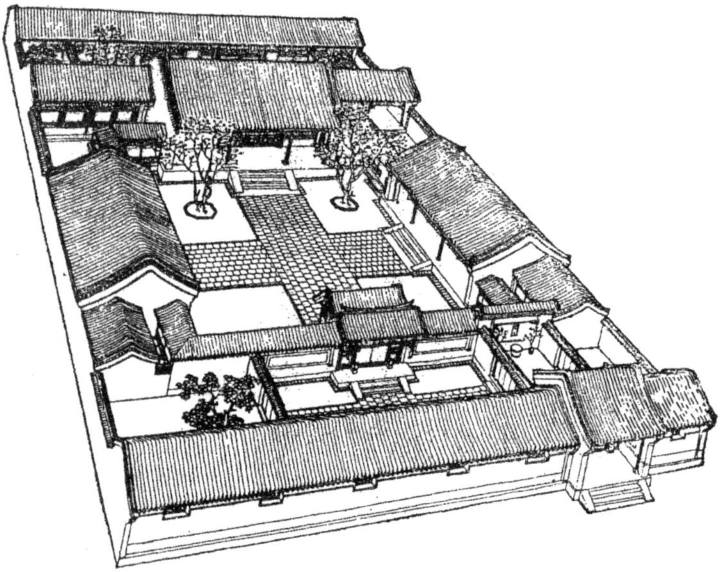

清代四合院立体复原图

清代父家长对家庭财产，妻子命运，子女教育、职业、婚姻和社交，家庭对外联系，有处置权，是家庭的主宰，妻子儿女处于被支配地位，从而在家庭中产生地位不同的等第，即父家长—男性成员—妇女这样一种阶梯等级制。这种家庭等级制是整个社会等级制的缩影，也是它的一个组成部分，即从家庭到家族到社会都有着等级制，家庭是它的起点。家庭中女子地位的低下，反映清代是男尊女卑的社会。

其三，清代农业型家庭有稳定君主专制社会制度的作用。

清代大多数家庭从事农业经营，它的功能最主要的也体现在组织农业生产上，其次才是抚育子女和赡养老人。它的生产功能的实现，使清代成为一家一户的小农经济社会，并使小农家庭成为社会基础。传统时代小农经济最稳定，清代家庭起着稳定社会经济结构、组织结构和社会秩序的作用，所以清代社会虽然处于近代生产的前夜，但并没有内在因素形成的突破性发展，造成了整个社会进展的迟滞。

早婚与童养媳的陋俗

清朝政府规定，男子 16 岁，女子 14 岁，就达到结婚年龄，可以自便。这项法令，继承了宋明的立法，已有几百年的历史了。虚岁十四五岁的少年就可以成亲，是一种早婚制度。早婚是当时的习惯，在统治阶层和缺少劳动力的贫穷人民家庭中尤为流行。清朝的帝后是早婚的典型，顺治帝 14 岁大婚，康熙帝的婚事更早在 12 岁的童年时完毕，雍正帝的孝圣皇后结婚时 13 岁，乾隆帝算是晚婚的，大婚时也才 17 岁。帝后的婚龄之早，表现了皇室、贵族、官僚等社会上层家庭婚龄的一般情况。社会下层的缺少劳动力的家庭，为了获得劳动人手，常给年岁尚幼的儿子娶年长的媳妇，形成小女婿的社会现象，这在北方尤为习见。

在中国历史上，婚龄的规定，随着社会条件的变化有所变动。在长期的战争年代，法定婚龄偏小，如南北朝时期北齐后主（565—577 在位）规定，女子14岁到20岁之间必须出阁，北周武帝（522—577）建德年间强制15岁以上男子、13岁以上的女子成亲。在一次大的战争之后，婚龄也在实际上被提前了。西汉惠帝六年（前189）规定女子在15岁至30岁之间必须出嫁，否则多征税。唐太宗贞观元年（627）的法令，强制男子20岁、女子15岁以上成家。这些婚龄的规定，是实行鼓励人口增殖的政策。因为战争使人口锐减，统治者为增加劳动力和补充兵源，强迫青少年早婚以繁殖人口。

清代的婚龄法规是稳定的，虽然没有强制青少年结婚，但实际是鼓励早婚，鼓励人口的滋长。在清代，人口的猛增成了爆炸性的问题，由顺治七年（1650）的1060万丁口，增到道光二十年（1840）的4亿1281万人。早在清朝前期，康熙帝、雍正帝都感到了问题的严重，屡屡说人民生计困窘，是由于生齿日蕃而田不加辟所造成的。乾隆帝在晚年更惊呼他的属民比乃祖时跃增15倍，表示他对民生问题的担忧，说些要求小民“俭朴成风，勤稼穑，惜物力而尽地利”的陈辞虚语（《清朝续文献通考》卷二十五）。康熙、乾隆祖孙都没有推迟结婚年龄、限制生育的措施，因为那个时代的人们普遍认为子孙多是好事——“多子多福”。如雍正帝祝愿宠臣鄂尔泰“多福多寿多男子”，鄂尔泰报告已有五个儿子，雍正帝说他的祝愿实现了（《朱批谕旨·鄂尔泰奏折》）。他的父皇康熙帝有儿子35个，女儿20个，堪称为“多子翁”。人们希望多生，在当时是很自然的事情：宗法性私有制，需要有血缘关系的财产继承人，在一家一户的生产单位的社会，家庭需要及时补充劳动力，这就是早得子、多生子的思想意识和现象的产生根源。由此而派生的早婚制度及其稳定性，就不难理解了。

早婚还表现在童养媳习俗上。童养媳，又称“待年媳”，就是由婆家养育女婴、幼女，待到成年正式结婚。

童养媳在清代几乎成为普遍的现象。童养的女孩年龄多很小，有的达到了清代法定婚龄，也待年在婆家，则是等候幼小的女婿成年。其待年情况，从下表可知一二：

地区	童养媳姓名	丈夫姓名	入婆家的年龄	资料出处
江苏镇洋	周氏	蔡延爵	5	王祖畲《镇洋县志》卷十《人物》
长洲	杨氏	钮成惠	6	乾隆《苏州府志》卷六十九《列女》
江阴	何冰姑	陈世荣	9	李兆洛《养一斋文集》卷十五《记陈烈妇事》
阳湖	刘氏	徐时凤	12	《养一斋文集》卷十五《徐节母刘孺人传》
吴江	陆氏	贺邦达	12	张海珊《小安乐窝文集》卷四《贺烈妇传》
阳湖	汪氏	李绶馥	13	《锡山李氏世谱》卷首之十四《孝烈母汪孺人传》
湖北云梦	某氏	袁树声	13	嘉庆《芜湖县志》卷十二《宦迹》
江苏吴江	陈氏	屠应权	15	乾隆《苏州府志》卷十二《列女》
吴江	龚氏	凌某	15	光绪《吴江县志》卷二十五《列女》

续表

地区	童养媳姓名	丈夫姓名	入婆家的年龄	资料出处
吴江	黄氏	张某	15	张士元《嘉树山房集》卷十二《黄贞女论略》
江阴	梅氏	李传臻	16	《锡山李氏世谱》卷首之十四《节母梅孺人传》
镇洋	周氏	许观澜	16	王祖畬《镇洋县志》卷十《人物》

童养媳婚姻的流行，有着广泛的社会原因。第一，贫穷的人家生下女儿无力养活，就把她给了人，长大了成为抚养者家中的媳妇。安徽绩溪县这种情形很多，所以嘉庆间修《县志》，说贫者“女生畀人抱养，长即为抱养者媳”。第二，结亲聘礼重，婚礼开销大，陪嫁多，而这种习俗常人又无力抗拒。童养媳习俗可以大大减少这种开支，男方抱养待年媳不需要财礼，等到正式结婚，仪式要比大娶简单得多，不要花多少钱，女家也不要陪嫁妆，没有破家嫁女之忧，所以同治间纂修的江西《新城县志》说到当地童养媳盛行，强调“农家不能具六礼，多幼小抱养者”。婚礼习俗，成为造成童养媳习俗的一个原因。第三，清代社会还有公婆或未婚夫病重提前娶媳妇的习俗，这种做法叫作“冲喜”，希望病人好起来，这又成为出现童养媳的一个原因，如上表中提到的李绶馥妻汪氏，13 岁时，“为姑疾笃，归李为待年媳”。

童养媳习俗使幼女身心遭到无情的摧残，她们多受夫家，尤其是婆母的虐待。“扬州八怪”之一的郑板桥有一首收于《郑板桥集》的同情待年媳的题名《姑恶》的诗，他写道：

> 小妇年十二，辞家事翁姑。……姑令杂作苦，持刀入中厨。……析薪纤手破，执热十指枯。……姑曰幼不教，长大谁管拘！今日肆詈辱，明日鞭挞俱。五日无完衣，十日无完肤。吞声向暗壁，啾唧微叹吁。姑云是诅咒，执杖持刀铻。岂无父母来，洗泪饰欢娱。岂无兄弟问，忍痛称姑劬。疤痕掩破襟，秃发云病疏。一言及姑恶，生命无须臾。

道出恶婆要把童养媳纳入规范，动辄打骂，并强迫幼女从事

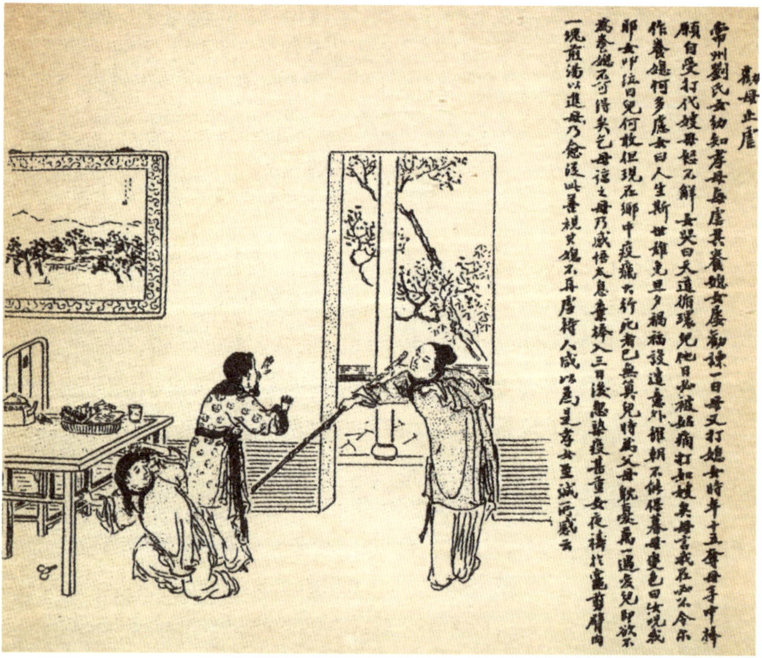

清吴友如绘《劝母止虐》表现恶婆毒打童养媳情形

力不胜任的家务劳动，她们在这种迫害下，还不敢向娘家的亲人诉说。这样的恶婆婆不是个别的。她们要降伏儿媳，以使后者规规矩矩地侍候公婆丈夫。“多年的媳妇熬成婆”，待到小字辈熬成婆婆，又以婆婆的方式虐待自己的童养媳或儿妇。有的童养媳还被婆家当作财产而出卖，同治《上海县志》卷二十就记录了一位贫民把童养媳卖给妓院。再如阳湖县有一个佃农为了交地租，要把童养媳出卖给人为妾（道光《武阳合志》卷二十八）。童养媳可以说是一种极不人道的婚姻习俗。

旌表贞节与寡妇再婚

统治者限制再婚及其办法

男子亡故，妻子成了寡妇，聘妻成了“贞女”，还有离婚的妇女，这些女子都有再婚的问题。

传统社会的名教认为夫妇为人伦之始，夫妻名分一定，就终身不能改变。为了正名分的大事，妇女要保持贞节，“从一而终”，不能再嫁，即使家贫无以为生，也要按照宋儒的“饿死事小，失节事大”的伦理，不能再婚。倘若第二次结婚，就会低人一等，受到各种侮辱。亲朋会认为她玷辱“门风”，看不起她，所谓“再嫁者不见礼于宗党”（民国《崇明县志》卷四），就是指此。社会上也歧视，甚至会出现同治《祁门县志》所记载的徽州情形：

再嫁者必加以戮辱，出必不从正门，舆必勿令近宅，至家墙乞路，跣足蒙头，群儿且鼓掌掷瓦而随之。

生前如此，死后还要受到歧视，族谱的写法就在贬低和蔑视她们。如丹徒县的《京江郭氏家乘》对族人妻室写法规定：正室曰“配”“继配”，如果是娶再嫁女子则书“纳”，族人的妻子改嫁出去了则写“曾娶”，为的是“贱失节也”。

元明以来，政府把守节的寡妇和贞女表彰为“节烈”“贞烈”，给她们建立“贞节坊”“烈女祠”，而清朝做得特别认真。雍正元年（1723）上谕说，“朝廷每遇覃恩，诏款内必有旌表孝义贞节之条，实系巨典”，命令各地“加意搜罗”，对山乡僻壤、贫寒耕作的农家妇女，尤其不要因她们请旌经济上有困难而遗漏。旌表节孝，除像以前一样给单个节妇银两建牌坊外，又命在各地建立节孝坊，表彰所有节妇。又放宽表扬条件，原定 50 岁以外死了的寡妇才能申请旌表，改定为 40 岁以上守寡已达 15 年者（《清世宗实录》卷四、卷十二）。几年后，又以有的官员不认真执行，下令把建立节孝祠的情况作为卸任交代的一项内容。在这个政策下，旌表节孝成了地方官的一件要务。常熟县把西洋天主堂改为节孝祠，放置节妇、烈妇、孝妇、贞女的牌位（邓琳《虞乡志略》卷三）。吴江县于乾嘉道间建立贞节坊 7 个，旌节坊 50 个（光绪《吴江县续志》卷七）。受到旌表的人很多，上海在同治以前表彰的节烈妇女已多达 3000 多人。有的宗族祠堂也给节妇贞女建立祠宇，并在家谱上大书她们的事迹，“一以阐幽，一以励俗”。

清代节孝牌坊

清朝政府和社会上层人士试图在经济上对寡妇有所接济，以免她们再嫁。一些地方官和绅衿组织恤嫠堂、安节局、全节堂、崇节堂、清节堂、保节堂、儒嫠局，这些堂、局有一些田产，给贫穷寡妇一些资助，或接受她们进堂生活。有的宗族给寡妇抚恤金，特别是在有义庄、赡族田的宗族内。如华亭张氏义庄规定，寡妇之家即使经济不拮据，亦按贫穷族人标准给予口粮、衣物（《张氏捐义田折奏附义庄条例》）。浙江永康县应氏宗族有恤嫠田百余亩，收入全给节妇贞女（俞樾《春在堂杂文四编》卷一）。有的地方给佃农寡妇以优待，如广东香山刘清的佃农死了，儿子尚幼，遗孀失去租地就无法维生，刘清为保持其“清节”，允许继续耕种，交不足地租也不追逼（卢文弨《抱经堂文集》卷三十四）。

寡妇的悲惨生活

社会恶势力的迫害，主流思想的束缚，产生了它的恶果——在妇女中造成许多悲剧。最惨的是殉夫制度。一些妇女在丈夫死后自杀相随，“不幸夫亡，动以身殉，经者、刃者、鸩者、绝粒者数数见焉。……处子或未嫁而自杀，或不嫁而终身”（同治《休宁县志》卷五）。如石埭县方坤死了，妻李氏自刎（康熙《石埭县志》卷七）。有的人本来不想死，但有人逼她改嫁，她为了保持贞节，以自杀来抗争。福建流行一首民歌说：

闽风生女半不举，长大期之作烈女。
婿死无端女亦亡，鸩酒在尊绳在梁。
女儿贪生奈逼死，断肠幽怨填胸臆。
族人欢笑女儿死，请旌藉以传姓氏。
三尺华表朝树门，夜闻新鬼求还魂。（俞正燮《癸巳类稿》卷十三）

控诉了宗法势力对妇女的迫害，揭示了寡妇被迫殉夫的一个社会根源。

清朝政府对殉夫现象，既赞扬，又有所保留。康熙二十七年（1688）以前，对于殉夫者多加表彰，这一年大学士等又题请旌表山西的烈妇荆氏等人，康熙帝因而说，“今见京师及诸省殉

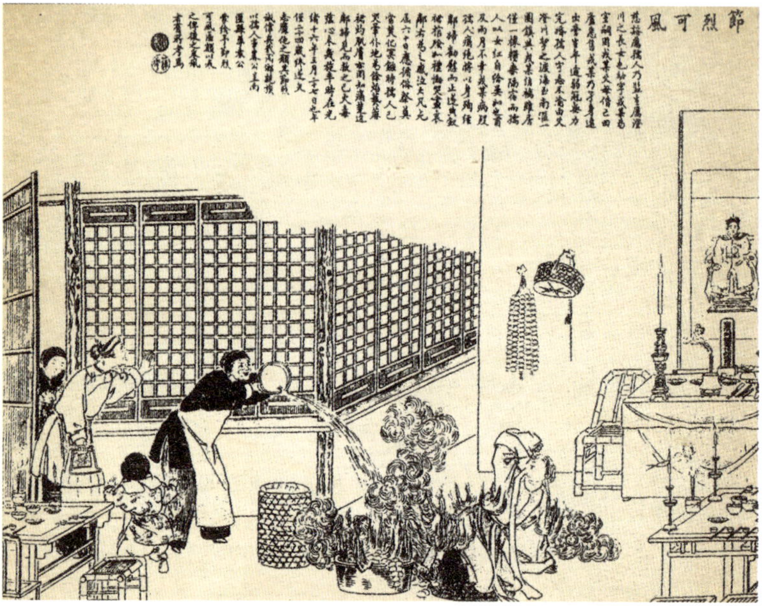

清吴友如绘《古今谈丛图·节烈可风》表现烈妇殉夫情景

死者尚众”，然而丈夫寿短，妻子何必自殒，这种轻生是反常的事，过去旌表，使死亡者“益众”，自今以后，严行禁止“王以下至于细民妇女从死之事”（《清圣祖实录》卷一三五），当然不再旌扬了。康熙帝表现了开明的态度。但是殉夫乃是“夫为妻纲”的产物和一种表现形式，这种思想和制度不改变，必然会有殉夫的现象。而它是“大义凛然”的事情，统治者觉得不表彰不好，到雍正六年（1728）就斟酌情形，表扬那种尤为节烈的。特例一开，地方官请旌的就多了起来，到雍正十三年（1735）闰四月的头几天，请旌表的节烈妇女就多至十数人（《上谕内阁》），于是再令劝谕妇女不要殉夫。清朝政府尽管不是那样积极倡导殉夫，但那时的婚姻制度决定了这是不可能根绝的现象。

守寡，是统治者极力提倡的，一部分被“忠臣无二主，烈女无二夫”思想控制了的妇女，“耻再嫁”（同治《宁国县通志》卷一），“知重名节，以再嫁为耻”（嘉庆《旌德县志》卷一）。守寡，对于没有独立经济的妇女来说，在富贵人家生活有着落，尚可维生，对贫穷人家，就极其困难了，所以有一部分寡妇要再婚，但是仍有一部分人身处贫贱，犹守空房。如武进郑马氏 29 岁丧夫，身边有三男一女，夫家、娘家都穷得“室如悬罄，无以度日”，好心人劝她改适，马氏表示“宁饿死，不改节”（《荥阳郑氏大统宗谱》卷二），终于把孤儿养大，可算是守寡者的典型。嫠妇不仅失却丈夫的爱，还受一些人的欺凌，生活艰难，备尝人间的辛酸，是人生的极大不幸。

守贞，又是守寡中最悲惨的事情。有的未婚妻在未婚夫亡故时殉情死去，有的到夫家，或在娘家守寡。如前述石埭县方坤妻李氏殉夫事，其子方启祥先方坤夫妇死，启祥聘妻林婉卿闻丧，来守孝，面上刺“守制”二字，表明誓不改嫁的决心。

未婚妻守贞已属离奇，更加惨怪的是广东的“慕清”。广东风俗，把未婚妻的不出嫁叫作“守清”，“原未许嫁而缔婚于已死之男子，往而守节，曰‘慕清’”。据说，有许氏少女向父母要求同意她慕清，双亲不答应，她说姐姐没有嫁着可心的丈夫，生活痛苦，二老也担心，设若我再遇到那样的人，不是让你们更难过了吗？而且我身体瘦弱，不能适应家务劳动，嫁出去也没有好处，找个死鬼做名义上的丈夫，我就可以安心生活了，要不然就出家做尼姑，那样名声反倒不好。她父母见她态度坚决，只得依从。恰巧有个姓陈的未婚男子死了，就把她“嫁”到陈家。陈家小姑和这个嫂子很处得来，虽已定亲，也把婚退了，求慕清在家（俞樾《右台仙馆笔记》卷一）。许氏女的那一番议论，说明在残酷的君主专制制度下，女子出嫁后可能遇到的种种不幸，因此，还不如独身的好。守清、慕清，是妇女丧失人生乐趣情况下的婚姻习俗。

未婚而守节，在社会上层，在读书人中也有不同的看法。有反对者，理由是：据礼法规定，未婚夫死，未婚妻列入齐衰之服，三年丧毕，就可以脱离关系了；再说婚姻包括一系列仪式，有定婚礼、结婚礼，未婚夫亡，即没有举行过结亲仪式，算不得真正夫妻。持这种观点的人认为守贞是诡僻的行为，不符合圣贤的礼教。嘉道时学者俞正燮说：

> 后世女子不肯再受聘者谓之贞女，其意实有难安：未同衾而同穴谓之无害，则又何必亲迎，何必庙见，何必酒食以召乡党僚友，世又何必有男女之分乎！

他认为赞扬贞女的人是贤者没有认真思考这些问题的缘故（《癸巳类稿》卷十三）。比较起来，还是倡导守贞的社会舆论强大。

清朝政府对于守贞既不反对，也不鼓励。“独室女未婚守节及以身殉者例勿旌”（尚书朱轼《朱文端公集》卷二）。规定是这样，然而旌表的贞女并不少。

总之，主流意识的提倡，是产生守贞、慕清现象的重要原因，即使俞正燮等反对守贞的观点，也是在圣贤规范里打圈子，并不能揭露君主专制社会制度压抑妇女的实质，因而很难起到制止守贞的作用。

守节者、殉葬者中，社会上层家庭的女子比较多。但是，下层妇女中有一种守节现象，当作深入分析。先看几个操持家务的孀妇事例：

宝山潘杨氏，“家贫，凭十指以给衣食，奉翁姑，孝养无缺”。

同县李周氏，“日治布以课子读”（光绪《宝山县志》卷十一）。

奉贤曹吴氏，“佣工奉姑，生养死葬，凡曹姓柩，无祀暴露，概为埋瘗”。

同县范沈氏，“抚孤耕织，营葬三世”（光绪《奉贤县志》卷十）。

金坛刘汤氏，“家无斗储，勤十指以给”。

同县史程氏，“日夜纺织，易布易粟”（民国《金坛县志》卷十）。

这类资料很多，在地方志的列女传里可以随手拈到。官修志书的作者利用她们的孝顺公婆宣扬三纲五常的道德伦纪。不论潘杨氏等人的行动是否出于主导意识纲常伦纪的支配，她们的行为本身却更重要。她们是贫穷的妇女，她们的劳动维持了由于男子死去而陷于绝境的家庭，她们尽到了自己的社会责任，使老人得其终，终而有葬，使儿童得其育，长而成人。这是有社会责任感者敬老养幼的美德。

妇女再婚现象的普遍存在

主流意识反对和阻挠寡妇改嫁，就表明这种事情中有不同见解。对于这个问题，社会上存在三种力量：一方面是阻挠女子再婚，一方面是要求再婚的权利，还有一种破坏妇女贞操的恶势力。

在清代，寡妇再婚的现象具有一定普遍性。在上海，“闾阎刺草之家，因穷饿改节者十之八九”（同治《上海县志》卷二十四）。改嫁的女子占到寡妇的百分之八九十，是绝大多数。再婚妇女是“失节”之人，为主导舆论所蔑视，所以她们的事情很难见于记载，偶尔在表彰节妇的时候，记下她们，以显示节妇气节的高尚。要之，记载少并不能改变寡妇普遍再婚的事实。

部分女子的再婚，在思想认识上有基础。允许、同情妇女再嫁的思想在下层民众中存在着。笔者见到一些寡妇、贞女的亲友劝其改嫁的资料，颇能说明问题。有的丈夫在弥留之际劝妻子在他死后改嫁，如太仓张祥麟对妻陶氏说：“家贫母老，生无所资，我死汝即嫁，第勿弃我母也。”（王宜畲《太仓州志》卷二十三）。有父母劝女儿改嫁的，有公婆劝寡媳出走的，有亲朋邻里劝再婚的，南陵吴懋馆妻任氏寡居，“家贫如洗，人皆劝其改适”（民国《南陵县志》卷三十五）。

从这些事例中不难发现，被劝改嫁的寡妇多是穷人，劝人改嫁的也多是穷人，可见下层民众与统治者对寡妇再婚问题看法不尽相同，下层民众认为寡妇再婚是可以理解的，是合乎情理的，应当被允许。他们对那些节烈之妇，在同情之中，也有所贬责。嘉庆时，浙江乌程有一个沈氏嫠妇，家贫而不改嫁，活活饿死，她的母亲和姐姐都是再婚的妇女，沈氏生前劝母亲不要改嫁，姐姐改适了就和她断绝往来。沈氏死后，她母亲说她“愚”，想不开，落得年纪轻轻死亡的结果。经她母亲一说，“于是里中人咸以愚妇目之”（张士元《嘉树山房集》卷十、张海珊《小安乐窝文集》卷四）。这表明社会下层民众认为贫苦守节乃至死亡是不值得的，对沈氏持否定态度，这与主流意识的观点形成了鲜明的对照。

在学者中也有人持有允许寡妇再婚的思想。俞正燮在《癸巳类稿·节妇说》中认为对寡妇应抱这种态度：“再嫁者不当非之，不再嫁者礼敬之斯可矣。”钱泳在《履园丛话·改嫁》中指出阻挠孀妇再嫁是“讲道学之误”，他说妇女是否再婚，应该“看门户之大小，家之贫富，推情揆理，度德量力而行之可也，何有一定耶！沈圭有云：兄弟以不分家为义，不若分之以全其义。妇人以不再嫁为节，不若嫁之以全其节”。他们同情因贫穷而再婚的寡妇，与社会下层的思想相通。他们是接近下层民众的贫儒，能够多少反映一点下层民众的思想感情。

强迫寡妇再婚与盗卖嫠妇的社会恶势力

为争取生存而再婚的孀妇是出于自愿，婚事的主动权基本上在她们手中，也有寡妇不愿结婚而被强制进行的，其中又有几种情形：

其一，因财产继承问题而被迫。清朝政府规定，寡妇改嫁，“夫家财产及原有妆奁，并听前夫之家为主”（光绪《大清会典事例》卷七八三）。即改嫁妇女不但不能接受前夫的遗产，连嫁妆也不一定属本人。因此，有的寡妇家拥有较多丈夫遗留的财产，她的族人为了霸占财物，就逼迫孀妇改嫁。江苏巡抚陈宏谋在乾隆二十五年（1760）发布的《保全节义示》中说："三吴恶习，妇女守节者亲族尊长中竟有无良之徒，或因有田产垂涎侵分，……多方逼逐，令其改嫁。"（《培远堂偶存稿》卷四十六）常熟顾晓岳妻潘淑清守寡，"族人觊觎遗赀，朝夕逼嫁"（乾隆《苏州府志》卷七十一）。

其二，为夫家所卖。有些贫穷人家，使寡媳出嫁，既可减轻家庭人口负担，还可得些财礼。宣城谈良逵之父卖寡媳稽氏，后者不乐意，也强迫出去（嘉庆《宁国府志》卷三十二）。崇明人瞿发，以七折钱 24 两财礼，把寡媳嫁给秦观受（中国第一历史档案馆藏档·内阁题本·刑科·土地债务类）。

其三，社会恶势力盗卖寡妇。松江南汇有"扛孀"恶习，即流氓勾结寡妇所属宗族的恶人，私自为孀妇立婚书，夜间抢人，强行嫁卖（光绪《南汇县志》卷二十）。

对于妇女再婚问题的两点认识

其一，再婚、守节是对立的行为，基本上是不同社会阶层的思想和行为。实质上守节是已故丈夫还在支配、统治活着的妻子。改嫁在社会下层民众家庭的女子中出现的比较多，是妇女要求生存、要求重建和争取幸福的家庭生活，它曲折地表现了社会下层的某种抗争。

其二，私有制既要求女子守节，又破坏妇女贞操。要求妇人守节为私有制所决定。有产者害怕寡妇再嫁，带走丈夫的遗产，所以阻止孀妇再婚，所谓“从一而终”的说教，不过是为这个经济利益辩解而已。但为了财产的继承，又有人强迫有财产的孀妇再嫁，则是从事破坏妇女贞操的行为。私有制使得人们对保持妇女贞操问题产生矛盾，从这个矛盾中，看不到所谓的神圣的贞操的必要和原则，它的原则与其说是保护妇女的贞操，毋宁说是以财产的转移破坏妇女的真正贞操。因此，传统社会下妇女也无真正的贞操可言，就此而言，女子要求再婚的斗争也是完全正当的，更不要说再婚本来就应该是女子的权利。

妇女生活与缠足风习

传统的君主专制社会中，财产属男子所有。社会主要财富，如生产资料的土地、牲畜、车船、农具、手工业器具以及生活上的重要资料房屋，都归男性家长所有。老家长亡故，财产由他的男性子孙继承。所以男子拥有生产资料，具有自己的经济。就是没有主要生产资料的佃农男子，也可以向地主佃种土地，也有自己的经济。老佃农亡故，儿子还可以继承他的租佃权。妇女与财产的关系，同男子的状况截然不同，她们本身处于丈夫财产的地位，哪里有什么自身的经济呢？穷家妇女，家中的财物都是家长的，本人别无长物。富室妻子，可能有较多嫁妆，甚至有一定数量的奁田，但是它在名分上属于丈夫，土地收入归丈夫家庭，而不属本人，她可能有一些首饰、银钱，但是不能独自用去投资生产，至多只能放债取利。妇女不能作为财产继承人，丈夫的遗产由儿子承继；没有儿子，丈夫的宗族也要为她有财产的丈夫立后，以承受家业，如果他们之间合不来，寡母也只能分得一小部分财产以维持她的余年生计。清朝政府规定的寡妇再嫁，要把包括她的嫁妆在内的所有财产留给夫家，说明她没有财产继承权。至于娘家财产，嫁女更没有分润的权利。如果娘家富有而婆家贫穷，娘家可能出于至亲情意给予周济，而不能有法定的财产继承权。从总的情况看，妇女没有自己的财产，不掌握生产资料，缺乏劳动手段，因而没有自己独立的经济。

农业是古代社会的主要生产部门，妇女参加一些农事劳作。徐珂辑的《清稗类钞·农商类》中说："男女并耕之俗，广东、广西、福建最多，江苏、浙江、江西、安徽亦有之，且有见于湖南者。"他所说的是八个省的部分妇女参加田间生产。康雍间官至侍郎的李绂到云南去，在荆襄至常德的路上，见"妇女皆徒跣，治田畴"，"与男子杂作水田中"（李绂《穆堂别集》卷十四）。可见湖南、湖北妇女下田并不稀罕。江南人方苞给他兄弟写信，说"余每见农家妇，耕耘樵苏，佐男子力作。时雨降，脱履就功，形骸若鸟兽"（《方望溪先生全集》卷十七）。他很不以妇女参加农业劳作为然，但这却是事实。大体上讲，长江流域及其以南地区，部分妇女参加农业生产。北方女子也有置身农事的，如河北蠡县人李塨在《恕谷后集》卷六所说，妇女"农时躬耨"。妇女从事的农活，因各地区农作物不同而有差异。在南方稻米生产中，女子从事插秧、除草、车水灌溉、收割打场等项活动。如松江府妇女"耘获车灌，率与男子共事"（嘉庆《松江府志》卷六）。

刺绣妇女

在北方，女子主要参加收获，如直隶玉田县妇女采棉摘豆，禾麦登场时在场上干活（光绪《玉田县志》卷七）。苏州人沈德潜的《归愚诗钞》有诗句“磨镰霍霍割上场，妇女打晒田家忙”，反映了南北各地妇人参加收割打场的事实。农业生产是繁重的体力劳动，也有一定的技术性，它的主要劳动力是男子，如关键性的技术活——选种、育种，最笨重的体力活——犁田、耖田，都是男子的事情，女子的劳动是在男子指导下进行的，是辅助性的，是农忙时补充男子劳动力的不足，因此她们不是农业主要生产者。

纺织业是传统社会的重要手工业部门，妇女是这个行业的主力军。女子在农忙以外，“暇则纺织”。蠡县农妇庞魏氏一天能织布一端。在纺织业中心之一的苏松地区，“乡村纺织，尤尚精敏”（嘉庆《松江府志》卷五）。农村家庭纺织业，大多是为自家消费，

汉官太太与小脚仆妇

只在商品经济和纺织业同步发展的地区，产品才较多地投入市场，取得货币补助家用，有时还可以养活自己，如乾隆时做过扬州知府的尹会一所说：苏松女子“七八岁以上即能纺絮，十二三即能织布，一日之经营，尽足以供一人之用度而有余”（《敬陈农桑四务疏》，见《清经世文编》卷三十六）。然而从全国看，从农家的全部收入看，女子的纺织，并未创造多大价值，一般也不成为家庭收入的主要来源，所以女子尽管是家庭纺织业的主力，但不能改变非主要社会劳动者的地位。

妇女还进行了其他的生产劳动。如南汇女子从事制盐业，健妇能负盐行百余里，“赖以给衣食”；钱塘女子络丝、褙纸、缝纫；刺绣、做针线的妇女又多些，如福建晋江人王命岳的母亲“日刺女红”，“每日操作至鸡鸣，约以日得钱十余文”，等等。这些大都是琐碎细小的服务性劳动。

总的看来，女子干活很多，很辛苦。农忙时务农，勉力从事繁重的体力劳动；农闲时日夜纺织；还有笨重、琐细的家务劳动。她们的辛勤劳苦，已为当时人所指出：“村妇之劳，甚于男子。”（同治《萍乡县志》卷一）但妇女的家务劳动，是为家庭，一般不直接创造社会财富，她们作为男子助手参加的一些生产活计所创造的价值，一般来说在家庭经济收入中不占重要比重，所以不掌握生产手段的妇女，没有独立的经济，生活上必须依靠男子，这就决定了她们在家庭中的被支配地位。

卖花妇女

讲到女子的生产劳动，很自然地联想到她们的缠足问题。缠足，是对女子身心的严重摧残。

徐珂编辑的资料说广东等省女子参加农作“盖其地之妇女皆天足也，常日徒跣，无异男子”。他看出从事田间劳动的妇女，和男子一样是大脚，没有包裹过。确实，长江流域及其以南地区女子天足的大有人在。顺治间，王沄到福建游历，见“泉漳之间，弓步绝迹”（《漫游纪略》卷一）。乾隆时，袁枚在所著《随园诗话》卷十中说：“江宁城中，每至冬月，江北村妇多渡江为人佣工，皆不缠足。”光绪间修的《奉贤县志》说该县十家村地方，

买扇页的缠足妇女

“务农者多，妇女不裹足，不避寒暑风雨”，能肩负致远。独逸窝居士辑《笑笑录》卷六录有《余墨偶谈》一则，说广西“乡村妇女率大足，肩挑负贩，与男子同”。妇女天足的地方，恰是她们参加农业生产的省区。相反，北方妇女下田少，弓足则多。钱泳在《履园丛话·裹足》里说：“足之小者，莫如燕赵齐鲁秦晋之间。”天足多参加田间劳作，裹足则多从事家务劳动，足的状况与劳动性质相关联，就不是偶然的巧合了。

裹足与否，汉族统治者认为是重大的事情，宋元以来，主导观念把缠足作为妇德、妇容的内容，认为只有三寸金莲的女子才可能有教养，才美丽。方苞把女子天足而又赤脚视作禽兽，极端鄙视，就是这种观点的反映。所以裹足与否，就涉及妇女的身份地位了。吴震芳在《岭南杂记》中说：“岭南妇女多不缠足，其大家富室闺阁则缠之，奴婢俱赤足行市中，下等之家女子缠足则诟厉之，以为良贱之别。”（转引民国《陆川县志》卷四《风俗》）钱泳在上述书中则说：“两湖、两广、云贵诸省，虽大家亦有不缠者。”在两广裹足成为大家闺秀的事情，她们不弓足的只是例外。主流意识最要求妇德、妇容，他们家庭的女子缠足就很自然了；一般人家的妇女要干活，讲究不得“妇容”，并不一定要追逐时尚的缠足；婢女贱妇，供人使役，她们的天足，倒可分出良贱，是以社会上不许缠足。裹足成了社会上层家庭女子的权利，天足是下层人家女子的本分。天足、弓足倒成为不同家庭妇女的分界线。缠足本来是对妇女的摧残，却变成了一部分女子的“权利”，事情的颠倒竟至如此！君主专制制度的腐朽，统治者道德的败坏，才产生这种奇奇怪怪的逻辑和恶劣的情事。

在裹足问题上，清初统治集团内部有不同的意见。满族统治者因本民族妇女是天足，在未入关以前，防止汉化，于崇德三年（1638）下令，禁止满族女子效法汉人缠足，否则治以重罪。入关以后，推行剃发、易衣冠法令，强迫汉人发式服饰满化，穿着满式服装，改用满式发型，并以此作为汉人归顺的标志，其中也包括禁止汉人女子缠足。顺治二年（1645）下令，自此以后，满汉人等所生女子不得缠足。康熙三年（1664）重申禁令，规定：若康熙元年以后所生女子违法裹足，其父有官者交吏、兵二部议处；兵民之家则交付刑部责 40 板，流徙；十家长不能稽察，枷号一月，责 40 板；该管督抚以下文职官员有疏忽失于觉察者，听吏、兵二部议处（《履园丛话》卷二十三）。立法如此森严，有类于“留头不留发”了。这与汉人士大夫思想和民情严重不合，推行不下

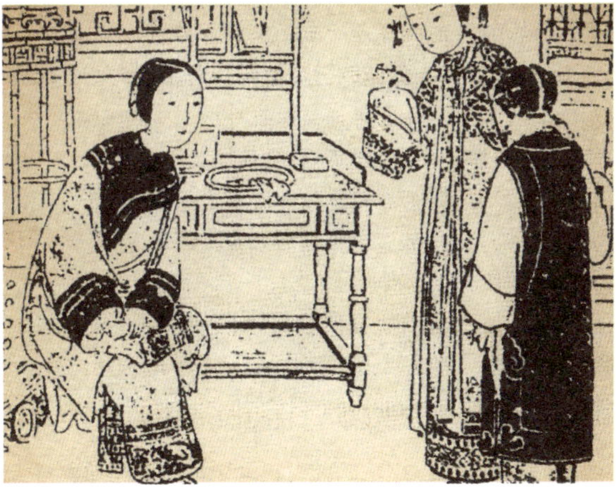

满族妇女查看汉族妇女小脚鞋

去，不得不于康熙六年（1667）松弛这项禁令（吴振棫《养吉斋丛录》卷二十五）。当时士大夫的抵触情绪，即从日后对王熙的讥讽可知。王熙在康熙五年至七年间任左都御史，上疏主张禁止缠足，并表示从自己家属做起。《桐荫清话》的作者为此写道："奏疏中有足发噱者，康熙中左都王熙疏禁女子缠足，首云'为臣妻先放大脚事'。"（《笑笑录》卷六）清初禁裹足之风过后，亦有有识之士表示对缠足的不满，钱泳、袁枚可为代表。钱泳认为裹足是人情所不乐意的事情，而"天下事贵自然，不贵造作"，应顺乎人情，不要提倡缠足。他还认为小脚与妇德、妇容没有关系，不必为此而束缚女子。他更认识到缠足有害于人的身体和国家兴盛，他说："妇女缠足，则两仪不完；两仪不完，则所生男女必柔弱，而万事隳矣！"他对缠足的历史作了考查，他说不是为考订而考订，因为这是"系于天下苍生"的大事，应当明了它的历史，从而消灭这种现象。钱泳从国计民生出发，对缠足呼喊出那个时代最清醒的强音。

缠足，从本质上说，是适应上层社会奴役、玩弄妇女的需要，是对女子的人身摧残；妇女要取得这方面的解放，只有到生产劳动中才能获得。这种体质的解放，同改变男尊女卑的社会地位相一致。

溺女风习与育婴堂的建立

溺女是女婴刚一坠地，就被淹死，它是清代社会相当流行的恶习。光绪四年（1878）翰林院检讨王邦玺缮写奏折，请求禁止民间溺女。他写道：

> 民间生女，或因抚养维艰，或因风俗浮靡，难以遣嫁，往往有淹毙情事，此风各省皆有，江西尤盛。该省向有救溺“六文会”章程，行之多年，全活不少。无如地方官奉行不力，致良法未能遍行，请饬责成州县劝办。

清朝因此发出上谕，要求江西巡抚刘秉璋督促州县官认真办理六文会，并晓谕居民，“嫁娶务从简俭”，以清除溺女之源，还令咨行各直省督抚，一律照此办理（《大清律例新增统纂集成》卷二十八）。这个奏折和上谕，全面涉及了溺女现象产生的原因、状况、拯救办法，下面就来谈谈这些具体问题。

诚如王邦玺所说，溺女是风行全国的事情，兹就笔者所见资料，列表以明之。

地区	状况	资料出处
江西于都	溺女相沿已久，皆以为当然	同治《雩都县志》卷五《风俗》
宜黄	民俗多溺女	孙星衍《平津馆文稿》下《连江知县王艺山行状》
乐平	生女辄溺之	嘉庆《松江府志》卷五十七《朱衮传》
石城	溺女，邻邑皆然，石为甚	道光《石城县志》卷一《风俗》
兴国	溺女之俗由来已久，目下为少	同治《兴国县志》卷十一《风俗》
浙江金华	江右风俗多溺女，浙江而金华尤盛	钟琦《皇朝琐屑录》卷三十八《风俗》
永康	俗产女多溺	嘉庆《松江府志》卷五十七《沈藻传》
浙东	吴恩诏任金衢严道，禁当地溺女	民国《歙县志》卷三《官迹》
镇海	俗生二女辄不举	光绪《嘉定县志》卷十六《张骏业传》
永嘉	奁资盛而女溺	光绪《永嘉县志》卷六《风俗》
长兴	俗多溺女	光绪《锡金县志》卷二十五《顾璞传》
安徽和州	俗多溺女不举	民国《吴县志》卷六十八《宋思仁传》
泾县	同上	嘉庆《泾县志》卷十九《懿行》
芜湖	风俗喜男厌女，弃者众	嘉庆《芜湖县志》卷二十《育婴堂碑记》
宁国府	俗多溺女	光绪《嘉定县志》卷十六《程候本传》
旌德	女多辄不举	嘉庆《旌德县志》卷一《风俗》
徽州府	俗多溺女	道光《徽州府志》卷十二《余铭传》

续表

地区	状况	资料出处
铜陵	旧习产女有勿举者，近严溺女之禁	乾隆《铜陵县志》卷六《风俗》
福建尤溪	俗生女多不育，相效淹溺	乾隆《尤溪县志》卷九《恤政》
古田	其俗溺女	同治《上元江宁两县志》卷二十四《叶世纪传》
漳州	俗多溺女	乾隆《尤溪县志》卷九《恤政》
湖南常德府	彭希政任知府，禁民溺女	民国《吴县志》卷六十八《彭希政传》
广西陆川	嫁女者多厚妆奁，中人以下之家因而溺女	民国《陆川县志》卷四《风俗》
江苏句容	产女者多溺之	光绪《句容县志》卷十《曹之辛传》
苏州府	吴俗溺女火葬	光绪《锡金县志》《耆硕传，华久藻传》
高淳	溺女风习之酷烈，无如淳者	光绪《高淳县志》卷二十一《溺女戒》
吴县	地多溺女	民国《吴县志》卷七十《葛以位传》

表中所列七省的府县，无疑是溺女风习严重的地方，其他区域的情况，由下面将要叙述到的各地针对溺女而设立的育婴堂一事，亦有所透露，惟是笔者阅读载籍尤其是方志不广，不得其详。

何以造成民间溺女呢？诚如王邦玺所说——“抚养维艰”。嘉庆间修的《绩溪县志》说，“贫者生女多不举”，贫乏人家现有人口都难以生存，再添女婴，生计更不好维持，只能忍痛淹毙。

但是何以只溺女而保存男婴呢？所以上面讲的只是一个基本原因。清代社会风气重陪嫁，女儿到了婆家，没有像样的嫁妆，令人看不起，还要受公婆、妯娌、小姑的气，不破费办嫁妆也不行。与其到那时破产陪嫁，不如不要养活了。这就是王邦玺所说的“风俗浮靡，难以遣嫁”，故而成为溺女的一种原因。光绪帝上谕的“嫁娶务从简俭”，也是看到婚姻破家与溺女的关系。溺女盛行的地方，对这个问题更清楚，所以同治《雩都县志》说：“为制奁之艰而甘为杀女之事。”有的地方，佃户嫁女儿，要先向地主送银子，名曰“河例”，佃户为免除这种负担，多溺女婴（《吉安府志》卷三十六《义行》，转引自傅衣凌《明清农村社会经济》）。

男子结亲更费财，为什么单单溺女呢？在这里财产继承制和重男轻女的思想起着重要的作用。传统社会家庭财产由男性子孙继承，每个家庭需要养活男性后人，再穷也要有个接烟火的人啊！而女儿是要嫁出去的，总是人家的人。因此对于家庭来说，女儿并不是必须有的，由此产生重男轻女思想。在生活困窘、养男养女只能取其一的时候，权衡轻重，就留男而弃女了。在这种思想支配下，溺女就是很自然的事了。还有的家庭，头几胎生的是女孩，而家长们盼望早日抱儿孙，认为哺育女婴妨碍迅速受孕，于是立即处理掉女婴。这就是乾隆年间编修的《泾县志》所写的“泾俗贵男贱女”，“嗣艰者冀目前之速孕”，就淹溺女婴了。

溺女陋习的流行，使人口中女子少于男子。清季普查人口，据《清朝续文献通考》所载的北京、顺天府、吉林、黑龙江、直隶、山西、浙江、江西、四川、贵州等地的统计数字，男口均多于女口 10%以上。人口性别不平衡，关系到人类本身的发展，所以成为一个社会问题。这虽是清末的统计，但男多女少的现象不是到这时才冒出来的。在此以前，统治者已感到溺女问题的严重，一些地方官采取命令的方法，禁止民人溺毙女婴。乾隆时尤溪令吴宜燮“出示严禁”溺女，并“作歌晓谕”，希望民人知晓溺女的害处和官府的态度（乾隆《尤溪县志》卷五）。嘉庆时金华知县刘陆遵因俗多溺婴，“为立条约，时于地方耆老谆切劝戒，并捐产创建育婴堂，以恤贫困”（《武进西营刘氏宗谱》卷六）。有的官僚和士人做了禁止溺女的宣传，如翰林院侍讲施闰章作《溺女歌》，劝人存女为善，载在他的《愚山先生别集》中。有的宗族宗祠和上层分子也参与这项活动，如益阳熊氏宗族特作《溺女戒》，作为宗规要求族人遵守。它以歌谣的形式，对溺女的种种糊涂观念，如养女破家、养女妨碍生儿等，一一予以驳论，如说：“若云养女至家贫，生男岂必有怡亲。浪子千金供一掷，良田美宅等埃尘。”生子不一定能保家、发家，何必总看着嫁女赔钱。又说：“若云举女碍生儿，后选迟速谁能知？”又针对穷人溺女，说：“贫者杀女终不富，家无担石身无裤。”（《熊氏续修族谱》卷首《家训》）道理不一定讲得透彻和准确，但发人深省。

地方官和士人的劝禁溺女的规定和宣传，记载上述那些人的业绩的文字，都说收到了良好的效果，“媮风因以稍革”，“陋俗一变”。实际是在短时期内，该地溺女者减少一些。所谓“俗尽革”，则是美化劝禁者的过甚之词。其人去后不久，溺女又在那里流行起来。盛行溺女的金华府，早在明朝嘉靖年间兰溪令李昭祥就在禁止，并且规定养了三个女孩的，就给予免除差徭的优待，当时出现“无弃女者”的局面（光绪《华亭县志》卷十四）。但是后来沈藻、吴恩诏等还在那里禁止，直到清末钟琦说金华溺女严重，可见终明清之世，当地始终流行溺女的恶习，只不过有时候略为好一点。在宁国府，乾隆初知府程候本“开诚谕禁，陋俗为变”（光绪《嘉定县志》卷十六）。究竟变没有变或变到什么程度，同治间修纂的《宁国县通志》说，“弊俗相沿，莫盛于停丧、溺女二事”，揭了这个底。

君主专制社会的财产继承制度、租佃制度和赋税制度下的人民贫困、贵男贱女的观念，婚姻仪礼的奢华糜费，这些制度和风习不改变，溺女现象只能长期持续下去。它不是某一项法令能解决的，也不是靠激发天良能奏效的。道光间，梅曾亮明确地指出，溺女“非法所能禁”，因为“腹饥不得食，肤寒不得衣，虽慈母不能保其子”（《柏枧山房文集》卷十一）。他承认人们为了经济的缘故而溺女，不像某些官僚只责备民心而回避严肃的社会问题。不过梅曾亮并没能从根本上提出救弊良方，他只是在建立育婴堂上打主意。好吧，现在就来考察这项办法。

设立育婴堂、六文会之类救济机构，是从经济上资助贫人，促其养育女婴。清代育婴机构的建立，较早地出现在扬州、北京、通州、绍兴、杭州、苏州等经济、文化发达的地区（民国《吴县志》卷三十）。康熙四十五年（1706），左副都御史周清原鉴于溺女严重，奏请各省建立育婴堂，“以广皇仁”，得到康熙的批准，命疆吏留心承办（《清圣祖实录》卷二二四）。这一决定促进了地方官对建设育婴堂的热情。许多州县官和地方绅士结合，捐钱，捐田，或拨给部分公田、公费，作为育婴堂的固定资产，从而把它建立起来。育婴堂多半由绅士管理，地方官监督，如安徽怀宁育婴堂，先于乾隆十一年（1745）由巡抚潘思榘、安庆知府赵锡礼、知县陈间仪捐金募建，后于道光二年（1822）由布政使陶澍等捐银置田，望江县监生周锡荫等捐钱发典生息，开始时“绅士董其事”，次由候补官在堂经管（道光《怀宁县志》卷十）。常熟县的育婴堂，“绅士为监堂，生员为董事”（光绪《常昭合志稿》卷十七）。

育婴堂必有田产可收租，或兼有银钱放债取利。前述怀宁育婴堂每年可收息银3700两，租谷263石。奉化育婴堂始建于嘉庆，至同治末，有田1400多亩，岁收谷11万8000斤，钱6484千文，到光绪二十九年（1903），产业增至田1868亩，山210亩，地52亩（光绪《奉化县志》卷三）。江西溺女严重，然而育婴堂的规模并不大，萍乡县城育婴堂，每年可收租近400石，归圣乡、长丰乡等六个乡坊各立育婴堂，收地租。但到同治间财产损失，县育婴堂只剩房三间、田十余亩（同治《萍乡县志》卷二）。产业甚少，无法办堂，正是在这种情况下，王邦玺才强调办六文会。这个会章规定各村设立股份，由民人认购，每股每月交钱六文，100股可得600文，以给本村贫民养女之家。

育婴堂立有规则，条具抚养女婴的办法。有的堂备有房舍，将弃婴收留在堂，雇乳妇喂养；有的把女婴交给乳妇带回家抚育，按月发给生活费。无论在堂与否，均给衣服。如松江府育婴堂把女婴放在佃户家抚养，给予钱米，管理人每月初到佃家验视。因此陈金浩在《松江衢歌》中咏道：

> 水云亭畔义堂开，不复传闻虎乳孩。
> 记得城东收弃子，佃农月旦望门来。

育婴堂在各地设立，无疑救活了一些弃婴，做了好事。但是各地育婴堂受着经济来源不稳定的制约，堂田时存时没，难于一贯坚持，所以办办停停，甚至在一些地方仅是昙花一现。即使在开办期间，它的有限经费，对于众多的贫困人家的嗷嗷待哺的男婴、女婴来讲，也远远不能满足需要，所以它常常是统治者“善行”“仁政”的点缀，而不能解决溺婴的社会问题。是以有清一代，溺女之风踵相流行。但是，育婴堂是社会慈善事业的一种，对本无社会保障事业的传统社会而言，育婴堂的问世，是社会前进的一种表现。

袁机“遇人不淑”的不幸婚姻

袁机（1720—1759），为世称“袁家三妹”之一，是18世纪文坛领袖之一袁枚（1716—1797）的三妹，另外两妹是四妹袁杼、堂妹袁棠（1734—1771），三人都是才女，“而皆多坎坷，少福泽”（袁枚《随园诗话》卷十），袁机尤其不幸。为什么会不幸，这是本文在交代她的生平之外，所要探讨的问题。

袁树《哭素文三姊》并序

笔者检索部分文史方面的论文索引，未见近人有研究袁机的述作，偶见于辞书的释文，讹误甚夥，故而不惮其烦，先说明记载她历史的原始文献。

有关袁机的历史资料不多，仅在一些著作里有她的小传及片言只语，这些图籍是：光绪《杭州府志》；《清史稿》；嘉庆《如皋县志》；袁枚《小仓山房文集》《诗集》《随园诗话》；袁机堂弟袁树《红豆村人诗稿》；袁杼《楼居小草》；袁棠《绣余吟稿》；袁机外甥陆建《湄君诗集》；施淑仪《清代闺阁诗人征略》；蒋敦复《随园轶事》；徐世昌《晚晴簃诗汇》等。

这些书中，惟袁枚的著作涉及袁机史事较多，而袁机堂弟袁树于乾隆二十四年（1759）袁机死后所作的《哭素文三姊》（有序）（《红豆村人诗稿》卷四）有事实，有评议，诚可先抄录出来，以便读者对袁机其人有个印象。

诗、序原文如次：

姊讳机，字素文，别号青琳居士，存斋兄胞妹也。静

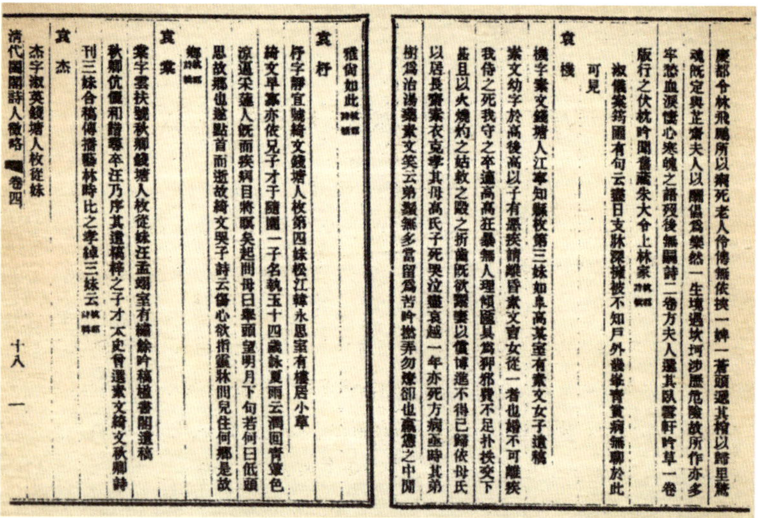
廣都令林飛颺所以痛死老人伶俜無依挾一婢一蒼頭遷其棺以歸里驚
魂旣定與芷齋夫人以關倡爲樂然一生境遇坎坷涉歷危險故所作亦多
牢愁血淚懷心喪魄之語歿後無嗣詩二卷方夫人還其臥雲軒吟草一卷
版行之伏杭吟閨舊藏朱大令上林家
淑儀案筠關有句云盡日支牀深擁被不知戶外發靑黃病無聊於此
可見
袁機
機字素文錢塘人江寧知縣枚第三妹如皋高某室有素文女子遺稿
素文幼字於高後高以子有惡疾請離昏素文曾女從一者也婚不可離疾
我侍之死我守之卒適高高狂暴無人理傾匳具爲狎邪費不足扑挾交下
甚且以火燒灼之姑救之毆之折齒旣欲鬻妻以償博進不得已歸依母氏
以居長齋素衣克孝其母高氏子死哭泣盡哀越一年亦死方病亟時其弟
樹爲治湯藥素文笑云弟無多嘗留爲苦吟撚弄勿燎卻也病憊之中閒
雅尙如此
袁杼
杼字靜宜號綺文錢塘人枚第四妹松江韓永恩室有樓居小草
綺文早寡亦依兄子才于隨園一子名執玉十四歲詠夏雨云濕回靑簟色
涼逼采蓮人旣而疾病目將瞑矣起問母曰舉頭望明月下句若何曰低頭
思故鄉也遂點首而逝故綺文哭子詩云傷心欲指靈牀問兒住何鄉是故
鄉
袁棠
棠字雲扶號秋卿錢塘人枚從妹汪孟翊室有繡餘吟稿盈書閣遺稿
秋卿伉儷和諧舉卒汪乃序其遺稿梓之子才太史曾選素文綺文秋卿詩
刊三妹合稿傳播藝林時比之李緯三妹云
袁杰
杰字淑英錢塘人枚從妹
清代閨閣詩人徵略 卷四 十八 一

《清代闺阁诗人征略》中关于袁机、袁杼姊妹的记载

好渊雅，有不栉进士之目。归如皋高氏，遇人不淑，抑郁终身。今年十一月十三日终于随园，年四十。合族齐悲，众口同叹。先是姊病时，余随兄俱至维扬，闻信奔归，姊已气绝。殓后三日，余又匆匆渡江，客旅以墨和泪，制哀辞四章。

解读诗书性最淳，每从谈论见丰神。
若为男子真名士，使配参军信可人。
宝镜竟同残月缺，芦帘空掩落花春。
纵教史书传遗迹，已负从前金粟身。

犹记床中病卧余，珊珊玉骨影清癯。
持家尚替兄筹策，煎药还为弟惜须。（姊病笃时，余亲执汤药，姊笑谓余云：“弟须无多，当留作苦吟捻弄。”盖用李勣故事。委顿之际，其闲雅尚如此。）
病识事烦容婢懒，坐嫌力弱倩人扶。
多愁薄命兼难老，如此伤心世恐无。

少守三从太认真，读书误尽一生春。
无家枉说曾招婿，有影终年只傍亲。
荡子已亡方掩涕，慈姑犹在更伤神。
灵前剩有痴顽女，也着麻衣学谢人。

高堂垂白泪双流，弱女伶仃未解忧。
教养竟交孀姊替，晨昏添与阿兄愁。

频搜奁箧收遗稿，略剩珠玑见远谋。

更恸生无佳偶配，死犹孤冢各千秋。

袁机自撰的《素文女子遗稿》，研究者当然也可以把它当作其作者的历史资料来应用。

“不栉进士”与“遇人不淑”

袁树说袁机“有不栉进士之目”，而“遇人不淑，抑郁终身”。确乎如此，袁机是有才华的女性，但嫁了糟糕的丈夫，忧郁而亡。

袁机，浙江钱塘（今杭州市）人，康熙五十九年（1720）生在读书人的家庭，父亲是一位幕宾，在湖南、云南、广东、福建等地为地方官做幕僚，没有机会和子女在一起生活。母亲章夫人是知识女性，闲暇爱读唐诗，但大部分时间忙于家务，做针线补贴家用。哥哥袁枚比她大四岁，家里虽穷，但是请教师指导袁枚读书。袁机在这样的家庭环境里，自幼喜好读书，有时随袁枚听老师讲课，学到很多历史知识，练习写诗。她生得白皮肤，高挑身材，端庄秀丽，是才貌双全的姑娘。

乾隆七年（1742）袁枚庶吉士散馆分发江苏做知县，家庭经济好转，袁父不再处幕，到儿子衙门生活，大约袁机也跟着到了江苏，1744 年就住在袁枚的沭阳县衙署。

早在袁机 4 岁的时候，袁父给她订了亲。原来袁父在如皋

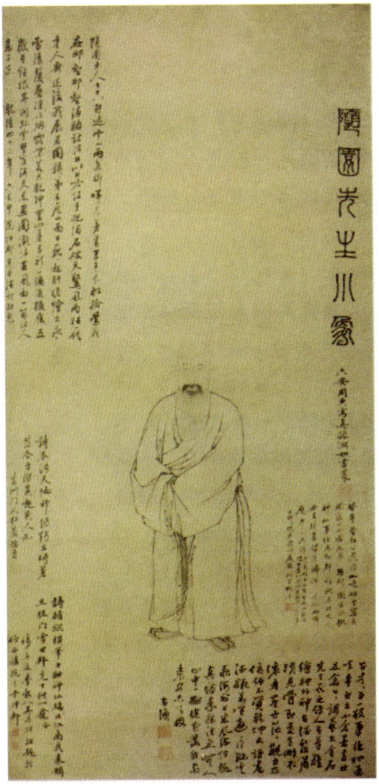
袁枚画像

人、衡阳令高某处做幕宾，1723年高某死，有亏空，妻孥下狱，其弟高八解救不成，业已离开衡阳的袁父赶去救出原东家家属。高八为感谢他的情义，说你三女儿没订亲，我妻现有身孕，若生男儿，愿结为亲家，袁父答应了。高家果然生了男孩，送来下定的金锁，袁家给袁机戴在脖子上，亲事正式确定了。

高家的儿子叫绎祖，相貌不扬，矮小弓背，斜眼，性情暴躁狠毒，不走正道，高八气得把他打得死去活来，感到若为他成了亲对不住袁家，于是伪称孩子有治不好的病，商量退亲。袁机认为女子只能从一而终，表示：夫婿有“疾，我字（侍）之；死，我守之”（光绪《杭州府志》卷一五四、《清史稿》卷五〇九）。她同时拿着金锁啼哭，不吃饭，她的父母没了主意。后来高家又来人说明高绎祖不成材的实情，希望袁机不要往苦海里跳，但她“闻如不闻”，坚持不退亲。1744 年从沭阳到如皋成了亲，时年 25 岁。

毫无疑问，袁机婚嫁时对婚后生活会有较多考虑，诸如如何做贤惠媳妇、妻子，如何适应新的生活环境。她在后来袁棠出嫁扬州时赠诗说：

> 此去蘋蘩填所司，西湖花鸟莫相思。
> 同怀姊妹怜卿小，珍重初离膝下时。
> ……
> 学罢杭州大梳裹，又弯新髻插琼花。（《素文女子遗稿·送云抉妹归扬州》）

告诫小妹要尽子媳、妻室的责任，要学会婆家扬州的生活习惯。她早知高绎祖人品不端，更会想到如何克尽妇道。所以孝敬婆母，深得婆婆的喜爱。而高绎祖残酷地虐待她，她则逆来顺受。高绎祖不愿意见她做针线，她就停止女红；高绎祖不要她写诗词，并把她的作品毁掉，她则不再吟哦；高绎祖赌博，拿她的嫁妆做赌资，输光了，拿棍子打她，拿火灼她，对她手打足踢，婆母来阻止，高绎祖竟把母亲牙齿打折；更严重的是高绎祖还要把她卖了抵账。袁机被逼无奈，一面逃到尼姑庵，一面请人报告娘家。她的父亲赶到如皋打官司，判决离异，把袁机领回杭州老家，这大约是 1748 年的事。

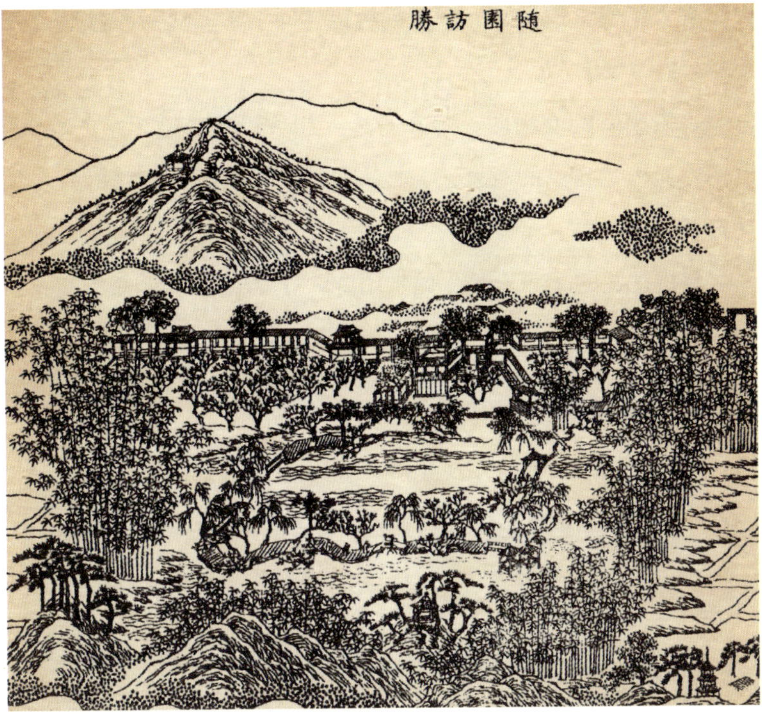

《鸿雪因缘图记·随园访胜》所描绘的随园景色

袁枚于1752年定居南京随园，举家迁徙，袁机随同到达。她因没有丈夫，几乎按照寡妇的生活规范来生活，穿素色衣服，不理发，不化妆，不听音乐，遇到时令节日偷偷地哭泣。不吃荤腥，吃斋，大约这时取别号青琳居士，表示在家修行。

袁母章太夫人健在，袁机以侍养母亲为职责，寄居在哥哥家里，有时帮着料理家务。每当章太夫人、袁枚生病时，袁机精心照料，讲说各种故事，替他们解闷消烦。因为她才识高明，有许多掌故袁枚听着都很新鲜，受到教益，有时请她代写书柬。家里人读书识字也常请教她，因此袁枚以“问字举家师”形容她（《小仓山房诗集》卷十五）。

袁机生有哑女阿印，带在身边，想方设法教她识字、绘画，以便她能表达自己的意思，与他人交流，生活下去。袁机为女儿耗费了大量心血。

袁机把她的凄凉之苦，偶尔用诗歌抒发出来。《闻雁》写道：

> 秋高霜气重，孤雁最先鸣。
> 响遇碧云冷，灯含永夜清。
> 自从怜只影，几度作离声。
> 飞到湘帘下，寒夜尚未成。

透露出自身如同孤雁哀号的心情。《偶作四绝句》之一云：

> 归梦隔扬州，空庭雨不休。
> 女娇频乞果，婢小懒梳头。

写出不同身份小儿女情态，入木三分。另一首云：

> 难分千日酒，且煮六班茶。
> 怕引游蜂至，不栽香色花。

把逃避世人注目的心态呈现出来。离绝后袁机作诗三十余首，死后由袁枚编辑刊刻，题名《素文女子遗稿》，收入《小仓山房全集》中，为“袁家三妹合稿”之一，有1891年印本；又被收到《随园全集》中，有1918年上海文明书局刻本。袁机的诗在意境中蕴含着哲理，表现出她的思维和文字才能。

前述袁机在形式上离异了，是说她身子走出高家，心却没有完全离开。她惦记婆母，写出《寄姑》表示感念的心情：

> 欲寄姑恩曲，盈盈一水长。
>
> 江流到门口，中有泪双行。

有时托人给婆婆带去食品衣物。对于丈夫多少有一点恨意，如在《感怀》中所说：“回首夕阳芳草路，那堪重忆恨悠悠。”但还是把他当作丈夫看待，所以1758年高绎祖死讯传到南京，写出《追悼》诗，方才明白他们的婚姻是真正地结束了，所谓“死别今方觉”“牉合三生幻，双飞一梦终”。次年她也得病亡故，享年40岁，葬在江宁瑶芳门外元山。女儿阿印由袁枚抚养，长大后出嫁。

袁机另作有《列女传》三卷，惜未传下来。根据她的为人，可以想象这是为三从四德女子作传的书。

陆建评论袁机：

> 白雪裁诗陪道蕴，青灯说史侍班姑。
>
> 贤明岂但称闺秀，儒雅难逢此士夫。（《湄君诗集》卷下《哭从母》）

把袁机比作谢道蕴、班昭有点过誉，但她们确是一种类型的才女。不仅如此，袁机还是有识见的人，她若是男子，不会只是诗人，还会是贤能的官绅。恰恰因为她的传统伦理思想太严重，信守指腹为婚的荒唐姻缘，嫁给恶人，招致后半生的不幸和早亡。淑女嫁中山狼而不能自拔，命运就这样捉弄袁机。这是为什么？

“无家叹我姻缘恶”

这句诗出自袁机之手，是她悼念袁枚的陶姓妾写的《挽陶姬》中的一句。这里有两重含意，一是婚姻的不幸，二是由此而来的成了无家之人。因为嫁出去的女子不再是娘家的家庭成员，成了夫家的人，所以出嫁叫“于归”。袁机离开高家，回到娘家，这时的娘家只是投靠栖留处所，不是真有家庭。袁树说的“无家枉说曾招婿，有影终年只傍亲”，明确表明袁机无家。徐世昌编《晚晴簃诗汇》选有袁机诗，在介绍作者时说她“所适非人，归依母氏以终”，也含有袁机后半生无家的意思。“无家”，本来人人应有家庭，而袁机连家都没有，不幸到了极点，究其根由在于婚姻的失败。

对于袁机的婚事，当时的人有两种看法，一是同情，另一种是讥笑。从文献上看前一种人居多，而实际上的绝对人数，也许是后一类人更多。

合肥女子许燕珍读了《素文女子遗稿》，很为她的婚配鸣不平，写道：

彩凤随鸦已自惭，终风且暴更何堪！

不须更道参军好，得嫁王郎死亦甘。（许氏著有《鹤语轩

集》；这首诗转引自《随园诗话》）

就是说像袁机这样的淑女嫁不了才华出众的鲍照，至少也要许配给谢道蕴不满意的丈夫、中庸之才的王凝之这类人吧，可惜她都不能得到，怎么能死而无恨。袁棠在《哭素文三姊》中说“半生辛苦狂夫怨”，在同情她三姊时，痛骂三姊夫是“狂夫”。陆建在《哭从母》中有“生教无计奈夫狂”句。袁棠、陆建指责高绎祖为狂夫，实在是忍无可忍，因袁机夫妇尽管离异，但高绎祖毕竟是袁棠姊夫、陆建姨父，他们不恨极了不会骂人，因为这究竟与礼法不合。

陆建说袁机离婚之后，“合族笑姨痴”。因为结婚以前高家已经说明高绎祖的恶劣品行，可是袁机偏偏遵循从一而终的信条，往火坑里跳，终于闹到离异的惨境，这不是自找的吗！不是发呆傻吗！仅仅是指腹为婚一说，何况男方家长主动提出解除订婚约，若那时退亲，一点也不亏于礼法，而袁机不根据实际情形，偏要坚持婚约，实践从一而终的信条。袁氏家族中许多人为袁机的傻气而惋叹，也是符合情理的。把坚持这种贞节观认为是办傻事的，不只是袁氏家族中的一些人，社会上也大有人在。前面《旌表贞节与寡妇再婚》文中所提到的浙江乌程沈姓孀妇不改嫁活活饿死，被邻里看成是“愚妇”就是显例。

同情袁机的人，可惜的是她的人才，认为是鲜花插在粪堆上，糟踏了；讥笑她的人是认为她过于迷信从一而终，不值得，也是认为她是高人，太可惜了，同样含有同情的成分，所以两种看法的人有个共同点，即都为她惋惜。

袁机为什么会有惨不堪言的悲剧，她以为是天命，是天的安排，是她命中注定的，所以在《追悼》诗中说："旧事浑如昨，伤心总问天。"又在《随园杂诗》写道：

> 草色青青忽自怜，浮生如梦亦如烟。
> 乌啼月落知多少，只记花开不记年。

一切认命，活一天算一天。袁枚有时也把妹妹的遭遇看作天意，在《哭三妹五十韵》中说"天高不鉴之"，但是他比袁机清醒，认识到妹妹的行为，是读书后按照义理去做吃的亏。因为袁机自幼跟随袁枚听课，"爱听古人节义事"，长大了，自身去实践，倘若她不读书识字，"或未必坚贞若是"。袁枚基于这种考虑，责备自己读书，带累了妹妹。袁枚看到书中节义教育对袁机的作用，无疑是符合事实的。不过说得深刻而又简练的，还是袁树的"少守三从太认真，读书误尽一生春"的话。袁机的悲惨命运，不是老天安排的，无可改变的，而是她本人读书，自觉接受三从四德的说教，葬送了终生幸福。

这么说是咎由自取了，对这不幸的人还要横加指责？不然，是那种社会教育，那种社会制度造成的，袁机是那种教育的忠实信徒，因而也是当然的受害者，而受害者其实又何尝是她一个人呢！

“女子无才便是福”

袁枚因袁机的不幸，沉痛地说“斯真所谓女子无才便是福也”（蒋复敦《随园遗事》）。他原是不信“女子无才便是福”的，这是痛苦极了，从反面悟出这个道理。人们有时把女子有才华看作不是她本人的好兆头，相反“佳人薄命”。袁杼的《哭素文三姊》咏叹：“似此才华终寂寞，果然福命误聪明。”人伶俐了，反而福命俱无。陆建《哭从母》中也说“谁信有才真命薄”，真是信不信由你了！

袁机那个时代，许多才女命途多舛。比她早一点的一个同乡叫童大姑，字克敦，“七岁解《内则》，十七适高某，无才志，童时时讽谏，形诸歌咏，皆刺血以书，冀夫感动。二年，郁郁死。遗诗一卷，大都讽夫思亲之语”（光绪《杭州府志》卷五十一）。刺血写诗谏夫，丈夫不理会，郁闷中迅速死亡。她大约唯一比袁机好一点的是没有遭到丈夫的毒打。袁机的一位章氏姨妈，“嫁非其偶”，不时念出“巧妻常伴拙夫眠”的诗句（《随园诗话》），以抒发胸中的愤懑。“巧妻常伴拙夫眠”岂止章氏念叨，已成为流传社会的常用语。

所谓“女子无才便是德”，“女子无才便有德”，“女子无才便是福”，原是传统礼教不让女子有才能，害怕女子才大违背三从四德，所以历代统治者大加宣扬，清代也不乏其传播者。梁绍壬在谈到“女子无才便是福”时，说一位官绅老爷讲：闺秀即使作出好诗，流传到社会上，被选家收进书中，在编排体例上，必定是放在僧道诗人的后面，娼妓诗人的前头。在这两类人之间，把自己置于什么地位了！所以还是没有文采、不会作诗的好，否则出乖露丑。梁绍壬认为这话虽说得刻薄一点，但却很有道理，因此奉劝玉女不要成为闺秀，更不可把诗词刊布出去（《两般秋雨庵随笔》）。《红楼梦》里大观园小姐们也深以此为惧，她们起诗社，吟哦作句，被贾宝玉传抄出去，又被好事者刊刻了，林黛玉、贾探春就责备宝玉："你真正胡闹，且别说那不成诗，便是成诗，我们的笔墨也不该传到外头去。"可见大家闺秀忌讳把诗作传到社会上去，以免遭到侮辱。"俗称女子不宜为诗"（《随园诗话补遗》），大约这是主要原因吧。

"女子无才便是福"是压抑妇女的言论，是传统伦理卫道者所宣传的，本来没有道理，可是以奖掖后进为己任，收了十数名女弟子，把三个妹妹诗作椠刻出来的袁枚为什么也无奈何地表示出一点信服的意思呢？

才女不幸、佳人命薄的社会现实，使人感到女子无才便是福，因为无才就会服服帖帖地生活，不遭人忌，也无抗争，倒不招社会摧残，不遭受丈夫荼毒，不至于短命夭亡，不至于夫死非要守节，无知无识者的生活要痛快一些，总比才女活得那么累的好，这不就是"女子无才便是福"吗！因此要从两方面来分析"女子无才便是福"：其一，它是压迫女子的观念，是君主专制社会压抑有才华女子的事实在意识形态上的必然反映，用以宣传三从四德的伦理；其二，宣传无知比有才好，由于女子逃脱不了受压制的命运，无知识女性反而比才女好生活，易于满足，这样“女子无才便是福”又含有一点道理。当然，这道理不是说让女子愚昧有理，压抑女子的观念有理，而是说女子屈从于男性社会现实，糊里糊涂，少受些痛苦。笔者在这里不是讲道理，而是讲实际。

道理和实际常常是分离的。上层社会女子读书明理的多，讲妇道的多，寡妇不改嫁的多，下层社会女子的这些讲究来得少，寡妇再嫁的多。谁信守主流社会的伦理谁倒霉。“纵教青史留遗迹，已负从前金粟身”，袁树说得对极了。袁机笃守从一而终，在《如皋县志》《杭州府志》里被立了传，连《清史稿》也把她写入《列女传》，真是青史留名了，而她本人的生活竟是那样悲惨。血泪换来的节烈之名，实在太残酷了，宣扬这种道德的社会太腐朽、太令人痛恨了。

袁枚、袁树兄弟把袁机的不幸归之于读书有才，有一定道理。才女的不幸，确与读书有很大关系。读书之无用，在古代就体现在女子身上，不允许她们施展才能；而男子则可读书出仕，读书又是那么有利可图。有用与无用是对不同的人而言的，是由那时的社会制度决定的。男性统治女性的社会，就希望女性愚昧，自然会给有聪明才智的女性以重重的打击。所以读书之有用无用关键在于社会制度和政策，在于那个社会允许不允许女人以及男人读书并发挥作用。袁机及其同命运的女子的历史，可以用以检验一种社会制度的优劣。凡能给读书人以发挥创造才能，特别是能给女才人发挥能量机会的社会，是有创造力的、有活力的社会，否则反之。

袁杼的寡居生活

袁杼，《少守三从太认真，读书误尽一生春——袁机评传》文中的主人公袁机的妹妹，字绮文，又字静宜。在姊妹中排行第四，故乃兄袁枚诗文中多称其为四妹。

生卒年当为1727年（雍正五年）至1776年（乾隆四十一年），或1728年至1777年，有待新资料的发现来确定。她病危时自云："未了三生事，公然五十春。"可知享年五十岁，或接近五十岁。她的母亲章太夫人生卒年为1685年（康熙二十四年）至1778年（乾隆四十三年），乾隆三十九年（1774）九十大寿，袁杼正在病中，次年袁枚以袁通为继嗣，她作有贺诗。她故世在乃母之前，所以对她的在世年代做这样的判断。

出嫁诸生韩思永，生有一子一女。其夫远游他乡，分离时依依惜别，相约返程日期。袁杼朝夕盼望丈夫归来，然而五年后他客死异地，时间大约在

1750年。消息传来，袁杼悲恸地写出《悼亡》诗，从此过着寡居抚育子女的生活。袁杼依然怀念丈夫不已，一次做梦相会，写作《梦先夫子言别》，内云“未见征衫湿，先教粉泪垂。愿移昏作昼，尚可望归期”。希冀白日变为黑夜，以便与丈夫梦中相聚。因夫妻感情甚笃，更令寡居苦不堪言。

思念丈夫的同时，着力于教养儿子韩执玉（1746—1760）。执玉人才出众，五岁开始学习《离骚》、“十三经”，九岁会写诗，十二岁中秀才，十五岁参加举人考试，出场即得疾病。袁杼期盼儿子病愈，并能中举：“且待南枝桂花发，教他好向月中求。”但是执玉病势日重，问母亲李白的诗句“举头望明月”下一句是什么，袁杼答曰“低头思故乡”，随即瞑目而逝，似乎返归故里了。这对袁杼打击的沉重是可以想见的：夫死之后，人生希望全部寄托在儿子身上，不想那样年少有才的儿子竟永远地离去。在《哭儿》诗中哀号：“顷刻书堂变影堂，举头明月望如霜。伤心拟拍灵床问，儿往何乡是故乡？”书堂变灵堂、影堂，今人读到此，不免为袁杼伤感堕泪。

儿子死后，袁杼带着女儿离开故土杭州，到袁枚的江宁随园，依附于母亲兄嫂。随园是南京名园，袁枚又将它向世人开放，春秋天游人如织，高朋满座。袁杼却僻居楼上，连吃饭也懒得下楼，一心求清静，怕见人。她说：“自知天命愁如许，愿向灵山礼佛前。”实即在楼上清修，做女居士。偶尔游一趟花园，又见时序变迁造成的自然景物的差异，反倒引起哀思。真是游园也愁，愁不离身。

袁杼不断创作诗歌，题材多在自身、家人、亲友生活范围，诸如悼念亲人、赠送亲友、生活感受之类。其诗浅近，但有形象、有情理。如袁枚出游苏州，她写《寄怀简斋大兄》云：“长路迢迢江水寒，萧萧梅雨客身单。无言单劝归期速，有泪多从别后弹。新暑乍来应保重，高堂虽老幸平安。青山寂寞烟云里，偶倚栏杆忍独看。”说明老母亲平安之外，表达对客游在外兄长的深情关切和盼其早日归来的心情。袁枚阅后深受感动，立即乘船返回家园。又如作《赠鹏女》，有句云：“花簪一朵休嫌少，字课三张莫厌多。学问每从勤里得，韶光瞬息易蹉跎。”言浅意深，容易为童年女孩接受。没有较深的功力，浅近诗写不好，袁杼较为能够驾驭。但其诗多悲凉之音，如《不寐》：“为寻古字书抽乱，多绣繁花线放长。欹枕不须人睡稳，恐教残梦觅家乡。”将一个无家可归的离乡寡妇的凄楚心情活托出来。她的五十多首诗，集为《楼居小草》，取名之意大约是表示楼居生活的产物。由袁枚将它刻印，同其三姊袁机的《素文女子遗稿》、堂妹袁棠的《绣余吟稿》《盈书阁遗稿》合为一部，称为“袁家三妹合稿”，收入《小仓山房全集》的，有 1891 年版，又收入《随园全集》，有 1918 年上海文明书局印本。

袁杼晚年有两件事不放心，就是她在《除夕十二韵》所写的：“射屏愁弱女，戏彩慰高堂。”老母尚有兄嫂侍养，小女最让她挂怀。为给女儿谋求生路，把她送给袁枚为女，由袁妾方聪娘（1724—1772）抚养，让女儿称自己为姑妈，叫袁枚、方聪娘为爷、娘。其苦心孤诣，为常人难于做到。不幸方氏于 1772 年（乾隆三十七年）故去，其女仍是孤单。

袁杼约五十岁病故，临时安葬在金陵瑶芳门外元山袁机的墓旁，可能后来移回故里杭州。

袁杼以诗作留名后世，《清史稿 · 艺文志》、光绪《杭州府志 · 艺文志》、胡文楷编《历代妇女著作考》等书皆著录她的《楼居小草》，徐世昌（1855—1935）选编清代诗人作品，成《晚清簃诗汇》，其中闺阁诗人486家，袁杼为其一。袁杼同时代的金陵学者严长明（1731—1787）推崇《楼居小草》，为之作《题辞》。当今有的传记辞典也因《楼居小草》为袁杼立传。

（参考文献：袁枚：《小仓山房文集》；袁枚：《小仓山房诗集》；袁枚：《随园诗话》；袁树：《红豆村人诗稿》；袁杼：《楼居小草》）

女诗人袁棠

“袁家三妹”之一的袁棠，乃父袁健磐，在广西作幕，于雍正十二年（1734）生下袁棠。在这期间，袁枚也曾去广西投奔他叔父。袁棠有兄弟姊妹数人，在姊妹中排行第四，年龄最小。其父故世，袁枚把他们全家接回故乡杭州，后来，与袁机、袁杼一样寄居在金陵袁枚的随园。袁棠二兄袁树（1731—1810）中秀才后，因家贫不得不外出游幕，操起父业。袁棠就生活在这样贫寒的读书人家。

袁棠在描花刺绣之外，热衷于写诗，不分白天黑夜，苦苦吟哦，而且还不耽误织绣。她的天分颇高，写出来的诗，得到袁枚的赞赏，并因《中秋》《七夕》等诗，特地赠送她金钗，以资鼓励。她在闺中，写出后来梓刻的《绣余吟稿》的大部分作品。袁枚在这部诗集的《序》中说，袁棠当时的写作：“韵语与机声相续，灯花共线影齐清。”可见她绣、吟兼顾，深夜不辍。她的二哥袁树在袁棠死后重读《绣余吟稿》，说“心伤能绣凝思处，肠断挑灯问字时”。袁棠不能像男儿从师问学，在自学中请教兄长，只能凑哥哥的时间，所以是一面织组，一面问字，一面吟诵，不作刻苦的努力，就不可能有诗作了。袁棠的闺中苦吟，可以说是“业余”创作，因为家贫，显然要以织组补贴家用，她以“绣余”作书名，亦是写实的。

乾隆二十三年（1758），袁棠已经25岁，出嫁给扬州诸生汪孟翊（1712—1773），在随园结的婚，然后过江去夫家。汪孟翊家庭较富有，是个大家族，但他比袁枚还年长四岁，比袁棠则大了二十二岁，结婚时已经春秋四十有七，在今日人们对这种年龄的不般配尚不能完全接受，何况十八世纪的人。孟翊原先结过婚，妻子死了，留下儿子庭萱和女儿，袁棠是做填房。年龄差距是父女间的状况，又是填房，婚前和结婚初期，袁棠对这种婚事会是被迫无奈的，不满意的。所幸婚后夫妻和好，年长的丈夫深知疼爱年轻的妻子。袁棠勤劳理家，任劳任怨，妥善处理家庭和家族内的各种人际关系，获得人们的好感，公婆称她孝顺，前房子女尊重她是慈母，族人因为她有才华，和她研讨诗歌，敬重她。

汪孟翊经常外出办事，有时元旦前夕还不能赶回家，袁棠对他异常思念，以《寄怀夫子》为题的诗就作了三首，内中一首写道：“……清夜不堪闾里坐，秋风多在树中生。一天月送孤蓬影，两岸蛩催打浆声。恨煞隋堤轻薄柳，年年那管别离情。”不愿丈夫出行和希望他早归，怪及隋堤杨柳，情何其深矣！另一首云：“有恨经年常作别，无能枉自号多才。布衣愿效鹿车挽，何日园林共举杯？”宁肯丈夫不奔走于事业，也愿厮守在一起。孟翊对袁棠感情深笃，尊重她的为人和诗歌创作，婚后二年，给袁棠枣梨《绣余吟稿》，收诗130多首。此后，袁棠仍然写作，每当袁枚到扬州，她就拿出新作，请袁枚欣赏和指教，这样至少又写了五六十首。就在她理家、创作的时候，由于难产亡故，得年38岁。孟翊非常悲伤，反复阅读她在扬州的诗作，以回忆旧日的恩爱生活。为纪念她，把她的诗汇集为《盈书阁遗稿》，刊刻流传。而他本人因为悲哀过度，在袁棠死亡的第三年辞世。

袁棠以能诗出名，在闺阁时代就以擅长写诗为人称道，袁杼说她是女才子，硗岩老人将她的诗作为楷模与其他女诗人作比较，袁枚称赞她的诗渊雅志絜而情深，其夫说乃妇的诗发于至情至性，无香奁气。袁棠诗的内容同袁杼的一样，多是关于家庭成员的，相互关怀，以诗致意。其大姊远嫁，随夫宦游蜀、鲁，其三兄先后送大姊和袁棠完婚，客死外乡，其五弟原同她芸窗共读，不幸夭亡，袁棠均作诗寄怀，如《哭步赡三兄》写道：“前年五弟先摧折，今日兄为泉下客。连理人分次第亡，刀铓一夜生胸膈。从今怕见广陵春，回首天涯倍怆神。羡杀世间嬉戏者，荆花成对是何人。”抒发了深厚的手足之情。

她的诗集《绣余吟稿》以“绣余”为名，不是她的“专利”，闺阁诗人多爱用之，如钱塘纪琼的集名《绣余小稿》，同县朱柔则的《绣帙余吟》等。社会要求女子德言容功“四德”，不喜女子有才，所以袁棠等人在妇功之余作诗，并以此命名，以免为世人讥议。

笔者以连续三篇文章叙述袁家三妹——袁机、袁杼和袁棠，她们都是才女，都信仰和实践三从四德的伦理，而现实的生活偏偏同她们作对，对她们很不公平：一个被迫害至离异惨境，这在清代社会是极其少见的不幸；一个年青守寡，丧子，撇下幼女；一个做填房，早逝。而她们的兄长（嫡兄、堂兄）袁枚颇有离经叛道的味道，搞同性恋，收女弟子，四处打秋风。他们兄妹生活在同样的社会、家庭环境，而女子信守纲常条教，男子则可有所违背，亦见男尊女卑的严重，社会不合理到何等程度！

（参考文献：袁枚：《小仓山房文集》；袁枚：《小仓山房诗集》；袁枚：《随园诗话》；袁树：《红豆村人诗稿》；袁棠：《绣余吟稿》。）

女史孙旭媖的赡养双亲

孙旭媖，是一位极其贫穷的女子，她的为人知晓，是因为她有诗集《峡猿吟草》，被乾隆时期诗词选家汪启淑发现，将她的诗选进《撷芳集》，又被傅瑛收入《明清安徽妇女文学著述辑考》（2001年黄山书社印行）。一位贫苦女子，身前身后之为人所知，在于她有感人的事迹，能够给后世之人以谋生的启迪。

孙旭媖，字晓霞，生活在康雍乾时期，享年约90岁。她的父亲孙云朝是秀才，徽州歙县人，移居江苏无锡。她从乃父得到书本知识，会写诗，还懂得医术，但是家境贫乏，为生存下来，她决心不结婚，留在家中养活父母。《梁溪诗话》叙述她的身世和经历："云朝夫子而贫，晓霞侍养不嫁。针绣所得，以供甘旨。复精岐黄术。亲殁，居邑之楼巷，颓垣斗室，吟咏自怜，年八十余卒。"俗话说"男大当婚女大当嫁"，是人之常情，孙旭媖断然采取不结婚的办法，留在父母身边，侍养他们，父母亡故之后，她孤独地了结一生。她在晚年撰写的《初夏感怀》诗证实《梁溪诗话》记叙的准确，该诗咏道："漫将针线疗奇穷，九十韶光瞬息中。事遇伤心人易瘦，诗摹变体句难工。生憎柳絮因风起，不忿桐花为雨空。过眼繁华皆火石，莫将荣落怨天工。"她的家不是一般的贫乏，而是"奇穷"，如果将人们财产状况分为九等，她家应是第九等的下下户。她就是在这样困窘中度过一生，时时离不开伤心事。诗中同时表明她的人生态度是，窘迫中坚强自持，不羡慕荣华富贵，对自家的苦痛不怨天尤人。

孙旭媖父母弃世后，女红之外，以吟诗作伴，藉以抒发怨气，以及愤世的感情，使得心情好一点。且看她的《写怀》："福慧难兼信不误，万千磨折我何辜。须眉自古无才子，巾帼而今有腐儒。寂寂愁城书作伴，迢迢良夜月同孤。年来绣稿多抛却，剩有灵山大士图。"（傅瑛主编《明清安徽妇女文学著述辑考》，第 463 页，黄山书社 2001 年）孤苦伶仃之人，将读书、写作当成良友，但是心情不能平静。她自许是有才华的，是聪明智慧人，连深奥的《黄帝内经》都懂，但是没有福气，贫穷，受苦受累，是以相信"福慧难兼"之说。对那些古来被推崇的男人，不认为是才子，连现今的闺秀都成为腐儒式的废人。她为什么身陷贫穷处境，有时以为是命运不济，所以《癸丑除夕》写道："天乎命也空迟疑，流光速若风雷驰。"长久的抑郁心情，对世事的不公，有时发出怨恨不平之声，在《阅旧稿有感》写道："不得其平便欲鸣，抚今追昔几心惊。旁人莫作闲情看，我自饥寒过一生。"

她侍养父母，靠的是女红，就是用给人家缝制衣服、刺绣的收入，供养亲人饮食。她懂得医术，很可能兼代给人治病，辅助家庭生活费来源。她以女红养家，为父母和自身的生存，做到了自食其力，解决生计问题，表明女子可以独立谋生，但必须努力挣扎，因为在传统男性社会里女子谋生手段受到诸多限制，养家更是困难重重，必须付出沉重的代价，以致她一生独身。

清代徽州女子的独立谋生

笔者在九旬女史孙旭媖文中叙述她靠女红兼及医术膳养父母，她只是徽州女性中独立谋生的典型，此外徽州贤媛中贫穷寡妇同样以女红谋生，更用文化知识开办家馆，以及以绘画艺能、堪舆技能养家糊口，培养儿子成人，成为家庭的顶梁柱。

闺塾师养家（“为闺塾师以自给”）

男性塾师为人们熟知，女塾师则鲜为人知，高彦颐著《闺塾师：明末清初江南的才女文化》（江苏人民出版社，2005 年），成功地为女塾师的研究开了头。徽州贤媛有的就生活在江南，亦有女闺塾师的出现。陷入吕留良案的眷属休宁人江文焕就是闺塾师，她的丈夫是无为人黄补庵（字耕乎），《清诗备采》说他们夫妇创业：“耕乎善画，兼以医名，文焕开设女馆，工诗画，复精小楷，衣食颇饶，创成家业。”（傅瑛主编《明清安徽妇女文学著作辑考》，第 64 页，黄山书社 2010 年，下引该书资料，简单注作：傅瑛书及页码）原来江文焕富有文化艺能，小楷精美整洁，诗画都是行家，撰著《紫蓬山房诗抄》，有此才能，开设女馆，一定能够吸收众多女弟子，而黄补庵又能行医，所以收入丰盈。然而，黄补庵汉民族意识强烈，作诗：“闻说深山无甲子，可知雍正又三年。”（蒋良骐《东华录》，第 496 页，林树惠标校，中华书局 1980 年）黄补庵又是吕留良私淑门人，因此在吕留良案中，死于监狱，其妻妾子女给功臣家为奴，父母祖孙兄弟流二千里（《清世宗实录》卷 89，七年十二月丙午条）。江文焕被发配直隶滦州，为旗人苏姓奴仆，不可能再开设女馆（傅瑛书第 64—65 页）。江士爆在歙县家乡，早寡，穷而教书，就是汪启淑在《撷芳集》中说的：“家徒四壁，为闺塾师以自给。”（傅瑛书第 453 页）明白无误地道出她是以教书作为谋生手段，她著有《翠云轩诗稿》（傅瑛书第 453 页）。石氏，苏州人，当太平军进入苏州，石氏与姊妹投城河，遇救，与婺源人朱文玉缔结姻缘，夫妇以诗词唱和，著《潜渊吟稿》。朱文玉死于杭州，石氏遂到丈夫故里婺源罗田，“设家塾，课蒙学”。生有三个子女，亲自课读（傅瑛书第 529 页）。男性读书人做塾师是一种职业，由于社会上有男女授受不亲的禁忌，虽有开通的父母聘请年老的男性塾师给女儿教书，不过女塾师应当更受欢迎，江文焕、江士爆、石氏等人做闺塾师，虽是不多见的现象，表明知识女子已然以教书为职业。

女士书画流入市场

徽州贤媛的书画，为欣赏者收藏。休宁人汪亮，号采芝山人，祖父文柏，以诗画出名。汪亮传承家学，又在桐乡得到山水画名家张瓜田的指导，画作设色淡雅，遂“以丹青擅名”。结缡桐乡秀才费树楩，唱和自得，然“遭家多故”，丈夫早逝，生活没有着落，所幸有绘画技能，更是乐于作画，晚年侨居嘉兴天带桥，以卖画为生。这种经历，在《写山水颇觉适意，系以长句示表妹赵夫人》明白无误地表达出来：“苍龙吸海鲸饮川，飞来喷我不枯之砚田。浓云湿翠满衣袖，俄顷尺幅堆苍烟。心识大块有稿本，不觉腕底吐出真林泉。妙笔墨外而为挥洒如意转觉心茫然。吁嗟乎！老大自悲雪满颠，凡骨苦炼难期仙。烟云或可作供养，吾当藉此终残年。”（傅瑛书第536页）她作画，有神来之笔，绘出自家满意的作品，但是满头白发，犹自以砚为田，不免心酸，然而兴趣与需要，支持她绘画不辍。她的诗词画作得到名家赏识，也因此与名流交往。她得老师张瓜田引介，成为休致在乡的刑部侍郎钱陈群的诗赋私淑弟子（傅瑛书第536—539页），而钱陈群还是乾隆帝的“诗友”。大名人的私淑弟子的画作无疑更值钱。陕西三原人员琳，能诗工画，著《夽余集》，与居住扬州的歙县程存仁结婚。程家非常贫乏，丈夫死后，她也困穷饥饿而死。她的兄长员燉在扬州“书肆画角”见到妹妹的两方小印，员琳可能也卖字画（傅瑛书第495页）。不知什么原因，她没能凭自家艺能维生。所以谋生不仅靠技艺，还需要有其他方面的能力。

堪舆师与通命理

堪舆师中也有女性，虽罕见，徽州贤媛有之。康熙间婺源某女士，出嫁江西人，能写诗，精通堪舆术，夫亡，与弟弟到湖北谋生，为人家选择阳宅、阴宅、水井，据说颇有灵验（傅瑛书第527页），也即被客户认可。风水师选地址，需要使用风水罗经，这种仪器，又以徽州休宁万安镇制造的最好，名曰“徽盘”，这就是《橙阳散志·歙风俗礼教考》所云：“徽工首推制墨……若罗经日晷，则奇巧独擅矣。”（《歙事闲谈》第604页）本地人用本地产品最方便，婺源某女士做堪舆师得此便利。再说徽州才女中懂得术数之学者不乏其人，如六岁读书的婺源人王瑶芬，“通文意，旁涉相人书”（傅瑛书第542页）。温如玉，通晓“子平之学”（温如玉，山西太谷人、侍读学士温启鹏之女，出嫁歙县人鲍叙昌，娘家、夫家都居住在扬州。参见傅瑛《明清安徽妇女文学著述辑考》第475—476页）。程娴，善写诗，“兼擅星命之学”（程娴，桐乡人，与歙县人、侨居浙江的鲍正勋结婚。参见傅瑛书第424页）。歙县江嗣阶妻梁氏，“工诗文书画，尤通《易》理，精于占卜”（《歙事闲谈》第626页）。徽州贤媛中不少人懂得术数，会算命，这位婺源寡妇能够以堪舆术谋生，不足为奇。

女子针线活维持生计

嫠妇靠针线活维生，使得针黹成为一些贫困孀妇活命的通常手段。汪嫈（1781—1842），字雅安。侨寓扬州的歙县人、文士汪锡维之女，21 岁与亦是歙县人的程鼎调结婚，居住扬州，后因生活拮据，全家返乡，而后程鼎调只身到扬州就馆，寻即亡故，此时汪嫈 35 岁，儿子程葆 11 岁，家庭“困厄益甚”。母子的生活，大学士阮元说是“日以针黹易薪水”（傅瑛书第 471 页），经学家刘文淇谓为“恃针黹以给朝夕”（傅瑛书第 472 页），可知她是靠做针线活得钱维生。叶钰《见闻果报录》记载：汪嫈“通经史，为女

正在做女红的中国妇女

师，课子读”（《歙事闲谈》第1057页）。可见汪嫈也做闺塾师，在忙碌的同时指导程葆读书。当程葆学业可以参加科举时，汪嫈令他到扬州舅舅汪晸家寄读。程葆以仪征籍在道光三年（1823）中秀才，大约是在道光五年（1825）考举人未中，族人鉴于汪嫈母子生活困苦，建议她让程葆改业赚钱糊口，在扬州的弟妹程氏怕汪嫈受人影响，写《寄怀诗》（徽州人程氏《寄怀诗》：“终年两地感怀深，想见登楼费苦吟。诗稿羡君成卷帙，米盐爱我误光阴。何时往事从头说，几度遐思吝足音。有子才如黄叔度，纵然苦节也甘心。”参见傅瑛书第424页），认为程葆必定会有大出息，应该让他继续从事举业。汪嫈坚定地让儿子走科举之途，复诗《寄和大弟妇见赠韵》：“情致缠绵寄托深，新诗不厌百回吟。爱甥如子闻生感，何日成名副此心。”（傅瑛书第470—473页）程葆很快在原籍歙县于道光八年（1828）中举，道光十三年（1833）中进士，出任工部主事，将母亲迎养都城，汪嫈总算熬出来了（《歙事闲谈》第1057页）。歙县人吴喜珠（？—1656），著《吴孺人诗集》。她的经历被诗词选家汪启淑在《撷芳集》中描述为：“夫（方如麟）亡，矢志养姑教子，闺范有声。”（傅瑛书第484页）“养姑教子”，说的是靠她的收入养活全家人，那么她是怎样获得收益的呢？方如麟的族人方淇荩为吴喜珠写的《吴孺人传略》说她“于甘苦如荼中，夜必勤女红，篝灯课子，此其有功于方氏甚大，余故特著之”（傅瑛书第484页），原来也是以缝纫刺绣为活命手段。女红养家，很不容易，可能有上顿无下顿，极其犯难，可是她以乐观的态度来对待，如在《梦吹笛》所吟：“残灯微焰映窗纱，罗幌风摇月半斜。

梦里不知愁老大，犹将玉笛调梅花。”（傅瑛书第 484 页）比吴喜珠略晚的方氏，丈夫是歙县人黄家祉，三藩之乱中被诬陷入狱，家产没官，子黄曰瑚九岁，她遂“以女红佐不给，冬夏无少辍”（《歙事闲谈》第 829 页），为儿子专心学业，以致收藏他的鞋子，以免外出游玩，而不计自家的劳苦。方掌珍（1783—1839），用女红补助家庭用度。她的父亲方鸿为歙县人、太学生，家饶裕，而夫婿贡生、塾师潘世镛家徒四壁，负债累累。方掌珍进门，常用陪嫁首饰代为还债。潘世镛教学四方，“修脯所入不给”，方掌珍“则以女红佐之。故家贫而菽水赖之不乏。偶岁欠困乏，几不能存”，有人劝她向娘家求助，她知道是好意，不便反驳，只是笑而不应。有时一天只能喝一次粥，天寒衣败葛，十指冻裂绉裂，仍操作不息。生六子一女，教诸子诗，兼及儿媳。她在“饥寒竭蹶之余”著作《琴言阁诗抄》（方掌珍以诗闻名于时，陈诗《绣余吟草序》，谓徽州著名女诗人，明清之际有毕著，乾嘉间有汪玉英、方掌珍，同光间为徐南苹。参见傅瑛书第 436—437 页、第 491 页）。镇江人陈蕊珠（1714—1792），15 岁时母亲故世，“日佣针黹得钱，市糕糜，抚弟妹，夜则左右挟之以寝”（傅瑛书第 418 页）。后来结缡于歙县人鲍皋，生养之兰、之蕙、之芬三才女，印刻与三姊妹合著的《京江鲍氏课选楼合稿》（傅瑛书第 419 页）。主妇方掌珍、闺女陈蕊珠虽非寡妇，不过女红支持家庭生计的作用相同。

贫穷之家的孀妇，独立解决生存难题，做到家庭成员的老有所养、幼有所育，为家庭的延续做出不可磨灭的贡献。

清代徽州女子为吟诵呼号与践履

清代社会主流意识有着女子不宜写诗的说教，而且同“女子无才便是德”“女子无才便是福”观念联系在一起，认为写作诗词就是有才的表现，写出的作品就有流传社会的可能，而选家会将闺秀之作编辑于集子的尾部，即在仙释诗赋之后，娼妓诗词之前，令才媛处于尴尬境地，是自讨没趣，自招其辱，失德失福，何苦来呢?！徽州才女处在反对或不赞成女子写诗的社会大环境中，敢于实践并倡扬赋诗吟诵，发出“谁道诗非女子宜”的质问，刊刻自家诗文集，甚而有女子丁白发出《征名媛诗启》，要选刻女子诗词汇集，闺秀中有人乐于接受选家的征诗，且以为幸事：“幸得题名入选楼”，尽管如此，她们仍然将赋诗视为正务之外的事情，是女红余暇的爱好，故而常常以“绣余”为诗集命名。徽州才女成为闺秀，是不屈服于社会舆论压力的表现，是对“女子无才便是德”的抗争，她们要发声，要有吟哦的权利；然而她们以不违背“妇功”为原则，在有限度的范围内从事写作和流传。

“若因无才即德，我窃以为不然”声扬女子写诗的正当性

早在明朝万历年间，父亲籍贯歙县的胡贞波、苏州人周之标夫妇就为才女写诗即失德声辩。妻子胡贞波，能琴，能箫，通音律，间亦短吟，将丈夫未完成之作，用自家吟诗及古今人诗句著成《古牌谱》；丈夫周之标著《女中七才子书》，将《古牌谱》附刻于内，并为夫人之作写序：“‘女子无才便是德’，古人为失行者而发也……古昔贤媛，指不胜曲（屈），果皆不识字、不能文者乎？则后妃之忠谏，闺秀之缄书，以及补史之缺，咏物之盛，代不乏也。”（傅瑛主编《明清安徽妇女文学著述辑考》，第 446 页，黄山书社 2010 年；下引该书资料，简单注作：傅瑛书及页码）认为“女子无才便是德”是针对行为不端女子而言，不是说才女失德，要不然怎么能有那么多后妃闺秀的有识之文、咏物之诗！以此为女子写诗张目。序言虽系丈夫手笔，但是为妻子著文作序，应系妻子所认可，不妨视为夫妇共同的观点。胡贞波划清贤媛与失德的界限，自身就不怕作为“闺秀”，蔑视才女即失德的世俗观念。

到了清代，随父侨寓扬州的西安女子丁白（夫婿歙县人张伯岩），继承了胡贞波夫妇维护女性赋诗正当性的观点。不仅著有《月来吟》，更立愿为闺阁诗人出选集，用骈体文书写《征名媛诗启》，开篇写道：“柳絮因风，频传道韫；锦心成字，人是若

兰。……若因无才即德，我窃以为不然。则有巾帼丈夫、香闺学士。冰心玉骨，既解柔嘉，蕙心兰性，更多敏慧。”（傅瑛书第429页）盛赞谢道韫辈女子诗才，视名媛为巾帼丈夫、香闺学士，大胆批评“女子无才便是德”观念，以此提倡才女写作。乾隆年间，歙县人方彦珍为女子赋诗呼喊，她的曾祖父在江苏做官，落户扬州，父亲系太学生，出嫁歙县人、贡生程立基，她撰著《有诚堂吟稿》（道光四年刻本），内有一绝：“闲吟风雅绣余时，谁道诗非女子宜。不解宣尼删订意，‘二南’留得后妃诗。”（傅瑛书第434页）孔子删订《诗经》，在《周南》《召南》中有后妃诗篇，说女子不能作诗，违背了圣人的教导。她选择这样有力的武器，批判反对才女作诗论调。徽州才女深知，只有突破“女子无才便是德”的思想禁锢，女子才敢于吟诗作赋，思想开放者无不就此做文章，互相启迪，互相鼓励，勇于创作。正是挣脱这种思想禁锢，清代徽州识字女界出现大量的诗赋书画家。

女子吟诗，要看家庭和本人条件。生活在官宦、士人、盐商家庭吟诗者有之，如前述方彦珍。歙县人洪昙蕊，著有《梦莲绣阁剩稿》，内中多与夫家侄女湘筠唱和的联句，在《和湘筠侄女赠别原韵》，有句“花下独怜孤弄影，梦中相约共裁云”。显然投缘者不多，家族规模较小（傅瑛书第443页）。她有侍女，名叫春桃，亦能吟诗，作有《答虬仙麻韵仙姑见赠之作》：“菩提无树岂开花，香袭云衣也是瑕。优钵肯容桃影泊，自应拈献梵王家。”（傅瑛书第428页）看来她有一些佛道知识，是不可小觑的奴婢。雍乾间吟出“闲吟事岂女儿家”的休宁人黄卷自身吟诗，丫鬟也时或学习吟作。她著有《烟鬟阁遗草》，父亲黄愚庵是中书舍人，丈夫是诗人、太学生吴元书。她的《洗砚》《训婢》两首诗表达了对学诗、作诗的态度。《洗砚》：“洗砚频催小婢忙，翻将砚水入梳箱。淋漓一片殊堪笑，脂粉丛中翰墨香。”频催小丫鬟洗涮砚台墨笔，可见她是勤于动笔的，婢女不小心慌张地把墨水撒入梳妆匣，她很幽默，谓为融合了脂粉香与翰墨香。《训婢》：“自是江郎梦笔花，闲吟事岂女儿家。深闺近日更功课，笑伴双鬟夜绩麻。”（傅瑛书第520页）以主人的身份向丫鬟讲述，女孩儿家可以适当赋诗，但也要做女红，晚上我们一同搓麻线织布吧。徽州才女出自多样家庭，有命妇、小姐、丫鬟，还有侍妾（后文将有机会述及）。由写作者的多种身份可知，徽州知识女性的文艺创作具有某种普遍性。

何妨让诗赋流传海内：“岂可不梓之一传乎？”

闺秀吟诗自娱之外，无疑会给亲近的亲友观赏研判，要不要扩大传阅范围，以至给社会人士欣赏，徽州贤媛中有两种截然相反的态度。一方面是主动刻印诗文集，高兴地接受选家的征诗要求，以至以为荣幸；另一方面信守内言不出闺阃之戒，绝不外传，拒绝征诗。

嘉道间，在清代就被认为是三大词人之一的吴藻，字苹香，父亲是在杭州经营典当业的黟县人，丈夫是杭州商人许振清，十九岁寡居。她在道光九年（1829）刻成《花帘词》，二十四年

（1844）印刷《香南雪北词》，《自记》中说刻印《花帘词》，“聊以自怡，非敢问世。”即为自娱，不为面世；而今出版《香南雪北词》，是对写作做一纪念性的归结，以后不再动笔：“十年来忧患余生，人事有不可言者，引商刻羽，吟事遂废，此后恐不更作。”她的《饮酒读骚图曲》（又名《乔影》），有莱山吴载功道光五年（1825）刻印本传世，“吴中好事者被之管弦，一时传唱，遂遍大江南北，几如有井水处必歌柳七词矣。”（傅瑛书第551—513页）将吴藻词的影响力，方之于宋代词家柳永，毋庸赘言，吴藻的词作，不是一般的问世，是引起轰动的佳作，名声远播。在世刊刻著作的，还有生长苏州的歙县人唐庆云（1788—1832），嘉庆七年（1802）十五岁成为阮元妾，著《女萝亭诗稿》，阮元夫人孔璐华为她刻印于嘉庆十九年（1814），道光十一年（1831）又出版续编（傅瑛书第465页）。有的贤媛亡故不久家属为出诗集。鲍之蕙，居住镇江的歙县人鲍皋次女，著《清娱阁吟稿》，为袁枚的随园女弟子，丈夫丹徒人、同知张铉在她亡故次年（嘉庆十六年），刻印夫妻的《清娱阁诗合刻》，袁枚为此书作序（傅瑛书第412页），并将鲍之蕙的诗收进《随园女弟子诗选》。汪嫈（1781—1842），字雅安。侨寓扬州的歙县人汪锡维女，夫程鼎调亦系歙县人，居住扬州，儿子程葆以仪征籍考中秀才。汪嫈病逝第三年（道光二十四年），程葆为她刻印《雅安书屋诗集》四卷、《文集》二卷、《赠言录》一卷，并请大学士阮元为诗集作序（傅瑛书第470—473页）。胡凯姒，婺源人进士、即用知府江忠振妻，夫妇恩爱，胡凯姒故世后，江忠振深为哀痛——“失伉俪以衔哀，藉雕镂而拨闷。”乃于光绪十四年（1888）为亡妻刻印遗作《爱月轩遗稿》（傅瑛书第418页）。这类贤媛的集子虽然刻印在身后，固然是家属寄托悼念之情，但不会违背她们出书的本意，即不反对将著作公诸于世。

丁白的《征名媛诗启》为的是才女诗作能够流传，不令才华被淹没："倘终珍密，岂必尘淹。伏冀不吝琼瑶，付之梨枣，惠光词赋，得悉生平。收经尺之珊瑚，合美于金谷；集一庭之翡翠，惊异于隋朝。"（傅瑛书第429—430页）她的征诗可能没有汇集成册，但其志向有同道男、女选家实现了，徽州闺阁诗词，被选家汇入选集的颇有其人。如中书舍人邓汉仪（1617—1689），编辑《天下名家诗观》三集40卷，内设《闺秀别卷》，收集女性作家诗词。他于顺治六年（1649）同居住江都的歙县人、中书舍人、湖州知府吴绮（1619—1694）到南京访问龚鼎孳，随后收入吴绮夫人黄之柔与龚鼎孳夫人顾媚交往的诗作《题智珠夫人兰谱》（傅瑛书第406页；该书将《题智珠夫人兰谱》置于白语生名下，然从诗中注释可知，此诗实为白语生婆母黄之柔的作品）。另收有黄之柔女儿吴吴、儿媳白语生的诗（傅瑛书第406、482页）。歙县人寄居杭州的郎中汪启淑（1728—1799），编辑《撷芳集》（乾隆五十年刻本），选入徽州才女的诗词甚多，并对她们的作品、身世作出一些说明。如江士爔在歙县家乡，早寡，穷而教书，就是汪启淑在《撷芳集》中说的："家徒四壁，为闺塾师以自给。"歙县人吴喜珠（？—1656），著《吴孺人诗集》。她的经历被汪启淑在《撷芳集》中描述为："夫（方如麟）亡，矢志养姑教子，闺范有声。"歙县人曹淑英，丈夫程怡堂，诗作为汪启淑《撷芳集》收进。他们生活不富裕，然能自得其乐，她在《秋夜偕夫子小饮》吟道："灏气宵来爽，明河耿欲流。有怀常不寐，薄酒暂消愁。砧响千家月，虫鸣四壁秋。家贫为妇易，斗酒几曾谋。"（傅瑛书第 414 页）秋天的夜晚，夫妇坐在天井中对酌，享受爽人的徐徐来风，听着四面传来的虫鸣，仰视星河的移动与消失，如此惬意，多少忧愁都化解了。

常州武进人恽珠（1771—1833），选辑《国朝闺秀正始集、续集》（道光十一年刻本）。她的儿子完颜麟庆（见亭，1791—1846）于道光三年（1823）任徽州知府（麟庆于道光四年调任河南颍川知府，官至江南河道总督，作有《鸿雪因缘图记》），随宦到徽州，及至麟庆离任，士绅绘制《练浦攀辕图》赠行，麟庆奉母亲板舆，路经岩镇，歙县人鲍文芸目睹"香筵祖饯，民歌贤母"，与女伴登楼遥送。几年后，恽珠起意编选《正始集》，向徽州女子征诗，应征者踊跃。鲍文芸将诗作交给亲戚程荧锷转送，因为程荧锷是麟庆取中的秀才，如此辗转到恽珠手中。鲍文芸特地作《闺秀正始集题词》，引言云赋诗"二章以志欣幸"。题词："练浦攀辕绘作图，争言太守近时无。义方有训钦贤母，会向楼头望板舆。才仰宣文不可留，征诗恰又到山陬。吾乡多少吟椒女，幸得题名入选楼。"（傅瑛书第 409 页）既欣喜应征，又以诗赋入选《正始集》为幸运。浙江人沈善宝（1808—1862）结交本省及江苏、安徽女子甚多，与前述吴藻及许延礽、龚自璋等频繁唱和。许延礽，丈夫是休宁人、贡生孙承勋（傅瑛书第 554 页）；龚自珍妹龚自璋，丈夫苏松太道朱祖振是歙县人（傅瑛书第 438 页）。她编辑《名媛诗话》，选录这些闺中密友诗赋，换句话说，徽州贤媛的许多诗作汇集在《名媛诗话》中。

徽州才女中，不刻印诗集，拒绝征诗，信守内言不出者亦不乏其人。鲍之蕙的三妹鲍之芬（1761—1808），著《药缤吟稿》《海天萍寄吟稿》，夫婿河间知府徐彬。鲍之芬不与外人交往，王文治侍读与其兄友善，屡次求见，不允。颇与名士唱酬的女史骆佩香，欲与联盟，亦行婉拒，是以光绪《丹徒县志》谓其夫妇："盖徐固以圣贤自期，而芬亦以妇德自重者也。"（傅瑛书第 411 页；鲍之芬的诗稿因不示人，起先未刊刻，乾隆三十九年以后，其孙徐韵生请姚元之为《三秀斋诗抄》作序，成为《京江鲍氏三女史诗抄合刻》的组成部分）休宁人汪韫玉（1743—1778）与鲍之芬观念相同，著《听月楼遗草》，夫婿金潮的兄长金鉴都不知道她"深于诗"，及其故世，金潮痛哭，赋《悼亡诗》八章，引起金鉴索观，于是令弟弟刻印，金潮乃请《四库全书》总纂陆锡熊作序，序者遂谓汪韫玉"娴《内则》……相夫子，内助有声……走笔成章，然守内言不出之戒"，绝不传播（傅瑛书第 530—540 页）。休宁人黄卷撰有《烟鬟阁遗草》，生前说"诗意道情，闺阁中语，讵可外传？"故亲戚亦罕见她的诗（傅瑛书第 520 页）。歙县人方筠英"能诗，然以为非女子事，不肯示人"（傅瑛书第 436 页）。她的表姊妹程再乾亦然，所以表兄弟方成培说："其诗不肯示人，不得多见。"（傅瑛书第 410 页）

事情明摆着，徽州才女对自己的作品，要不要刻印传播，肯定与否定两种观点并存，各有信奉者，思想意识有别，对并存现象则需要全面观顾。

“闲吟风雅绣余时”——《绣余吟》题名遂风行

黄卷吟诗之外，另有课程——“绩麻”。搓麻织布、纺纱织布是女性正业，是妇人的“主中馈”职责的组成部分，女子的正务就是上侍奉翁姑、祖翁姑，下抚育子女，兼及年幼弟妹，烹制饭食，刺绣织布，处理家务，此为正务。吟诗作赋习字绘画不是必须的事情，是有闲暇的娱乐。因为这种观念，徽州贤媛往往用“绣余”为诗集命名。歙县人黄曰瑚女黄克巽，著作名为《绣余集》（傅瑛书第447页）。落籍歙县的徐同善女徐南苹（1855—1894），诗集命名《绣余吟草》（傅瑛书第491页）。歙县詹振甲妾张绣珠，以《绣余吟稿》作为诗集名称（傅瑛书第449、499页）。歙县人唐锦蕙（1875—1881），著作曰《碧窗绣余闲课》（傅瑛书第465页）。明末清初休宁人范满珠连续用“绣余”作为诗集名称——《绣余草》《绣余二集》（傅瑛书第512页）。夫家休宁的汤淑英，集子名为《绣余轩稿》（傅瑛书第529页）。婺源人张婉仙，作有《倦绣吟》（傅瑛书第561页）。书名之外，尚有用“绣余”作篇名的，如汪启淑妾胡佩兰，写《绣余遣兴》诗（傅瑛书第445页）。还有在学习写作时，不忘这是绣余的事情，如汪婺以诗教导儿妇夏玉珍学诗，夏玉珍《和姑示玉珍书》：“纱幔相依问起居，母才咸颂女相如。绣余频荷金针度，却恨今生始读书。”（傅瑛书第489页）接受婆母的教育，表示女红之外抓紧时间读书。这些事例表明，徽州才女使用“绣余”为诗集、诗篇的主词，吟草、吟稿是副词，表示写的是草稿，不成熟；“绣余轩”，将轩堂命名为绣余，在此写作的诗文当然是绣余之作了；《倦绣吟》之“倦”是修饰“绣”的，是家务活做累了，吟首诗恢复疲劳；碧窗，意为在碧窗室内绣余闲吟——“闲课”。无疑，“绣余吟”充分表达出女子吟诗是正业女红余暇之作的观念。婺源人胡素芳《断句》：“兄辈裁诗称贺岁，侬家剪字帖宜春。”（傅瑛书第518页）过年了，男孩子赋诗贺岁，女儿家用剪纸做表达，各自按本分去做：男儿读书求取功名仕宦，女儿勤课女功以便异日主中馈。徽州才女如此给自身定位，所以赋诗只能是“绣余”吟了，而且要在集子的名称上显示出来，才心安理得。正是这种观念，使得“绣余吟”成为女子创作的不成文规范。

用“绣余吟”为名目，不是徽州才女特有的，他处亦然。上互联网检索，可以发现若干《绣余吟》《绣余吟稿》作品，如清代考据学名家、直隶人崔述之妻成静兰（1739—1814）著《爨余诗文》二卷，即《爨余吟》和《绣余吟》（《爨余吟》和《绣余吟》，其实是一个意思，都是主中馈余暇的吟哦）。在《明清安徽妇女文学著述辑考》也能找到徽州才女以外的《绣余吟》之作，例如道咸间和州人王蕊卿的诗集，即名《绣余吟草》（傅瑛书第86页）。笔者寓目的袁枚《小仓山房文集》也有同名作的内容，即杭州人、“袁家三妹”之一的袁棠，闺中写作《绣余吟稿》，出嫁仪征汪孟翊，丈夫为她刻印面世，堂兄袁枚作序，写道：“韵语与机声相续，灯花共线影齐清”（袁枚《小仓山房文集》，乾隆三十四年刊本），道出袁棠当年在随园刺绣与吟哦并作的情形。徽州，以及直隶、浙江、江苏，无论何处，女子为文吟哦，自家就不认为是地地道道的正事，不过是女红、妇功之外的闲暇消遣而已。女性这么看，为她们刻印诗文集的丈夫等人这么看，袁枚也不例外，这是清代男女文化人的共识。

女子能不能写诗，能不能刻印传播，在近现代人看是有没有创作权和出版权的问题，前近代社会的徽州贤媛当然没有创作权、出版权意识，但是她们写作诗文，部分人更将之刻印问世，表明她们的思想是开放的，是走在时代前面的，有着争取创作权、出版权的味道。即便如此，她们也认为这是妇职之外的闲暇爱好（或者勉强说是业余爱好），写作犹称“绣余吟”，似乎并不那么理直气壮。这是传统社会主流观念的反映，她们的思想意识不可能没有时代的烙印。女子要全面获得吟诵和出版权，需要克服自身的思想障碍。

“生身为女子，骨肉何能完”

——徽州女诗人娘家生活及其延续的诗作

传统家庭父母向女儿进行闺教，注意女红、主中馈两项事情，让她们学习纺织、缝纫、刺绣、烹饪，因为女儿出嫁为媳妇、主妇，会此二事，关系家内人际关系的协调，家之祥和吉利与兴旺。徽州诗书人家的父母在进行这两项闺教的同时，因为重视儿子文化知识教育，故而兼及女儿，甚或家塾亦允许女儿从师就读。幼女、少女往往勤学苦吟，诗文书画达到一定水平。她们闺中吟诵，出阁后，力争同父母兄弟姊妹往来，延续娘家生活，很自然地赋诗成为重要手段和渠道，藉以倾诉骨肉情怀、人生的欢乐与悲伤。

从事诗赋学习

乾隆间休宁女子金宣哲《思亲》：“弱龄处深

闺，父母最有恩。命我近笔墨，经意为讲论。”接着写道：“占易识大象，习礼明周官。诗列右丞席，文窥昌黎藩。女红既弗责，所得惟古欢。及笄上京华，迨吉烦婚嫁。”（傅瑛书第525页）她的父亲金渭以寄籍杭州仁和中举，出任江西吉水县令，直到她出阁，均致力于教她学习文化与写作，不仅读常识性的书籍，连《易经》《周礼》都熟读，作诗推崇王昌龄，写文以韩愈为典范，为了读书，父母对她女红要求不高，就此特别感谢父母恩情。歙县人庠生徐芳沅女儿徐七宝（1735—？），三岁认字，五岁识字数千，并解字义，九岁熟读“四书”，《毛诗》、小学，“授以唐宋诗集，而性尤爱宋诗”，十六岁病中读《朱子》（傅瑛书第482页）。绍兴人、县令陈畴的女儿陈玉瑛，自幼熟读《古诗源》《山海经》《列女传》及名人诗集。二十岁出嫁婺源人程式濂（傅瑛书第508页）。歙县人国学生方国祥，教女儿方彦珍读书作诗，方彦珍七八岁就懂得四声，十岁后学写诗（傅瑛书第434页）。歙县人吴绣砚（1723—1785），是恩赠通政使吴竹斋第三女，进士吴华孙女弟，她因系晚生女尤得母爱，“幼习诗书，间通文艺，与侄绶诏、恩诏同塾。”（傅瑛书第485页）休宁人查世英，诗人查望女，“得家教，七龄即颖慧，读书破万卷。”（傅瑛书第559页）婺源人王纫佩（1853—1891），“六岁入塾，能日诵数百言……习针线刺绣之暇，浏览书籍，通文意，旁涉相人书。”（傅瑛书第542页）著作《绣余集》的黄克巽，父亲曰瑚是学问家，与颜李学派的李塨交游。黄克巽“幼聪慧，喜为诗，一字未安，即竟日亡食”（傅瑛书第447页）。真是勤学苦练。天长人进士陈于豫的女儿陈珮

（1707—1728），“聪明能读书，父母绝怜之。”十岁吟出“惜花有梦疑春雨，爱月多情怕晚云”的诗句（傅瑛书第418页；丈夫为原籍歙县、寄籍仪征江昱）。歙县人太学生方宝俭女方婉仪（1732—1779），学诗于父、姑方颂玉和沈姓学师，“幼承家学，即工半格诗。”所作《记得》：“记得当年拢笄年，春宵坐月百花前。谢家小妹王家姊，手弄窥窗白玉钱。”（傅瑛书第432—433页；《歙事闲谭》下册第831—832页）《三字经》有句：“蔡文姬，能辨琴；谢道韫，能咏吟”，方婉仪是熟记于心了。歙县人吴淑娟（号杏芬女士，1853—1930），举人、教谕吴鸿勋之女，乃父为名画家，从父学画得家传，所谓“自幼秉承尊甫画学，所作百家图，一时名流题咏殆遍”（傅瑛书第549页）。桐城人知县方维翰在女儿方芬（？—1805）年幼时就教她“诵读，年长于书无所不览”。十一岁舟行阻风，吟成七律：“大风彻夜舞狂澌，正是扁舟系缆时。两岸霜枫萦远梦，一帆寒雨乱乡思。……寄语石尤须早息，扬舲稳渡莫教迟。”又从处州知府、叔父方维祺的幕客金棕亭、储玉琴学诗，后来婚配于歙县人程约泉（傅瑛书第430页；出嫁歙县人程约泉）。祖籍歙县、寄籍平湖的通判鲍怡山有四位千金，适有擅长山水花草画的徽州老诸生程之廉游历平湖，遂令女儿拜他为师，学画花草，其中鲍诗学得最好（傅瑛书第407页）。仁和人龚丽正任苏松太道，夫人段训为女儿龚自璋聘请归佩珊教诗，龚自璋著有《圭斋诗词》（傅瑛书第438页；段训为文字学名家段玉裁之女）。汪嫈幼年从师乾隆间扬州两大名诗家之一的黄秋平，及其夫人张净因，领会到“学诗专务实工，不恃妙悟”的真谛（傅瑛书第471页）。结缡歙县人程绮堂的扬州甘泉人朱兰，著《梦香集》，学画于父亲朱瑶襄挚友袁慰祖（竹室），学诗于原籍丹徒移居江都的王豫（号柳村）（傅瑛书第503页）。婺源人、侨居扬州的金芳为女儿金环秀学习写诗，请俞补之教导，少女环秀吟成《留香小草》（傅瑛书第522页）。

各个徽州才女在娘家的读书习作情形，归纳起来有几个共同点，其一，出生在读书人家，不少是有仕宦、功名的，父母本人有条件教闺女读书，父亲亲自教，母亲也教。父母不辞辛劳，让女儿有文化，成为徽州才女成才的先决条件。其二，聘请师傅教导，师傅有男性，也有女性，他们教学的内容，诗词之外，主要是绘画，虽说清代读书人应当琴棋书画样样皆通，但是绘画技能难于达到教学水准，是以请专家指导。聘请男塾师的父母，思想开通，非一般人所能做到。其三，学习的内容与要求，以识字和掌握常识为主，习学诗赋与经史并进，要懂得义理、仪礼、典故，能够写作诗文绘画。其四，幼女少女珍惜光阴和学习机会，多能苦学苦吟，像十岁陈珮、十一岁方芬就能写出像样的诗句。鲍皋长女、十四岁的鲍之兰（1751—1812），与兄鲍之钟中秋赏月，吟出“若非今夜月，虚度一年秋”的句子，赢得众人的“传诵”（傅瑛书第413页）。

“劬劳恨未报双亲”婚后对骨肉亲人的关切

“生身为女子，骨肉何能完。”仕宦功名人家及徽商家闺女的婚配，大多不在娘家村落附近，往往是异乡的他府他省，夫家娘家远隔，难于同亲爹娘、兄弟姊妹团聚。生离之痛如何弥补呢？虽或偶尔回娘家探视，但主要是书信往来，因此最能表达感情的诗赋就派上了用场。诗作内容大体上有两类，一是深情思念，希望互道平安；二是一方有不幸，赋诗寄托衷情，以求排解积郁。前引金宣哲《思亲》诗，说的是在娘家所得父母的恩惠，这类思亲诗有一大批，下面将讲述徽州才女出嫁后诗赋所描述的与父母缠绵悱恻、痛彻肺腑的感情。

夫妻团聚与探视双亲不能兼顾时，如何抉择？山西太谷人、侍读学士温启鹏女儿温如玉，出嫁歙县人鲍叙昌，娘家、夫家都居住在扬州，可以常回娘家看望。道光二十二年（1842），鲍叙昌有黔西州知州的任命，温如玉要不要随同赴任？若不去婆母不高兴，若前往舍不得撇下母亲，终因服从出嫁从夫伦理，只得别母，侍奉婆母随夫上路，为此临行执闺密沈善宝手痛哭，忧形于色，憔悴不堪，随即在路途病逝，终年三十四岁（傅瑛书第475页）。两难愁煞了温如玉，使她将近中年命丧黄泉。婺源人王廷言之女王少华，面临与温如玉同样的问题，夫婿陈其松，父、夫皆为官员，她与父母两家都生活在南京。嘉庆十一年（丙寅，1806），陈其松要到四川上任，她眼看高龄父母处于日薄西山状态，还关心外孙，时常到书房询问读书情形，丢下他们实在放心不下，于是派两个儿子随侍丈夫赴蜀，可是儿子年幼，让她揪心，夜夜难眠。她在《浪淘沙》序与词道出复杂心境：“丙寅仲秋，余以侍亲留白下，遣方海、方澜两儿赴蜀侍夫子。”“浩魄满窗前，不照人圆，离魂真欲上青天。只为分巢双燕小，破尽宵眠。何计慰高年，日薄虞渊，时来甥馆问鱼笺。甚日浣花溪畔水，准送归船。”（傅瑛书第544页；陈其松在乾隆五十四年获贡生功名，此丙寅年，当系嘉庆十一年）如此选择，暂时与丈夫、儿子分离，冀盼早日团圆。

回娘家，是本人和娘家的喜事，远嫁女本人与父母都有这种期盼，但是身在异地，很不容易实现。白语生，翁姑居住扬州，丈夫吴参成寄籍江南太仓州，父母生活在南京，她多次想探视父母，没能成行，赋诗《屡欲归省未得》：“娇痴恃母爱，长大念亲恩。月满当幽户，云归思旧村。连宵惟梦见，隔岁只书频。何日扁舟去，轻风到白门。”她感念父母养育恩情，而今两地分居不得相见，思念不已，经常梦中相会，恨不得真能坐船到江宁拜倒在双亲膝下（傅瑛书第405—406页）。娘家是歙县人的范满珠，大约是从淮安返回夫家休宁，路过故母居屋，赋诗《舟过先母故居晤堂婶叙怀志感》：“五载重经此地春，伤心犹踏旧时尘。居楼半塌惟多黍，故旧同悲尚几人。久别离怀还欲诉，暂逢痛语又难陈。夕阳渐近催归棹，隔水烟花暮色新。”（傅瑛书第504页）目睹倒塌的楼屋荒草丛生，再也见不到慈母，伤心欲绝，见到堂婶也无心情叙旧 。

鸿雁传书，出嫁女与双亲常常用它传递喜讯。吴吴与白语生是姑嫂（吴吴与白语生是姑嫂关系，是大姑弟妹或小姑嫂则不清楚），如同白语生离开父母一样，她也同居住在扬州的父亲吴绮、母亲黄之柔分离，丈夫江闿在两湖、山西任府州县官，她也就随宦漂泊，一次接到母亲手书，兴奋不已，赋《喜得家宜人书》：“望见停云不见家，忽传锦鲤到窗纱。开缄瞥见平安字，不复兰缸一夜香。”（傅瑛书第 482—483 页）高兴的是得知父母平安。平安家信，对亲人是最可贵的啊！歙县人、嘉庆初年云南巡抚江兰女儿江秀琼，居停于扬州，赋诗给远在昆明任所的父亲——《秋日寄家大人》：“奉侍无由阻万山，新诗遥寄慰慈颜。春风好待江南路，万里锋车入觐还。”（傅瑛书第 454—455 页）期冀远隔万水千山的父亲奉召进京，顺路到江南，好得团聚。歙县人张彦如，从她的《季春归邗舟次怀古兰》《兰溪》《梁溪》《瓜州》《过鄱阳湖》等诗篇，可知她定居扬州，而常有他处游踪，乃父则有远赴甘肃的行程，《怀家大人兰州》：“三边月色侵裘冷，九塞霜痕点鬓明。”祈求严亲在恶劣气候下，衣着保暖，珍摄玉体。关切之情，溢于言表。赋诗报告、冀盼平安，是快事，而述说不幸的诗词，是向亲人倾诉，以明了她的状况。汪德贞（？—1907）的父亲休宁人汪述祖、丈夫嘉兴人钱耆孙，父、夫先后在京任职主事，她的《病中口占》：“病体恹恹伏枕时，深宵辗转倍愁思。盈盈无限思亲泪，多恐郎怜不敢垂。”（傅瑛书第 531 页）在病中，更加思念父母，因为可以诉说衷肠解忧，缓解精神压力，减轻病痛，可是又不便痛哭流涕地发泄出来，因为丈夫是关切自家的，若啼哭让他发觉，会使他不得安宁，只好忍着，就更难受不堪。人云“每逢佳节倍思亲”，诚然，“每逢疾病倍思亲”更为人之常情。金宣哲《病起》：“病起浑无力，终朝倚绣床。亲慈增食品，弟慧改医方。”（傅瑛书第 525 页）病中，母亲烹制美味佳肴，诱发食欲，增强抵抗力，弟弟帮助修改药方，以便药到病除。这个时候，怎么能不倍思亲呢？！钱塘人、守备吴孔皆女儿吴淑，出嫁休宁汪碧园。生病，思念母亲不已，勉强执笔赋诗《思母》："强拈韵管写韵笺，病里思亲倍可怜。欲寄断肠书一纸，无情北雁滞南天。"（傅瑛书第548—549页）殷德徽《谒奠先慈神影》："遗像依稀未写真，北堂展拜倍伤神。青衫犹认缝时线，白发长愁病缠身。一息如存呼莫应，十千营奠志何申。此生恨被簪环累，罔极无由报二人。"（傅瑛书第495页）看到母亲的遗像，虽然不太像，还是拜倒哭泣，想起慈母千针万线为女儿缝制衣裳，如今千呼万唤，无可奈何，只恨身为女儿，不能在娘亲身边终身报答。歙县人程瑜秀，出嫁淮阴人王延年，《思亲》："十月霜风透绮罗，梦魂常自越江波。近来泪为思亲落，却比潇湘雨更多。"（傅瑛书第525页）梦幻中见到朝思暮想的双亲，泪如雨下，思亲情切。范满珠，生逢明清易代乱世，《述母》诗诉说夫婿故世，儿子在先死亡，没有孙子，成为孤寡绝后的苦命人："独眠不禁冷风呼，催落梨花满地铺。可耐亡婿留女在，那堪儿死更孙无。枕前有梦谁人伴，灯下无言已泪枯。不是彼苍昏昧久，如何伯道暮年孤。"（傅瑛书第515页）由自身遭遇，控诉世道的不公，使用邓攸（伯道）无儿的典故，诅咒乱世苍天。

"姊妹花开连理枝，谁期今日也分离。"姊妹兄弟手足情

兄弟姊妹是连理枝，富有同根手足之情。闺中姊妹与兄弟因

一母所生，朝夕相处，自然感情深厚，及至有出嫁者，虽是人生必由之路，但总是伤感的，思念的，有关切的嘱托，盼望归宁团聚。

休宁人金树彩，为武昌知府金云门第三女，母亲汪氏（受封恭人），有长姊、二姊和哥哥，二姊出阁，三妹赋诗《送别二姊》三首，之一："鸰原分袂楚江干，惜别依依泪不干。一语教君须记取，音书频寄慰亲安。"之二："同坐西窗夜气清，围棋剪烛到三更。从今两地难回音，多少愁心寄月明。"之三："异地君休怀远念，萱堂我自劝加餐。"随后写出《夜坐怀二姊作》："姊妹花开连理枝，谁期今日也分离。……萱室倚闾长忆女，蕉窗对砚长无诗。星桥一别关山阻，两地相思只月知。"《送春日怀二姊》："怅望春闺人去远，杜鹃啼雨到妆台。"吟咏不绝，缅怀闺中共同生活（如深夜下围棋）的乐事，依依惜别；更关注、慰藉女儿出嫁后的父母情绪和健康，叮嘱二姊经常给双亲写信，但也不必过于悬念，由小妹安慰慈亲对你的牵挂，劝母亲多进饮食。妹妹希望姐姐婚后幸福，多方为她设想，姊妹之情毕呈。不幸的是兄长去世，三妹写出《哭兄》哀悼诗："兄妹相依十九年，那堪永诀去穷泉。伤心泪眼频偷拭，怕惹双亲更黯然。"（傅瑛书第523—524页）悲伤哥哥故世，更怕父母伤心，还要拭泪承欢。休宁人黄德容，为姊姊黄浣月的诗集写作——《题喷香阁稿》："绣阁余闲及简编，笔垂秋露墨成烟。蔷薇浣罢焚香诵，不愧闺中女谪仙。"（傅瑛书第519页）将姊姊方之诗仙李白。龚自璋和兄长龚自珍诗《春日登紫翠楼与定庵兄话别即和原韵》："诗句勉依慈母和，酒颜拼似阿兄醺。垂杨应解人将别，青眼盈盈意太殷。”（傅瑛书第 438 页）道出为哥哥送行依依不舍之情。黟县人朱秀荣亦用诗赋抒发兄妹手足之情。她是乾隆四十八年（1783）举人朱霈的妹妹，出嫁长沙某人。朱霈为幕客，往来于湖南、江苏，著《望岳楼诗》。朱秀容《题兄诗集》之一：“兄才如海思如花，号句披残日每斜。度得金针成底事，空将刀尺负年华。”之二：“潇湘江上送兄行，异地相看倍惨情。此去大雷须有寄，莫因新恨赋芜城。”（傅瑛书第 562 页）深知仰人鼻息的幕客难当，对兄长的怀才不遇而处幕深为怜惜，预计他此去又要奔波于苏州、扬州，不定在哪里遇到周折，劝他做好思想准备。不是兄妹，哪里想得如此周详。吴淑仪出嫁程秋渚后，与璧田、镜山两弟分韵作诗：“花好不妨邻共赏，诗成难得弟兄看。只因游子萦怀抱（时掌儿客燕），不为余先发感叹。”（傅瑛书第 480 页）兄弟姊妹和诗，本来应当很快给兄弟欣赏，因为牵挂在北京的儿子，暂时顾不得了。休宁人黄桂，翰林黄松妹，因兄外出两年未归，不知何故，很是挂念，赋诗《忆兄》：“乡书欲寄鸿难托，何事秋归兄未归。两见重阳人寂寂，菊花丛里对斜晖。”（傅瑛书第 519 页）歙县人程云（？—1770），出嫁仪征人汪文琛。《答芸姊》之一“潇潇雨夜响空阶，无限离愁拨不开。剔尽昏灯情已倦，清宵转喜梦频来。”之三“两地深情隔远峰，双鱼遥寄水重重。开时莫作寻常看，不尽愁思带泪封。”《和鹏妹雨窗诗韵》：“别来无限相思处，剔尽灯花独倚栏。”《暮春写呈鹏妹》：“年年好景多如此，偏觉春深感二毛。”（傅瑛书第 425—427 页）抒发离别情愁深重，梦中相会，感叹已出现白发。

方筠雪、方筠英、程再乾三姊妹、表姊妹的唱和是亲情的佳话。方筠雪，歙县人、教谕方澍长女，休宁程光勋妻，居住松江，乾隆十六年（1751）返徽州婆家、娘家，次年春天复往松江，她的妹子方筠英出嫁休宁举人胡赓善，制《送姊》诗二首，之二：“往来何匆匆，世事总艰辛。杨柳牵新恨，桃花乱旧津。一帆从此去，几载更相亲。迢递春江水，湾湾愁煞人。”（傅瑛书第436、517页）深恨世事艰难，造成欢聚之时短，离别之日长，令人忧伤不已。方筠雪的表妹、休宁人程再乾，赋诗为表姊送行——《寄怀方大表姊》：“相逢犹恨晚，别后更凄然。寄语云间鹤，今年又几年。”方筠雪的弟弟方成培谓此诗“情真意切，韵味甚长”（傅瑛书第520页）。说到表姊妹之情，另有表姊弟的关切亲情。休宁人江淑兰，日常与表弟戴颖生手谈、唱和，如作《杨柳枝·和戴颖生表弟》，又写《忆王孙·寄溯岷弟》：“对罢围棋别尔归，来翻旧谱认前非。”想当时情景，少女、少男为一着棋争胜负，而后表姊认识到有一步棋下错了。当表弟生病，江淑兰寄诗《踏莎行·讯颖生表弟病》：“茅屋沿溪，青山对户，琴声常歇书声续。连朝不见尺缣来，二竖却与诗魔渎。”（傅瑛书第521—522页）既表示慰问，期盼病愈，又写出表弟家居的幽静环境，琴声、书声飘逸户外，将山村读书人家求取发达的理想生动地吟诵出来。

在室女侍奉老亲与在室殉夫

有一种在室女，是作为未亡人的贞女在室侍奉双亲，或夫亡归宁。苦节侍亲的歙县人吴氏，吴正通之女，出嫁前一个月，未婚夫江某亡故，欲自杀殉夫，父母劝止，在娘家守贞，侍奉双亲二十余年至病终。她“酷嗜书史，能为诗，女红称妙绝一时”（傅瑛书第 479 页），侍亲之外以读书赋诗为伴，打发日子。歙县人汪桂芳，候补州同知汪震川女，许配方芬，十九岁时听说未婚夫死亡，绝食殉夫，留下《绝命词》二首，“可怜薄命成孤鹄，待向泉台结再生。”恨命运不济，用殉节表达来世再作鸳鸯的愿望。然而自尽，让双亲悲伤，而且也没有报答养育之恩，成了无法解决的内疚，是以诗云：“深闺惊说未亡人，空负韶华十九春。一自肠断魂不在，劬劳恨未报双亲。”（傅瑛书第 466 页）贞女殉夫，有诸多因素造成，其一，既然已经订婚，已然是未婚夫家的人，理论上说娘家就不是她的家了，成为无家可归之人了；其二，父母在世，依靠父母是情理中事，父母过世，在兄嫂或弟妇家中，就为难了，难以存身了；其三，改嫁，对笃信从一而终观念的人，是不能接受的。种种原因，一句话，不得已的处境迫使她们殉夫。这种从夫女教造成的悲剧，受害深重的除了贞女本人，还有她们的父母。

女子出嫁到夫家，要同陌生的丈夫及夫家的翁姑、伯兄小叔、大姑小姑、妯娌，以及宗亲、姻亲相处，需要有个磨合过程，甚至是痛苦的历程，因此特别需要延续娘家生活，故而有新婚三天回娘家的习俗，有通常的归宁，或者是锦鲤传书，用以维系感情。还有一层，嫁女与父母虽则分离为两家人，不过各自犹有责任感，经济上也互相关切，世俗中常有这种情形：爹妈瞒着儿媳儿子给婆家生活不宽裕的女儿以钱财接济，女儿亦复如此，用私房钱偷偷给父母资助。为什么要偷着、瞒着，就因为不是一家人了。虽有各种往来，但是嫁女总有一种“劬劳未报”的负疚感，而且极难消失。前面说了金宣哲《思亲》诗的起始部分，她接续写道：“定省亦未缺，别离尚无言。自从江右回（尝随侍吉水、鄱阳两县署中），人事多变迁。念父发渐白，感母心不宽（时中弟抱疴，而余亦以病弱烦母虑）。好风西北来，百里云漫漫。亲舍在其下，举首不得攀。非无孝养理，难作家庭看。伸笺写绸缪，欲泣声复吞。”“非无孝养理，难作家庭看”，已经是婆家的人了，怎么能再照顾亲爹娘，一语道出不能报恩的根本原因。

经济活动与移民社会

清代前期江南的商业与人们的消费

本文所说的清代前期，指顺、康、雍、乾四帝统治时代；而江南，指今天江苏南部，即通常所说的苏南地区，今天的上海市在清代为江苏松江府属县，自然属于本文的地理概念之内了。

江南植棉业和棉、丝纺织业的发展，促进了本地区及与其有经济联系的地区、部门的商品经济的发展，最显著的是湖广、江西与江南的米、布对流。

江南输出棉布引进食粮

雍正帝于元年（1723）说：

浙江及江南苏松等府，地窄人稠，即丰收之年，亦皆仰食于湖广、江西等处。（《上谕内阁》，元年十月二十六日）

《钦定授衣广训·织布图》

《钦定授衣广训·练染图》

四年（1726）又说："苏松户口繁多，民间食米多取给于外贩。"（《清世宗实录》卷五十一）次年，署理湖广总督福敏奏称："大江以南，皆系财赋重地，独至米谷，则江、浙等省每赖湖广接济。"（王先谦《东华录》雍正五年）皇帝和封疆大吏都讲江南（尤其是苏松）食粮不足，仰靠于外省的湖广和江西，情况确系如此。江南本是产粮区，也可以提供一部分商品粮，如每到秋天，河流中"农民粜米还租"的船只往来不绝（《江苏省明清以来碑刻资料选集》第638页），"田多而近郭者，碾以市于城"（同治《上元江宁两县志》卷七）。但远远不能满足当地的需要。在无锡，那些抱布易米而食的农民，"大抵多藉客米，非邑米也"（《锡金识小录》卷一）。松江府和太仓州人民的"每年口食，全赖客商贩运"。太仓州属的崇明县，在乾隆二十年（1755）以前，每年需买进稻米二十余万石。嘉庆末年，学者包世臣说："苏州无论丰歉，江广安徽之客米来售者，岁不下数百万石。"（《安吴四种》卷二十六）不论年成好坏，苏州总要输进几百万石的粮食，可见不是受丰歉的影响，而是当地口粮的正常消费。这几百万石的数字虽说的是嘉庆间的，但由于该地长期靠外粮，康雍乾时期当亦为数甚巨。米的买卖多，就出现集散地，吴县枫桥镇粮食市场最大，所以苏州俗语有"打听枫桥价"的话，也表明这个大米市的行情影响着其他地方。震泽县的平望镇有"小枫桥"之称，"米面及豆麦尤多，千艘万舸，远近毕集"（乾隆《震泽县志》卷四）。江宁产米，不够当地食用，采办外省米粮。嘉庆间江宁聚宝门外有32家砻坊，收购粮食，每年存仓粮万余石，仅够城中三个月的口食（《安吴四种》

卷六十六），则每年需要商品粮百十万石。这就使江宁成为一个大的米市，连其附近的安徽芜湖鲁港镇，也“多砻坊，为粮米聚贩之所”（嘉庆《芜湖县志》卷二）。

雍正帝上谕和福敏奏疏说江浙人仰食于湖广、江西的那个时期，“所称产米乡者，乃在湖广、江西三省”（《清经世文编》卷三十八赵青藜文）。两湖和江西以其丰富的稻米产量，可以部分供给江南民间的食用。江南的输入米，确系来自长江中游，乾隆元年（1736），安徽桐城人学士方苞说他流寓的江宁，“皆湖广、江西上游米粟所汇聚”（《方望溪先生文集》集外文卷一）。江宁人吃的是湖广、江西大米，苏州亦然，吴县人沈德潜诗云：

吴民百万家，待食在商艀。

转粟楚蜀间，屯积遍涯隩。商利权奇赢，民利实釜灶。

（《归愚诗钞》卷七）

《耕织图册》中的犁田图

《耕织图册》中的种稻图

江南买米所需的货币，为出卖布帛等物所得。有的商人把江南的棉布运往长江中游出卖，又有的贩来湖广、江西的稻米。嘉庆十五年（1810），湖广商人郘大志、熊正达等人自称：

> 向或自船自本贩米苏卖，或揽写客载运货来苏，是米济民食，货利□利，苏省之流通，全赖楚省之运转。（《江苏省明清以来碑刻资料选集》第 243 页）

这就是说，长江中游向长江下游供应大米，后一地区向前

《姑苏繁华图卷》反映的水上运输、贸易盛况

一地区输送手工业品，主要是布匹。乾隆初年，苏州布政使规定：崇明的“商人每年载布前往江宁，易米三万石”（《清经世文编》卷四十七晏斯盛文）。这是以江宁作为交易中转地，把太仓州的棉布运到江宁换米，再经江宁将布匹运到长江中游换回食米。崇明商人还可以到安徽枞阳采购七万石大米。因此，长江中游与长江三角洲的米布对流，互为市场。

江南和关东也互辟市场。据包世臣讲，自康熙二十四年（1685）以后，“关东豆麦每年至上海者千余万石，而布、茶各南货至山东、直隶、关东者，亦由沙船载而北行”（《安吴四种》卷一）。嘉庆中人谢阶树说：

> 关东每岁有商船二三千只至于上海，曰“沙船”，其大可容二千石。其人皆习于海，其来也，则载豆麦杂粟，一岁二三运以为常；而其去也，则仅易布帛棉花诸货物。（《清经世文编》卷四十七谢阶树文）

乾隆时苏州元和商人杨元利驾船到辽东贩豆，遇风漂到朝鲜，他和朝鲜人交谈了关东豆价及关东量器为苏州的2.5倍的情况（吴晗辑《朝鲜李朝实录中的中国史料》第11册4704页）。这令我们注意到江南与关东粮食交易的实际数量，可能要比记载的多。事实表明，江南、关东两个地区间，也是棉布和粮食的交流，不过这里的粮食不是稻米，而是杂粮。

江南和闽粤贸易，一方提供棉花，一方供给蔗糖和木材。上海人的记载说，闽粤人于二三月载糖霜来卖，秋则不买布，而只买棉花：“楼船千百，皆装席囊累累。”（褚华《木棉谱》）或者说：“海舸贩来红木段，洋行收去白花衣。”（杨光辅《淞南乐府》）

江南的植棉业、棉织业的发展和长江中游的植稻业有着密切的关系，同关东的粮食种植业、闽粤的种蔗业的发展也有一定关系，双方交换商品，互相开拓市场，共同促进商业的发展，活跃了当时的商品经济，也使棉布商和米商成为商人结构中的重要组成部分。但是发展并不平衡，江南植棉业、棉织业以及丝织业发展较为迅速，手工工匠、商人和植棉的农民需要大量的商品粮。湖广和江西产米虽多，然而该地农业尚未发展成商业性农业，提供的商品粮尚属有限，像江南每年以上百万石计的需求，还有浙江、福建、广东等省的需要，它就难于满足了。清朝政府给江南

缫丝

染丝

米商指定采买地点，就是供求关系紧张的表现。这就要影响江南植棉业和手工业的长足发展。

江南消费、娱乐业的发展

江南消费、娱乐事业也随着农业专业化、手工业的发展以及因此而促进的交换的兴旺而发达起来，它被统治者视作“淫靡”，屡加摧抑，最有名的是康熙中江苏巡抚汤斌在苏州的禁淫祠。因当地打牌、歌妓、礼佛、迎神赛会盛行，汤斌厉行禁止，据说出现了“寺院无妇女之迹，河下无管弦之歌，迎神罢会，艳曲绝编”的现象（汤斌《汤潜庵集》卷七）。其实这只是暂时的，禁止不可能长久生效，因为这是商业发展的结果，比如苏州五通祠，不仅成为娱乐场所，还是商人寄托心愿的地方，“商贾市肆之人，谓称贷于神，可以致富，借值还债，祈报必丰”（《汤潜庵集》卷七）。雍正帝干脆承认奢华现实，并且讥笑汤斌等人的徒劳之举，他说江苏的转移风俗，“前如汤斌等及几任巡抚亦有为此举者，皆不能挽回而中止，反致百姓之怨望，无济于事。如苏州等处酒船戏子匠工之类，亦能赡养多人，此辈有游手好闲者，亦有无产无业就此觅食者，倘禁之骤急，恐不能别寻生理，归农者无地可种，且亦不能任劳，若不能养生，必反为非，不可究竟矣（《朱批谕旨·鄂尔泰奏折》雍正二年六月初八）。他把酒船、戏子、匠工看成是养活人的职业，当然不便禁止了。

但这种认识在统治者内部仍有反复，如乾隆时江苏巡抚陈宏

《姑苏繁华图卷》反映的苏州城市贸易情形

谋、布政使胡文伯先后发出布告，禁止奢华和开张戏馆。但是最后还是要回到雍正帝的承认现实上来，如乾隆时《吴县志》的纂修者就以为穷人从事服务业，可以减少治安问题，认为富人的奢侈也有好处，所以说：

> 今之为游民者，无业可入，则恐流而入于匪类，幸有豪奢之家驱使之，役用之，挥金钱以为宴乐游冶之费，而百工技能，皆可效其用，以取其财，即游民亦得赡余润以丐其生，此虽非根本之图，亦一补救之术也。（民国《吴县志》卷五十二上）

或如嘉道时钱泳所说：

> 治国之道，第一要务在安顿穷人，昔陈文恭公（指陈宏谋）抚吴，禁妇女入寺烧香，三春游屐寥寥，舆夫、舟子、肩挑之辈，无以谋生，物议哗然，由是弛禁。胡公文伯为苏藩，禁开戏馆，怨声载道。金、阊商贾云集，宴会无时，戏馆酒馆凡数十处，每日演剧养活小民不下数万人。此原非犯法事，禁之何益于治。（钱泳《履园丛话》卷一）

他认识到这些是穷人的谋生之道，但没能揭示这些职业与商品经济发展的关系。

江南的所谓奢淫，主要表现在：

酒馆茶坊。苏州的茶馆，开始设在寺观庙宇，到乾隆前期，已遍于里巷（乾隆《长洲县志》卷十一）。常熟县在康熙以前，几家茶坊酒肆，还怕饭菜卖不出去，雍正时期起，酒馆增多，生意兴隆。迨后，县西的何家桥，县东的新巷，以及慧日寺前后左右，“茶坊酒肆，接拣开张”（光绪《常昭会志稿》卷六）。在无锡，康熙末年就出现“遍地清茶社”的状况（黄印《锡金识小录》卷一）。茶坊、酒楼以及家宴，多很豪华，费用很大，所以陈宏谋说苏州人，“一席费至数金，小小宴集，即耗中人终岁之资”（同治《苏州府志》卷三）。茶馆酒肆，在一定意义上说，是人们洽谈商务和其他事务的场所。

戏园。苏州的戏园，起初是“商家会馆藉以宴客”，为数无多，乾隆初它就散布于城厢，白天黑夜都进行演出，并有演唱传奇的赶到场集上表演，观众不仅是富商巨贾，还有城乡男女居民（乾隆《长洲县志》卷十一）。中康熙博学鸿词科的汪琬开玩笑地说苏州有两个特产，即状元之外，还有梨园子弟（钮琇《续觚剩》卷四），可见戏园业的兴旺。此外，有钱人还挟妓在苏州虎丘山塘、江宁秦淮河上冶游。

衣着。雍正时常熟人陈祖范说：“往时履袜之属出女红，今率买诸市肆矣。”（光绪《常昭合志稿》卷六）为讲求穿着，到市场上购买新产品了。苏州城里，人们不管身份地位如何，有钱就可以打扮，“冶容炫服，有一衣之值至二三十金者”（民国《吴县志》卷五十二）。生于康熙四十五年（1706）的昆山人龚炜，在其所著《巢林笔谈》卷五《吴俗奢靡日甚》中写道：

予少时，见士人仅仅穿裘，今则里巷妇孺皆裘矣；大红绿项十得一二，今则十八九矣；家无担石之储，耻穿布素矣；团龙立龙之饰，泥金剪金之衣，编户僭之矣。

可见雍乾以降，当地人衣着变化的迅速。

第宅园林。苏州园林，名闻天下，由来已久。乾嘉时期张士元在所著《嘉树山房集》中说："吴俗好为美观，势家富室甲第苑囿，往往穷极壮丽。"钟琦在《皇朝琐屑录》卷三十八写道："苏松所属地方豪族以奢靡争雄长，宴穷水陆，宇尽雕镂。"像康熙时户部尚书王鸿绪在原籍松江的赐金园，佳丽自然，博得康熙帝的欣赏，南巡时驻跸其中，亲书"松竹"匾赐之（嘉庆《松江府志》卷七十七）。正因为园林发达，嘉庆中修《松江府志》就用了两卷的篇幅描叙其状况。

宴饷宾客，征歌逐舞，衣着华丽，第宅雕梁画栋，是官僚和乡绅享乐、交际的需要。而这两种人，是传统社会各个时期、各个地方都有的，哪里这种人聚集得多，哪里就有这种奢华。但是商品经济发展、商人增多，就给这种"繁荣"添加了创造者。他们后来居上，才把这类消费大大扩展了。这一点，当时人看得很清楚。乾隆前期，长洲知县李光祚说该地，"一切唱楼酒馆与夫轻舟荡漾，游观宴饮之乐，皆行户商旅迭为宾主，而本地士民罕与也"（乾隆《长洲县志》卷十一）。酒楼戏馆成为商人活动的场所，他们在这里洽谈贸易，结交官吏、士绅，同时也是他们生活享受的需要。江南消费服务业本身也是商业，但它发展的前提却是商业性棉花种植业和丝棉纺织业的扩大。

农本观念依旧与金钱万能的认知

江南商品经济的发展，对社会观念形态是否产生了某种影响呢?

重农抑商的本末观，千百年来相传。江南丝棉织业的发展，是所谓工商末业的兴盛，植棉业虽属于农业，但当时统治者的观念，因其不生产粮食，也被当作末业，所以江南经济是末业的发展，它的繁盛，被人视作“是末富，非本富”（冯桂芬《显志堂稿》卷九）。确实，就人们的谋生之道来说，“人心趋末富，其权加本富之上”（包世臣《安吴四种·齐民四术序》）。但是重农抑末的观念是否因而有所改变呢?就笔者所见资料，不仅康雍乾时期，即稍后的一段时间内，传统的重农轻商思想还是在支配着人们。乾隆五十五年（1790）状元、吴县人石韫玉在《放舟吴淞》的诗中咏道：

> 愿依芦荻移家住，漫说江湖破浪行。
>
> 此去吴淞三百里，有田决计便归耕。（《独学庐初稿》卷一）

这是仕而归农的思想，还是想把仕和农结合起来。约在乾隆年间，吴江县分湖人袁琏因家道中落，弃儒经商，发财后，“买田分湖上，筑室种树，课子弟力耕，农隙课之读书，其不耕者仍遣服贾，贾还复读，不数年而贾者耕者接踵入泮矣”（柳树芳《分湖小识》卷二）。这是耕、读、贾三者结合，而归之于读，是“以末起家，以本守之”论者的一种内容。在武进城里有个开豆腐店的张金麟，一天对家人说：“吾在城数十年，饱食暖衣，农务荒矣，图目前之安，而不思经久之计，非所以贻后人也。”于是下乡“创置田园，建造房屋”，把妻与子打发回乡耕读，其年老也返回乡里（《毗陵城南张氏宗谱》卷四）。一个豆腐坊的小本经营者，经济比较稳定，尚且预防亏本而留后手，富商大贾经营不善，顷刻荡家，当然更要购置田产，以便败而有所归。就是这个原因，同治间修纂的《江宁、上元两县志》说当地人，“重本富，期久远”。江阴“大率商贾习俗，富则教子弟读书”（道光《江阴县志》卷九）。金匮（今无锡）人钱泳主张：“凡买产业，自当以田地为上，市廛次之，典与铺又次之。”（《履园丛话》卷七）其原因就是田园为务本的产业，店铺是从事工商的末业。末业已经给江南人民生活带来好处，给这个地区造成繁荣局面，但是鄙视工商的观念依然占据支配地位，可见要产生一种新的观念是极其不容易的，它不可能因经济状况的某些变革而立刻发生相应的较大变化。

就本末业的观念来讲是如此，但江南商品经济的发展，对人们的思想也非一无影响，特别是在对金钱的看法上，发生了值得注意的变化。

乾隆时武进人钱惟诚在《养民论》文中说：“今不重布帛菽粟而重金钱。”（《清经世文编》卷十一）就是说在一部分人中把货币看得比粮食、布帛还重要，因为“得金不患无粟”（《清经世文编》卷二十八钦善文），商品多了，有了钱可以购买。金钱，真正可以挡饥、挡寒了，货币势力增大了。钱泳在《履园丛话》卷七记叙过一个故事：

吾乡有富翁，最喜作刻薄语，尝谓人曰：“钱财，吾使役也；百工技艺，吾子孙也；官吏缙绅，亦吾子孙也。”有人诘之者，富翁答曰：“吾以钱财役诸子孙，焉有不顺命者乎？”语虽刻薄，而切中人情。

清初苏州年画《陶朱公发财致富》

人情以钱财为贵，是进一步认识到货币的威力。这个富翁的所谓使百工技艺、官吏缙绅都成了它的子孙，是深知有了金钱可以购买百工技艺的生产品，可以驱使官吏缙绅为他办事。钱可通神，人们早有所知，清代江南商品经济的进一步发展，作为交换媒介的货币的作用进一步显示出来，因而加深了人们对它的重视，对它的追求。但是，当时人对货币作用的认识也还是有限的，对比一下同时代的西方人的观念就可以看得更清楚了。在资本主义制度已经发展了的法国，作家巴尔扎克在《欧也妮·葛朗台》中写道："钱像人一样是活的，会动的，它会来，会去，会流汗，会生产。"又写道："金钱控制法律，控制政治，控制风俗，到了前所未有的程度。"金钱"会生产"，说得是何等生动啊！有了金钱，可以开办工厂，雇佣工人，制造商品，增值新的财富。金钱"会生产"，认识得是多么深刻呀！它比之清代江南人的见识显然高了一筹。究其原因，乃是在法国金钱控制社会达到前所未有的程度，夸张一点说是控制了一切，或者也是巴尔扎克在同一部小说中所说的："法力无边的财神，现代人的上帝。"金钱在中国的江南还没有取得这个地位，人们自然也不能有巴尔扎克那样的认识。

清初吉林的移民

吉林是满洲人清朝的发祥地，是清太祖、太宗经理天下的发迹地和根据地。所谓“清初”的时间概念，通常是从清朝的顺治元年（1644）算起，至于下限，则诸位史家见解不一。笔者之意，考虑到吉林史的具体情况，讲到清初吉林，不妨将清朝建国史（先清史）也包括进来，则所谓“清初”，始于清太祖起兵，止于乾隆朝前期，即公元17世纪和18世纪上半叶的一个半世纪里。

至于吉林的地理概念，清初与当今大不相同。清初吉林的境域辽阔，广达75万多平方公里，是今日吉林18万平方公里的四倍多。当日的辖区东达东海，东北至北海（含今萨哈林湾）、库页岛（萨哈林岛），西北至中俄尼布楚条约待议地区，西为今黑龙江省东部地区，南与盛京（今辽宁）威远堡（今开原东北）连接，东南以图们江、鸭绿江与朝鲜为邻。讲清初吉林，自然以此为地理范围，也即将后

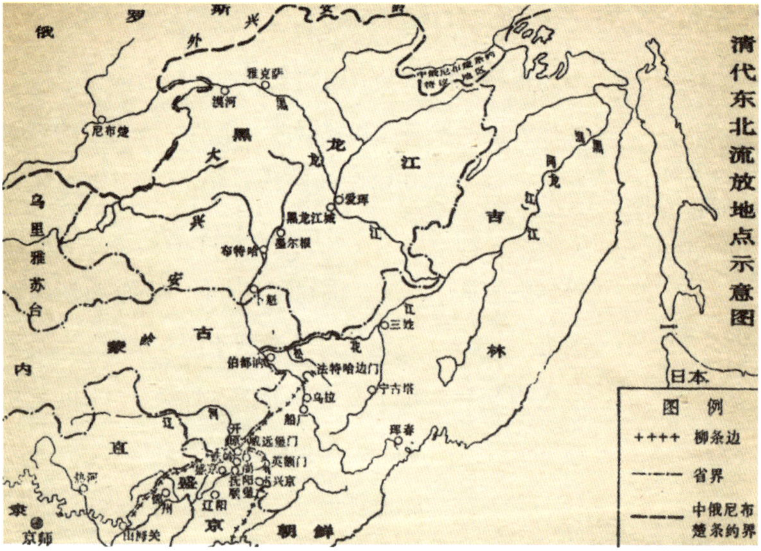
清代东北流放地点示意图
俄
罗
斯
外
兴
安
岭
尼布楚
雅克萨
漠河
黑
大
兴
安
岭
龙
江
爱珲
黑龙江城
墨尔根
齐特哈
乌
里
雅
苏
台
吉
林
三姓
宁古塔
珲春
伯都讷
法特哈边门
乌拉
船厂
开原
威远堡门
英额门
兴京
抚阳
辽阳
热河
山海关
京师
内
蒙
古
直
隶
盛
京
朝
鲜
日本
图例
++++ 柳条边
省界
中俄尼布楚条约界

清代流人流放地点图

来被俄国侵占及划入黑龙江省、辽宁省的地区包括在内。

康熙元年（1662），清朝政府设立宁古塔将军衙门于宁古塔城（今黑龙江宁安），管理吉林军民事务，1676年宁古塔将军移驻吉林乌拉（今吉林省吉林市），1757年易名吉林将军，下辖宁古塔、吉林、三姓、阿拉楚喀、白都讷等副都统辖区。

自古以来直到清初，吉林是满族人及其先民的聚居地，或者说他们是吉林的主要土著。在明代（1368—1644），他们分为许多族群，可归纳为三大部分：野人女真，居住在黑龙江中下游和库页岛；建州女真，原居于牡丹江下游，15世纪上半叶迁徙至浑河上游和长白山区，建立建州卫、建州左卫和建州右卫等三卫，故而得名；海西女真，经迁徙定居于松花江中游。女真三部分即归属明朝奴尔干都司统辖。海西女真的乌拉部在16世纪后半叶相当强大，通过贸易几乎把野人女真置于控制之下。建立清朝的建州左卫女真人接着兴起，它经历清太祖、太宗两代的努力，于16世纪末年至17世纪30年代统一女真各部，降伏海西女真的乌拉、哈达、辉发、叶赫四部，建州系统的苏克苏浒河、浑河、王甲、董鄂、哲陈、苏完、鸭喇古、讷殷、朱舍里、鸭绿江等部，东海的瓦尔喀、库尔哈、渥集、萨哈连诸部。这些女真系统的部落，也就是清代的满洲人，绝大多数居住在吉林地区，清太祖、太宗在征服过程中把他们编入满洲八旗，其中一部分编旗较晚，成为新满洲，也有一部分始终未纳入八旗。清太祖、太宗征调编旗满人投入辽宁地区的对明朝战争，以及1644年后的统一中国的战争。留居故土的八旗满洲、新满洲及未编旗的满人是吉林的土著居民。

清初吉林的满人，不论是老满洲、新满洲、未编旗的满人，在境内有所移动，尤其是处在东北边疆的满人向内地迁徙，新满洲不断扩大，使吉林腹地的满人有所增加，改变建国期被征调后人烟稀少的状况。如岳克通鄂城主充顺巴本率部屯住吉林乌拉，并定居于此。海浪河阎姓满人率族人迁居宁古塔城。1662 年清朝订立宁古塔将军辖区招编新满洲的奖励办法，1673 年前后，宁古塔将军巴海招抚边远满人至宁古塔城附近，编为 40 个佐领，号为新满洲，这中间有墨尔哲勒氏族，有卧密族陶姓，编入宁古塔满洲正蓝旗，并于 1674 年带领新佐领到京城朝见康熙帝。后来康熙帝巡幸吉林，赐诗巴海，称赞他“宣威布德，招徕远人”（民国《宁安县志》卷四），就是指的这件事。今黑龙江省依兰，清初是宁古塔将军辖下三姓副都统的治所，三姓是汉称，满语称为“依兰哈喇”，依兰是“三”，哈拉是“姓”，原来这个地方是赫哲人的葛依克勒、卢业勒、胡什哈里三个氏族于清初从乌苏里江口迁来，因此而得名。

居住在吉林极东北地方的赫哲人、飞雅喀人、奇勒尔人以及库页岛上的居民，皆臣服于清朝，清朝用姓长制度把他们组织起来，是吉林土著满人中的一种类型。

在明代，吉林也有少量的汉人成为土著居民。明朝大量汉人流入辽东，他们的后裔有人会北徙进入吉林，有的人会去做生意。清初被流放到宁古塔的张缙彦在康熙八年（1669）说，当地土人告诉他，这里有一座山像福建的武夷山。这个土人不是来自福建的汉人后裔，必是与早年的福建人有关系，否则怎么能知道福建的武夷山是什么样子的，怎能与宁古塔的作比较？这一事实表明明代就有福建人到宁古塔，并定居下来。直隶静海（今天津市静海县）人胡姓于明末到兴凯湖打猎，也证明吉林早有汉人踪迹，只是人数不多罢了。

土著居民中还有朝鲜人，他们多生活在长白山地区。

清初吉林的土著主要是满人，少数的汉人、朝鲜人以及其他少数民族。自 17 世纪中叶至 18 世纪上半期，有大量的新移民迁入，其中以汉人为多。

清初流入的汉人。清朝政府流放政治犯，于 17 世纪 60 年代后多指定去宁古塔城和吉林乌拉。如抗清的郑成功之父郑芝龙及其家属，顺治十四年（1657）江南科场案中的吴兆骞、方章钺及其父拱乾、兄孝标等，康熙元年（1662）浙江通海案中的杨越、钱虞仲等，均被流放宁古塔，内中又有人转戍吉林乌拉。1708 年江浙朱三太子案中人被发配到宁古塔和白都讷（今吉林扶余）等地。还有民间秘密宗教的信徒及其家属，如河南沈丘县秀才李明寰之弟在教，致使其母、明寰等被发遣宁古塔。被戍的还有出家人，如僧侣静今（静金、静经）是江南人（或说温州人），到宁古塔为观音庙住持。

三藩叛乱余孽发遣吉林，编入汉军当差。王世洗等于 1924 年编纂《宁安县志》，认为顺康间是汉人来宁古塔的第一期，而康熙滇变，藩下流徙东来，又犯罪陆续发遣，构成其主要成员。又说他们修志时调查老年汉民，询问其原籍，不是回答云南，就说是山东。眼见这种发配的杨宾说他来往宁古塔道上所见汉人，“非云贵人，则山东、西贾客”（《柳边纪略》卷三）。这都说明在吉林的云南人，多数原是吴、耿、尚三藩部下余孽及其妻孥在康熙中被遣戍的。比如后来成为齐齐哈尔大族的汉军崔姓，号称“崔半城”（西清《黑龙江外纪》），本是孔藩下属，发遣宁古塔，次后随军到了黑龙江。

清朝在吉林设有官庄，庄丁充当种地、打桦皮的差役；建有驿站，站丁传送公文；置有边门，台丁盘诘行旅；又有水师营，水手负有抗击俄罗斯侵略的使命。庄、站、台及水手营长官为汉军缺额，庄、站、台丁及水手由汉人充当，从三藩败兵和流放的汉人中签派（英萨额《吉林外纪》）。如水师营水手，原籍多属福建和湖广。

私自进入吉林的汉族、回族农民和商人。清朝政府对吉林地区实行封禁政策，不许流人擅自进入，前述边门就是为查禁闯入者设立的。但是吉林有广阔的处女地和名贵的貂皮、人参，吸引汉人冒险前来牟利。他们往往被称为流民。山东莱州人王孝子与母、妻渡过渤海，到宁古塔，转至吉林乌拉，做小生意。回民张广义、杨维平于17世纪到宁古塔贸易定居，至雍正六年（1728），加上陆续来的回民已有二十多户。直隶人张文玺在乾隆初年迁至白都讷，转到双城堡（今吉林双城），后来发展成为当地的望族。前面说到，杨宾指出商贩多来自山东、山西，稍后的情形仍然如此，不过由于数量增多，来地广泛，乾隆六年（1741）宁古塔将军鄂弥达报告：“流民多系山东、山西、直隶、河南等处人。”

吉林边民进贡图

(《清高宗实录》卷一五〇)。

迁徙入境的通古斯语系民族。在黑龙江将军辖区生活及受蒙古人一定控制和影响的通古斯语系民族锡伯、瓜尔察等族人相继进入吉林。锡伯族源，说法不一，或曰鲜卑，或云室韦，原居住在绰尔河流域，受蒙古人控制，清朝于康熙三十一年（1692）将他们编为佐领，称新满洲。在此以前他们已有一部分移往白都讷和吉林乌拉，康熙三十八年（1699）白都讷锡伯人奉命迁徙盛京。锡伯人在白都讷居住近40年，此后又有在北京充当王公包衣的锡伯人返回这里。瓜尔察人原来是蒙古人的附庸，据说康熙帝巡幸吉林时，悲悯他们的不幸，用银子赎出，编为新满洲，住于白都讷，后来与锡伯同时迁往盛京。

北京和盛京旗人移驻吉林。前述新满洲锡伯、瓜尔察从吉林内迁，新满洲赫哲、飞雅喀也徙盛京，又内迁北京。不习惯京中生活的，允许返回吉林故土。这种迁出而又能回吉林的是少数，但是清政府有组织地用北京、盛京旗人充实吉林，则有一定的规模。吉林各地驻有定额的八旗兵，且因时有新防区的设立，从老地区调兵驻防，就要不断补充，招编新满洲是一项来源，同时从北京、盛京派旗军前往。如康熙二十五年（1686）由吉林调戍黑龙江 1500 名，次年由京旗补充吉林 1500 名。乾隆 9 年（1744）将京师八旗余丁 750 名发往吉林拉林（今属黑龙江省）驻防，次年又派 250 名作为闲散余丁前来。清朝统治时间较长之后，八旗集中的北京、盛京的旗人生计发生问题，清朝政府开始向吉林派出旗人，进行耕作，作为一种解决办法。乾隆初年政府决定招佃开垦吉林五常堡荒地，沈阳旗人一千多户应招前往，乾隆八年（1743）被划入吉林旗籍。在有组织移民垦荒的同时，盛京旗下家奴也有携带家属私自前往的，而且日益增多，违背了旗人不得自行迁徙及封禁吉林政策。清政府鉴于形势，执行松动政策，对盛京兵部、工部、内务府壮丁、王公宗室家奴及旗下家奴，划入吉林官庄耕种，纳粮当差，对正身旗人也不一律捉拿押解回盛京原籍。

蒙古旗人。在吉林驻防军中，有蒙古八旗，为 1 个协领，8 个佐领，兵丁 401 人，弓铁匠 98 人。

移民的进入，使吉林的人口状况发生不小的变化。在 17 世纪吉林人烟稀少，流人钱志熙于康熙三年（1664）说宁古塔城，“皆深山穷谷，人迹罕到之地”（《宁古塔山水记》钱序）。当时宁古塔城为将军治所，竟那样荒凉，吉林其他地方的人口之少可以想见了。清建国期的统一战争和抽调人口，使得原先的一些市镇毁灭了，如叶赫新旧二城“俱无人迹”（杨宾《柳边纪略》卷一）。方式济道经于此，见状作《叶赫城》诗咏道：“空城草木长，狐狸自悲语。”又说：“史臣颂功勋，沧桑漏应补。”就是说不要光歌颂清太祖统一的赫赫神功，也应当看到他“杀王浮人民”（张玉兴编《清代东北流人诗选注》）的残暴性和破坏性。到18世纪上半叶，由于移民和土著的增殖，吉林人口有了明显的增长。1723年雍正帝说吉林乌拉“人口孳生，各处之人聚彼贸易甚多”，他的臣子也说这里“旗民杂处，商贾聚集”，因而民事案件增多，于是每年向吉林派出满、汉科道官各一名，进行纠察（《八旗通志》卷四十四）。又为加强对汉民的管理，决定在吉林设立专职民政长官，于1727年在吉林乌拉建立永吉州，于白都讷设长宁县，宁古塔建泰宁县。这些州县设立后，人口统计数字相继上升。永吉州雍正九年（1731）人丁1470丁，雍正十二年（1734）即达2186丁，三年之间增长近50%。长宁县1733年人丁179丁，次年为201丁（乾隆元年《盛京通志》卷二十三）。1734年盛京几个大州县的人丁是：锦县12239丁，宁远州7546丁，辽阳4539丁，承德3469丁，开原2439丁。永吉州以新立之地，人丁直追开原，可知其人口增加之迅速。这种发展趋势，使得清朝在坚持封禁吉林政策中，执行时有所松动，即已经到了那里的汉人，有了家业，不再当作非法移民强迫回籍，于是向政府申报户口的人员大幅度增多。永吉州在三年内多出近一半人丁，大约就是这样出现的。乾隆十五年（1750）清廷决策：

张玉兴选注《清代东北流人诗选注》书影

宁古塔及船厂工商佣作人等，不下三四万，有业可守，未免难迁，如情愿入籍，应分别纳粮、纳丁，随宜安插。（《清高宗实录》卷三五六）

这里说宁古塔和吉林城有汉族商人和农业、商业佣工三四万人，已不是一个小的数目。

但是吉林面积大，虽然人口总数有了增长，密度仍很小。据梁方仲《中国历代户口田赋统计》，乾隆五十六年（1791）吉林人口密度为每平方公里0.20口，为全国21个省、特别行政区的倒数第一，与人口密度最高的江苏的每平方公里332.38口，无法相比，连新建的巴里坤乌鲁木齐地区也有每平方公里0.40口的密度，吉林却只有它密度的一半。嘉庆十七年（1812），吉林人口密度上升到每平方公里0.41口，依然在各省区中属末位。正是因为这样的情形，嘉庆帝在1817年说“吉林土膏沃衍，地广人稀”（英萨额《吉林外纪》卷十）。不过，应该说18世纪上半叶吉林人口有了较大幅度增长，在吉林城、宁古塔、白都讷尤为显著，但总体上说，人口密度仍极其微小。

说明了吉林土著和移民、人口状况及变化，现在归纳一下它的居民民族构成和移民社会的特点。清初吉林居民，有原来的土著和新移民，这中间有属于满—通古斯语系的满洲人，即编入八旗的满人，赫哲、锡伯、瓜尔察等族人形成的新满洲，姓长制下的赫哲、飞雅喀等族人，编入八旗的蒙古人，说汉语的汉军旗人，还有汉人、朝鲜人和信仰伊斯兰教的回族。从民族上说，新满洲、八旗汉军、八旗蒙古，都属于满族共同体，均为满族。

满族是土著，吸收新成分，定居意识强，所以清初吉林满人居于人口构成成分的多数。在17世纪尤其如此，吴桭臣在《宁古塔纪略》里说：“凡各村庄，满洲人居者多，汉人居者少。”又说宁古塔“无商贾往来，往来者惟满洲而已”（《宁古塔纪略》）。18世纪上半叶有了变化，汉人移民增多，吉林城附近尤明显。统观清初全貌，居民以满族为主，汉人次之，朝鲜、回族稀少。但是值得注意的是移民不断涌进，在土著本来人数绝对量不大的情况下，移民对居民成分的构成，对社会生活的影响与日俱增。而且进入满族共同体的汉人、蒙古人、锡伯人、瓜尔察人、赫哲人，总还保留他们原来的民族文化的一些成分，与老满洲有很多不同，所以清初的吉林社会是以满族为主体的多民族的移民社会，因而产生相应的社会特征，需要给予充分的注意。

移民开发吉林经济

清初吉林有丰富的农牧业资源，但社会经济却很不发达。流人方拱乾说宁古塔四处都可以耕种，只要你愿意开垦，“一岁锄之犹荒地，再岁则熟，三四岁则腴，六七岁则弃之而别锄矣”。可见处女地多，又很肥沃。问题是要进行垦种，所以方氏指出“地贵开垦”(《绝域纪略·土地》)。吉林“三宝”人参、貂皮、乌拉草为人所熟知，不必说了，在清初垦辟之前，野生资源极富，民谚“棒打獐子瓢舀鱼，野鸡飞在饭锅里”(民国《双城县志》卷十五)，是极生动的描述，摆在人们面前的事情是如何去发展生产。

清朝政府重视驻军的生产，康熙帝于1682年巡视吉林后指示注意农事，劝勉兵丁，“使勤耕种”(《清圣祖实录》卷一〇二)。军队农业生产的办法有两种方式，一是按八旗组织，生产粮食；一是专门建立官庄，用汉军垦殖。到18世纪30年代，这两种方式垦田139435垧，约合13943.5顷；另外台站役丁垦地24684垧。官庄组织办法是每庄壮丁10名，每名每年向官府交粮，起初是12石，另交草300束、猪100斤、炭100斤、石炭300斤、芦100束，后来改为交粮30石。也就在这时，将部分台站和官庄的垦田31782亩改为民田，照民田法征税。其实，这是民人向军队渗透，代官兵垦种，至此政府承认这部分民人的垦种权利。这种民人是汉人私自移徙来吉林的。

清朝政府往往把流放人口赏给满洲、新满洲为奴隶，还有人到关内贩来奴婢，这些奴隶有的被用作农业生产，所谓“宁古塔多业农贾”，“农则无算，而奴为多”（《柳边纪略》卷三）。这些奴隶会利用汉人的农事经验进行生产。

流民和流人进入吉林，把汉人的农业生产技术带来，在自身生产的同时，传授给满洲土人。流人到吉林，为维持生活，就其所长，“黍稷自耕耘”（陈志纪《塞外岁暮枕上作》）。流人、流民很快改变宁古塔的生产面貌，原来此地不种粮食，“迁人比屋而居，黍稷菽麦以及瓜蓏蔬果，皆以中土之法治之，其获且倍”（张缙彦《域外集》）。前述18世纪30年代纳税的民田31872亩，到1748年增至454055亩，为原额的14.29倍，增长速度惊人。这主要是清朝政府在吉林设州县认可流民垦荒的结果，如1727年设永吉州，时有粮田14061亩，1734年增至27213亩，还有一批尚未达到纳粮年限的新垦田没有计算在内，所以实际垦田要比纳税田多。流民初到吉林，没有居住权和认垦权，依附于旗人，充当其佃户，受其控制，所谓“流民多藉旗佃之名，额外开垦，希图存身，旗人亦藉以广取租利，巧为庇护”（《清高宗实录》卷三五六）。1726年清政府允许佃户向政府登记纳粮，“不许原主侵占”（《八旗通志》卷十八），有利于汉人移民的垦种。在流民作为佃户时，与其旗人田主，必有农业经营方式和耕作技术的交流，对促进当地农业生产整体的水平提高必有好处。成百上千的流民进入深山密林偷刨人参，因为人多时间长，自带粮食不足食，逐渐学会分工，一部分人采参，一部分人种地，增产了粮食。旗人也因采参不足以维持生活，需要学习种地，于是从汉人那里学到了技术。

满人精于狩猎。八旗官兵四季从事捕猎，有多种方式：小围，当天或二三日内来回；秋天打野鸡围；十一月打大围，一去二十多天，按八旗各据方位，缩小对野兽的包围圈，合围之后，没有将令不许擅自射猎；十二月底举行年围。冬至时期，令士兵到各山野烧荒，以便来年草木长得更加茂盛。端午节后派人统一牧放马匹，为逐水草，常去几百里以外，到七月马肥始返回住地。军士捕猎，大体上采取平均分配的方法。康熙帝指示，“所获禽兽，均行分给”，分配前要注意通知贫人，以免遗漏（《清圣祖实录》卷一〇二）。满人狩猎技术高明，很能跟踪禽兽，必捕获方休，汉人见之，惊叹不已。吴振臣说满人“最善于描踪，人、畜经过，视草地便知，能描至数十里”（《宁古塔纪略》）。三姓副都统辖区的满人，基本上以渔猎为生，以生产貂皮和东珠为上品。汉人到吉林，向满人学习狩猎，如流人陈志纪《宁古塔春日杂兴》中所咏：“从人学射猎，驱马试讴吟。”

吉林幅员辽阔，各地生产状况不一，发展也不平衡。19世纪20年代问世的《吉林外纪》描叙各地经济与民风情形是：吉林乌拉人“务农敦本，以国语骑射为先”；宁古塔人“耕作之余，尤好射猎”；珲春“旧无丁民，亦无外来民户”，“捕打海参海菜为生，少耕作”；白都讷人“好骑马，常于马上掷木棒，捕野兔山猫，百发百中”；三姓人“善骑射”；阿勒楚喀（今黑龙江双城）人“尚耕钓，素称鱼米之乡”；拉林人“务农之余，熟娴骑射”；双城堡“旗丁娴熟耕作，地利大兴”。以上说的包括18世纪后半期情形，不完全是清初的，但其中只有阿勒楚喀、双城堡、拉林是后发展的，所以还是基本上反映了清初吉林的经济状况。

总之，就农业来说，17世纪的吉林缺乏农耕，生产以采集业和渔猎业为主，18世纪上半叶农业在吉林城、宁古塔、白都讷兴起，为以后的发展奠定了基础。

清初吉林商业变化比较大，主要体现在吉林城和宁古塔城的兴起和走向繁华上。清初之始，商业原始，少交换，多系以物易物。流人、流民的移入，家畜业的相对发展，行政中心的建设，促进了商业的兴起。17世纪中叶，宁古塔人出门不用带粮食，走到哪里吃到哪里，不给钱，主人也不觉得是做了好事。说明那时少行旅，缺乏商品意识。1689年杨宾从关内到宁古塔，在吉林境内，也是行人不带食物，投宿主人家招待吃住不要钱，但没过多久，行人大增，主人招待不起，收取饭费，表明商业兴起了。宁古塔城，唐时渤海国上京龙泉府，历史上有过辉煌的一刻，清朝在这里设将军府，安置流人，“立场集，教民贸易”（张缙彦《宁古塔山水记》)，又建新城，居民上千家。18世纪初有商店36家，32家设在东关，另4家开在西关，22家买卖食品，10家经营布帛杂货。附近村庄居民到城中贩卖鸡豚粟布蔬菜，也有城里人到村屯买卖货物，“商农便之”。当地产藕，满人不知是食物，汉人教给他们食用，并拿到城里出卖(《宁古塔纪略》)。做生意的多是汉人、回民，其中有流入的读书人和官员，他们颇有社会地位，因为满人官兵经常向他们赊账，不能不买他们的情，他们甚而能和将军、副都统结交。出生于宁古塔的吴桭臣说，当地“人烟稠密，货物客商络绎不绝，居然有华夏风景”(《宁古塔纪略》)。吉林城，明初开发努尔干都司地区，特在这里设立造船厂，后来随着明朝的衰落而停止发展。清朝再次于此建船厂，设将军衙门，成为吉林行政、交通中心，立刻兴旺起来。18世纪初，人烟辐辏，仅流人就有千余家，“百货凑集，旗亭戏馆，无一不有，亦边外一都会也”(《柳边纪略》卷一)。吉林城在位置上靠近盛京，满人之外，为关内和蒙古人聚居地，农、商业易于发展，繁华程度很快超过了宁古塔。

清朝对实行姓长制的部族，在接受其朝贡之时，开展边民之间的贸易。朝贡地点初在宁古塔，后改在三姓。凡纳贡之姓长、乡长、民户，每户政府选收一张最好的貂皮，并给予赏赐。他们所带来的其他物品，可以自行贸易，所以每当纳贡之期，麇集了各族商人，开展交易活动。土人所得赏物袍帽、靴袜、汗巾、扇子，有的人并不把它们看得贵重，贱价卖给识货的商人。

吉林地区还与朝鲜开展贸易，从宁古塔到朝鲜会宁府购买食盐，交易牛马布铁。

清初吉林商品交易大体如此。到19世纪初，吉林城有了粮米行街，宁古塔南门外也有了商店，白都讷南北街皆有商铺，三姓西门外街市尤盛，阿勒楚喀西门外商贾辐辏，比清初又有了进步。这说明清初吉林商业的兴起只是初步的，是在几个城镇表现出来的。

研究清初吉林开发历史，需要充分肯定移民带来先进文化的作用。流民、流人以汉族的农耕技术开荒种田，与汉军的垦荒，使农业生产不再是稀罕的事情。商业，基本上是移民汉人和回民的职业，可以说移民是吉林经济发展的活力，是主要社会力量之一。

吉林移民和土著的文化交融

清初吉林文化可以简单地分为两大系统，即旗人和汉人两系。但实际情况要复杂得多，旗人中有满、蒙、汉军和新老满洲的不同，流人来自关内各省，生活方式不尽相同。人们汇集吉林的始初，各自按照原来的文化习俗进行生活，互不干扰。方拱乾说：

> 八旗非尽满人，率各因其类以为风俗，华人则十三省无省无人，亦各因其地以为风俗矣。（《绝域纪略·风俗》）

时间稍久，移民和土著互相学习，开始接受对方的习俗和文化，特别是土著满人与到内地的有所不同，尊重汉人，因而双方关系融洽，为相互学习创造了良好的社会环境。民国间《宁安县志》编撰者总结早期满汉关系，指出官员由满人担任，汉人相形见绌，但“满俗敦厚，对于汉人猜嫌夙泯，若恃势凌侮之事，绝少闻见”，甚至对汉族流人表现出相当尊重。如在宁古塔，满人对流放的监生、生员统称为“官人”，加以尊敬，“盖俗原以文人为贵”（《柳边纪略》）；见到流人，凡骑马者必下马，行路的则滚道边，不荷戈的老人则匐伏在地，等士大夫过去才起身行走。满族上层与流人中的名士交游，把他们吸收为幕客和西宾，像苏州慎交社领袖吴兆骞受宁古塔将军巴海之聘请为书记兼教席，他与副都统安珠湖，参领萨布素、穆参领、阿佐领等为友，在《陪诸公饮巴大将军宅》诗中咏道：

> 四座衣冠谁揖客，一时参领尽文人。
> 褐衣久已惭珠履，不敢狂歌吐锦茵。

吴氏参加巴海与其部属的宴会，虽然行动还有所顾忌，与满人不能完全打成一片，但巴海帐下有不少汉族文人，能混迹于满洲上层，就显出满人的宽容，是文化认同的条件。泰州人陈志纪《宁古塔春日杂兴之三》云：“幕府虽加礼，乡园尽已疏。”在怀念故乡的情绪中，显现出满族将领对他讲礼仪，或许亦应聘入幕。他以行医为生，想来亦多为满人诊治。满汉畛域之见双方都存在，在清朝政策中表现突出，如始初不许汉人住在宁古塔内城，三藩之乱从吉林调兵，才允许汉人进住。汉人与汉军原来民族相同，汉军保留汉文化和生活习俗，所以流人“每与汉军为伍”，满人常把流人与汉军合称为汉人（《柳边纪略》卷四）。总的说，在吉林，满人较宽容，满汉隔阂不严重，双方能取长补短，文化与生活面貌各有所改变。

雍正十二年（1734）吉林地方官员报告民俗，说永吉州质朴气刚，人敦忠信；长宁县崇俭尚朴，渐濡声教；宁古塔性直朴；白都讷俗贵直诚；珲春俭朴相尚（乾隆元年《盛京通志》卷二十五）。这里所说的民风旗俗，不外两方面内容：朴质憨厚，是古代农业、渔牧业民族的特点；崇尚忠信，是汉族儒家文化的表现。这两项内容，在永吉、长宁汉人较多的地方结合起来了，在满人聚居地主要是质朴一面，礼教尚少，表明吉林满人部分接受汉文化，转变自身生活方式，但转变还不大。清初吉林满汉文化的糅合，并保留各自特点，从下列几方面可以有所了解。

节日。各民族有其自身的节日，表现其民族特征。清初满汉又有共同的节日。大家都过新年，只是各有特点。除夕，满人幼辈到长辈家辞岁，行叩首大礼，长辈安然受之，不回礼。汉人贴春联，所谓“茅屋桃符仍旧俗，瓦盆麦酒是新茝”（《柳边纪略》卷五）。到了新居地，没有节日用的细瓷器皿，只好用瓦器盛麦制劣酒了。满人也贴春联，用红纸以图吉祥。元宵节，流人姚琢之按汉人传统习惯，制作灯笼，引动土人和迁客聚观，以此传播了汉人文化和上元节风俗。清明节，满汉均行扫墓，满人富贵者骑马乘车往墓所，贫民带上祭品和炕桌。这种共同的节日活动，表现出节日文化的大同小异。

衣着。服饰对清初吉林居民有三重价值，一是御寒，二是美观，三是表示身份。对此，满汉趋同的审美观在加强。原来宁古塔满人只穿麻布衣、鹿皮衣，汉人带来布帛，富贵者兑换，穿着以为时髦。后来风气变化，富人穿绸缎料子，冬天穿猞猁狲、狼皮大衣，穷人才穿布帛。由重视布帛到时兴绸缎的变化，和历史上的汉人一样，有个衣着审美观的变化过程。城里是这样，村屯民众则是传统服装。清末记载云："身则短衣，足则乌拉，首则皮帽，仿佛先代衣冠习俗然耳。"（《长白汇征录》卷四）清末尚且如此，清初自不必说了。

饮食。这方面随物产而定，移民入乡随俗，吃兽肉、稗谷，这是受满人影响；满族上层食不厌精，系受汉人积习的同化，豪家"不嫌几席少，偏爱酒席深。风俗套卢橘，人情厌海参"（《柳边纪略》卷五）。

丧葬习俗。汉族实行土葬，满人习惯于火葬和风葬，这是满汉丧葬的根本不同。满人棺盖尖而无底，内垫麻骨苇柴之类，以便火化。富贵者生前指定一妾殉葬，不得推脱。孝子为父母守丧，一年除服，在此期间不许剃发。在满汉丧俗中也有相同的地方，如入殓都用装裹，出殡仪式与佛教有一定关系，讲究做七，都有守丧期。满人还有树葬习俗，置尸于大树干内，置放陪葬物，用这种葬法的多为萨满教职业家。还有风葬，即将棺木放在野外木架上，俟棺木将朽，再入土下葬。蒙古人死后与多数满人一样实行火葬，妻妾愿意殉葬的，听其本人自愿。满人后来改行土葬，而蒙古人维持葬俗久，直到清末民初才仿满式土葬法。这表明满汉融合快，而蒙汉融合慢。

婚姻习俗。满人联姻，选择门第相当的人家作为对象，请老人去说媒，得到允许，男方之母去女家探视，给簪铒布帛，女家接受了，男方之父率其子拜访女方姻戚家，无异词，再去女家叩头，才算把亲事定下来，接着是下茶请筵席，都是男方的事，女方则办陪送。结婚时不用傧相和鼓乐，迎亲用轿车，挂起红绿绸。新娘只拜公婆，没有交拜礼。婚龄早，多在十岁之内，否则被视作晚婚。汉人也早婚，但满人最早。汉人历来有婚嫁六礼之习，各个时代侧重点有所不同，满人没有六礼之说，但请媒说合，下彩定，举行隆重结婚仪式，以及由家长主婚，皆是相同的。满洲上层实行一夫多妻制，与汉人上层一样。满人离异不像汉人看得那么重，男子有了新的意中人，动辄令妻离去，即使子女已年长，甚至成亲了，也不敢劝乃翁留下老母；离异妇女也容易再婚，婚后到前夫家与新妇还可以交友，不受离异的影响。

满人受儒家礼教影响，逐渐讲究守寡，清政府以旌表加以提倡。康熙雍正间宁古塔城受旌扬的有镶黄旗尼哈拉氏兵丁尼雅讷妻等 7 人。乾隆四十五年（1780）以前三姓城受表彰的有旗人寡妇 26 人，其中蓝旗满洲披甲纳木力妻舒穆鲁氏，25 岁夫亡，守寡 23 年；吉林城满洲闲散德得未婚妻守贞亡故，1774 年受旌。雍正年间定制，寡妇守节 15 年以上、45 岁以上亡故才可能得到旌表，所以上述三姓和吉林城受表彰的节妇贞女，均生活在 18 世纪上半叶以前。她们以汉人的从一而终的观念为理想，守寡不再结婚。

社交礼仪。满人的社会礼节有多种内容：尊重老年人，不同年龄的人同时出行，至宿处，老年人歇息，年轻人侍候，各自以为当然；客人来了，请坐南炕，因满人居室，南、西、北三面皆有炕，主人居南炕，奴隶居北炕，故请客人南炕上坐；相见行握手礼，互致问候；久别重逢，行相抱礼。

汉人对女子的“别内外”规范，要求严格，虽然在社会下层做不到，但上层是要注意的。满人开始无所谓，后来也有了别内外的要求。前述客人到宅，延至南炕，“往来无内外，妻妾不相避。年长者之妻呼为嫂，少者之妻呼为婶子，若弟妇”，男女关系比较自然。家庭宴客中间，妇女出来敬酒，跪地奉劝，等客人饮了酒才起身，这样客人就不能不多喝了。这种内外无别的情况，至康熙末年已开始有了变化，首先表现在住宅内，用帐帘分隔南北，用汉人的眼光看是“障之成为内外矣”（《绝域纪略·宫室》）。

娱乐。汉人上层把一些娱乐方式带到吉林，汉人张缙彦家中养着歌妓 10 人，汉人祁班孙、李兼汝调教的戏班有 16 人之多，但这种家庭剧团，大约因经济条件的限制不能长久维持，后来解散了。他们演唱的大约是昆曲。康熙二十八年（1689）山东马戏班子到宁古塔演出，给人们留下很深的印象。吉林城比宁古塔进一步，出现了戏院，人们能够经常看到演出，增加生活的乐趣。流人还偶或组织诗会，吴兆骞、张缙彦、钱威、姚其章、钱虞仲、钱方叔、钱丹季七人，于康熙四年（1665）集会赋诗，为一方雅事。马吊，也被汉人带来，引起满洲上层少年的浓厚兴趣，他们所用的筹码，都是从北京买来的上等品。对于这种不正当的娱乐，杨宾讽刺道：

少年新丰客，翩翩亦自豪。

围棋群赌墅，叶子日分曹。
果下高丽马，腰间大食刀。
可怜编卒伍，万里驾风涛。（《柳边纪略》卷三）

满人还有传统的民族娱乐，如莽式歌舞，每当欢庆之时，男女二人相对而舞，观者拍手歌唱以助兴。儿童玩一种叫作噶什哈的游戏，用狍、鹿前腿前骨灌上锡，放置地上，投掷中者为赢，有时年轻人亦参加玩耍。

上述种种事实，不难明了满人是比较开放的，他们乐于向先进文明学习，但是这与当时清朝政府封闭吉林的政策相矛盾，否则这个地区融合的速度还要快一些，进步多一些。清朝封禁吉林，严禁汉人入内，又强调落实国语骑射政策。官方兴办满学，1676 年康熙帝命令在宁古塔办满学，亲自审订规则，赐学校名“龙城书院”。康熙三十二年（1693）在吉林城设满洲官学，雍正五年（1727）建宁古塔官学，珲春亦设立了学校，令“教化所兴，

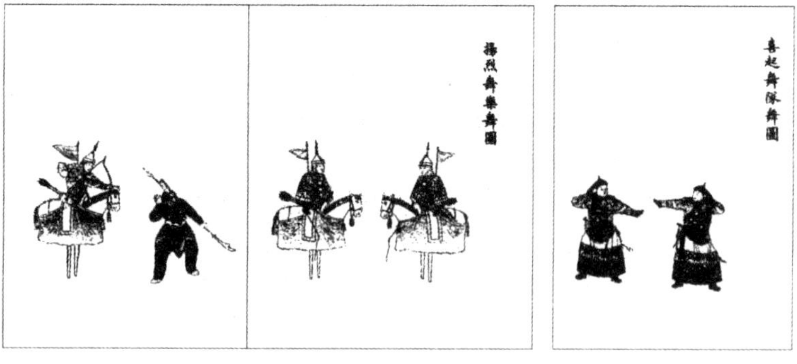

满族乐舞图

无应弗漏”（民国《宁安县志》卷二、乾隆元年《盛京通志》卷二十一），学生学习满文与骑射技艺。雍正二年（1724）在吉林设蒙古学，但是没有儒学（汉学）。同年给事中赵殿最建议在吉林城设立文庙，开办学校，供满汉子弟读书考试。雍正帝不批准，认为这是无益的事情，因为清朝“唯赖乌拉、宁古塔等处兵丁，不改易满洲本习，今若于此崇尚文艺，则子弟稍颖悟者，俱专意于读书，不留心武备矣”；本朝靠的是武略，焉用文教虚文来粉饰（《八旗通志》卷六十七、《清世宗实录》卷二十二）。满人在关内汉化较迅速，相比之下，吉林满人比较保持本色，1800年嘉庆帝称赞“吉林地方，清语骑射俱好”，下令把犯错误的京城旗人发往吉林，学习清语骑射，以保持满人本色（《清仁宗实录》卷六十四）。官方这一政策，使吉林满人难于学到汉文化，所以长时间不出学者，影响当地满人文化的提高。所幸的是当地满人不保守，自发学习汉文化者也有一些。如前述巴海聘清吴兆骞教其二子读书，阿思哈之父有《通鉴纪事本末》，车尔汉之父有《大学衍义》《纲鉴》《皇明通纪纂》等书，显然他们读些儒家史书，不过这类人不太多。

上述诸种事实还告诉我们，吉林满汉各族人民追求中华文明之大同，并保持民族之差异，民族杂居，很容易在各自文化中造成你中有我、我中有你的情况，清初吉林社会亦是如此。满人吸收汉文化，汉人接受一些满人生活方式，两种文化向接近方向前进。杨宾在《宁古塔杂诗之十三》中写道：“只今风俗变，一一比皇畿。”这个以满人为主体的地区文化与首都相近似，说明宁古塔文化基本上是汉文化。杨宾在同诗之一中说：“老亲忠信在，不减住中华。”（《清代东北流人诗选注》）赞美其父杨越德高望重，与在内地一样受到宁古塔满人的尊敬，只有社会道德标准统一才会有这样的共识。这都说明吉林满族、汉族不可分离，中国多民族大家庭更趋巩固。当然，吉林满汉各族仍有各自的民族特征，仍然是独立的民族，这才使吉林文化色彩纷呈，异样多姿。满族接受汉文化有个过程，在吉林各区域也不是同一速度的，如赫哲人迁到桦川地方的，编为新满洲后才学习满文，保持了一段时间，直至清末才学习汉语汉文（民国《桦川县志》卷二），其生活方式的变化就缓慢一些。

吉林移民及土著的信仰

清初吉林移民与土著的文化交融，还应当包括和体现在信仰方面，这儿就来涉及这一事项。

汉人崇奉天地神祇和祖宗，对佛道采取宁肯信其有而不敢抗违的态度。清朝政府尊重汉人的信仰，把对天地神祇的崇信作为国策，向吉林推广，迅速建立各种坛庙，也给满人不少的影响。

兹将永吉州、宁古塔的坛庙设置分别立表于下：

永吉州坛庙表

名称	建造年代	备注
社稷坛	1732	
风云雷雨山川坛	1732	
先农坛	1732	
望祭坛	1733	望祭长白山神
关帝庙	1665，1701	共三所

续表

名称	建造年代	备注
马神庙	1671	
城隍庙		
天齐庙		
火神庙		
财神庙		
文昌庙		
百吉庵		
西方庵		
九天元(玄)女庙		以上据乾隆元年《盛京通志》卷六
药王庙	1738	据《吉林史迹》

宁古塔祠庙表

名称	建造年代	备注
观音阁	1664	住持静今、寂印
老君庙	1666	
三官庙	1682	住持朱一翁
古佛寺	1691	住持荣惠
娘娘庙	1692	住持洞贵
财神庙	1706	
火神庙（既济庙）	1710	兼祀火神、龙王，住持天然石
石佛寺（兴隆寺）	1713	古废寺，至是重修
药王庙	1715	

续表

名称	建造年代	备注
老圣庙	1715	
城隍庙	1722	
土地庵	康熙初	住持尼，王姓
西来庵	康熙初	
清真寺	康熙间	
关帝庙	康熙间	三所
地藏庵	1729	
功德院	雍正间	民妇石熊氏舍宅
弥勒院	1739	
山神庙	1747	以上据民国《宁安县志》《柳边纪略》《宁古塔纪略》《域外集》《吉林外纪》

吉林其他地方也不乏祠庙，关庙和佛刹设立相当普遍，为省篇幅，不再罗列。上列种种坛祠庙宇中，有几种类型：

政府的构置，如社稷坛、先农坛、望祭殿等。这些坛祠，在直省地区，普设于各府州县，清初在吉林推广到永吉州、长宁县。崇奉天地神祇是官方敬天哲学和政治思想的表现，对民众起教化作用，汉人早已世代传奉，至此教育满人接受。

纯宗教的寺院，如佛寺、道观、清真寺。回教徒多是其宗教的虔诚信奉者，僧尼道士照说应当是忠实信徒，但不尽然，清初吉林的僧衲多是有政治原因而寄身空门的。虽然如此，他们既着衲衣，便从事佛教之宣传，与流人结交自不必说，且与流人中的

萨满画像

居士共同宣扬，而满人上层亦颇以崇佛为事，乐建庙宇，宣讲佛理。起初满洲人不识佛教，当和尚诵经时，围观笑乐，随后有了一点佛教知识，乃严肃起敬，学着合掌旁听。而蒙古人原来就信仰喇嘛教，习以为常了。满洲上层接触佛教早于一般满人，巴海令建宁古塔西来庵，香火旺盛，安珠湖常去游观，令于附近建观音阁，信士崔某与僧静今董建成功。康熙七年（1668）从北京来的和尚天玺又发愿在庵前筑莲花池，流人张缙彦等助他建成。沙兰废城原有一石观音，康熙二十八年（1689）宁古塔蓝旗协里巴黑塔遗命长子吴达哈为之建庙，吴达哈出资，静今董其事，于次年竣工。事实表明，佛寺之建设乃满人上层、流人和僧侣合作进行的，以向土著与移民展示佛的力量，使佛教走向吉林民间。

有本为汉人的信仰，很快被满人接受，如关帝庙、城隍庙等。汉人信奉关羽，在宁古塔建庙，开始挂的是关公画像，后来觉得不够威严，适有从湖广来的汉人会雕塑，于是改为塑像。在土著满人不知道佛的时候，已粗知关帝，逐渐建起庙宇。1727 年泰宁令戴肇铭给关庙写匾额和对联，誉关羽为“亘古一人”“品物咸亨”（民国《宁安县志》卷四），向民众宣传关公。当五月初三日关公诞辰时，吉林人进行奠祭，同时举办庙会，康熙间流人张贲咏其盛况：“奔走同羌貊，喧阗汉将祠。殊方咸虎拜，绝塞有龙旗。”（《清代东北流入诗选注》）对关公的崇拜，把满汉人民连在一起了。

有满人所推崇的，也为汉人所乐奉，如山神庙、马神庙。满人发祥于长白山，又以满语骑射为传国政策，对山神、马神的礼拜是自然的事情，所以建庙表示心愿。山神庙建立在山间，设备简陋，往往在深山绝涧，架木板为小庙，庙前树木杆，供山神，祈求其保护，免遭猛兽侵袭。

满人保持其萨满教信仰和祀祖的特有仪式。以跳大神祈求神灵，祭祖在院中立一杆，杆头系布片，并在室内西墙设龛礼拜，汉人则没有信奉萨满的活动。

清初广东人游历江南

清初广东人到江南

17世纪广东人到北方，海路不通畅，特别是明清之际的四五十年里，粤船难于到达上海，更不必说由此北上了，所以以陆行和江行为主，其路线是：越南岭，经两湖、河南到北京；另一是经江西或湖南，沿长江东下，至江苏，由大运河北上，此行主要是水路。江苏及其毗邻的浙江是文化重地，金陵又是明朝的陪都，对广东人颇有吸引力，赶考的士子及官员往往愿意走水路，顺便到江浙访问。在明朝这是常见的现象，如番禺人黎遂球于崇祯间赴京考进士，"便道客游吴浙"（屈大均《翁山文钞》卷二）。说他是便道，就是顺路游览吴越，而不是专程到江浙。但是笔者发现，清初广东人北上虽仍有便道访吴（江苏）的，然而特地到江南的也不乏其人。下面制作广东人专程或别具深意地顺道造访江苏的图表，以便利观览。

姓名	时间	地区	目的	资料来源
陈恭尹	1651—1654	吴及闽、赣、越，1652、1653 在吴	避难，访友	《独漉堂集·诗集》各小序
	1658—1660	吴及湘、豫、直，1659 在吴	寻友	
屈大均	1658—1669	吴及越、鲁、陕、晋、直、辽，1659、1660、1665、1669 在吴	寻友	李景新《屈大均传》
	1675—1679	吴及赣、皖	避难，寻友	
何绛	1658—1660	吴及湘、豫、直	寻友	《独漉堂集·文集》卷三
	1670 以前	“无方之游，无期之行”	寻友	
何衡	1670 前后	吴及湘	寻友、游览	《独漉堂集·文集》卷十
函可	1645		挽明之亡	《广东新语》卷十二
李成宪	1660 以前	吴、湘	寻友	《独漉堂集·文集》卷十一
杨伊水		吴、越	寻友	《独漉堂集·诗集》卷三
古桧		吴、越	寻友	同治《番禺县志》卷四十九
程可则	1652	吴、鲁	应试北上	《海日堂集·诗集》卷二
	1662	吴、鲁	返里路过	同上书卷一

续表

姓名	时间	地区	目的	资料来源
方殿元	1654—1661	吴及越、鲁、豫、直	应试往返	同治《番禺县志》卷四十三
			定居苏州	《清史列传》卷七十一
方还			方殿元之子	
方朝			同上	同上书
梁佩兰	1689	吴、越	辞官返乡	同上书
吴韦	1694	吴、越	路过	《独漉堂集·文集》卷十二

这些人中有三种情形：以江苏为主要目的地，同时到其他地方去，他们出行的愿望强烈，如屈大均、陈恭尹、何绛各自两度离乡，且时间较长；以江南为出游的终点，如李成宪、何衡；路过江苏，如梁佩兰、吴韦、程可则，但他们又同便道游览不同，尽管他们与试或出仕，但又不同于那些在思想感情上与清朝融为一体的人。

与粤人北游的风尚相同，东南、北方也有一批人不是为游山玩水而奔波于各地，有的人到广东，与当地人交友，这里举江苏人的几个例子。明诸生、无锡王世桢，明亡后一度出家，北游燕赵，西南至滇黔，徘徊于粤闽间（陈恭尹《独漉堂集·文集》卷十三）。常熟人薛熙跑了很多省份，作《秦楚之际游记》，至广东与屈大均为友，屈氏为他的书作序，他则给屈氏《翁山文钞》作评语（《翁山文钞》卷一）。武进人恽日初反清失败逃亡广东，及至

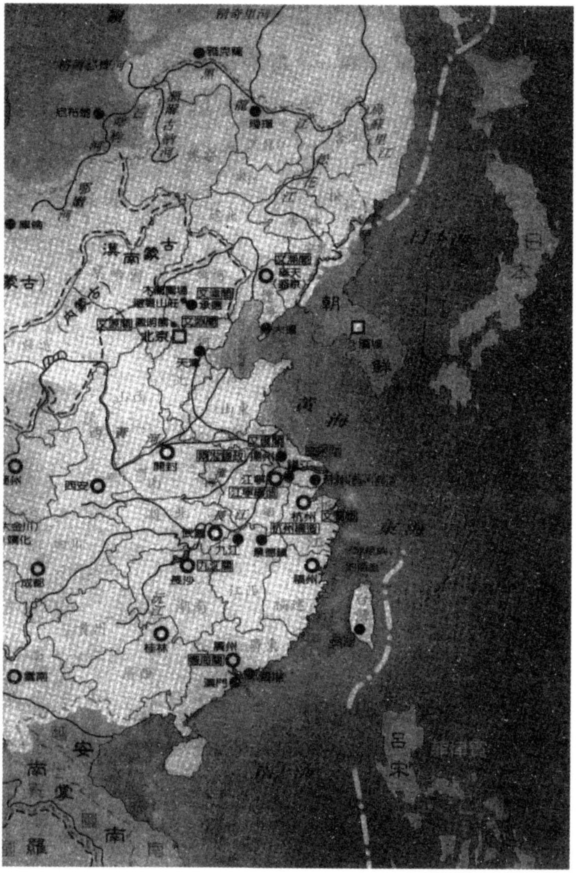

清代东部疆域图

广州被清朝攻陷，乃出家为僧，并返回故里（屈大均《翁山诗外》卷九）。吴江人潘耒寄情于佛学，游历名山古刹，到广东，著作《岭游集》（《国朝先正事略·潘耒》）。

人们南来北往，东奔西走，广东人到江南，江苏人越五岭，纷至沓来，形成一种流动的势态，这是为什么？

广东人汇合到江南的复明活动中

作为明朝陪都和明太祖孝陵所在地的金陵，是南方的政治中心，南明的弘光政权又在这里支撑一年，随后长江三角洲抗清斗争激烈，乃至有江阴守城的著名历史事件的发生。武装反抗被清朝镇压后，仍有一部分人坚持反清立场，怀念故君，谋图恢复前朝的江山。他们以出家当和尚、隐居不仕面貌出现于社会，组成社团，坚定斗志，祭奠故君，筹划策应郑成功集团对江宁的进攻；他们外出寻求友人，共谋复兴之业，同时接待外地来人，互相砥砺。“金陵为冠盖辐辏之冲”（《国朝先正事略·杜濬事略》），以其历史与现实的地位成为反清复明的重心，吸引着复明志士向它靠拢。下面以江苏反清力量及其活动内容以及粤人融汇其中等方面为主略事申述。

江苏有一股复明的势力。表现之一是，有一批抗清者不怕失败，继续活动，如徐州人阎尔梅在家乡阻挡清军南下，事败，“走山东，联络四方魁杰，谋再举”，被捕入狱，逃脱后，历游楚、蜀、秦、晋及关外，但终见“大势已去，知不可为”，回归故乡（《清史稿·阎尔梅传》）。他的同乡万寿祺在太湖参加抗清队伍，被俘，得人帮助逃回乡里，并不时过江访问故旧和抗清遗迹，也有遗民访问他，“虽隐居，固未尝一日忘世也”（《清史稿·万寿祺传》）。常熟人邓大临，支援江阴守城失利，“遍走江湖，欲得奇才剑客而友之，卒无所遇”，乃身着道冠，然而复明之志

“未尝一日下”（《国朝先正事略·邓大临事略》）。吴江人吴祖锡在浙江抗清，被捕入江宁监狱，逃脱到西南，任南明桂王永历政府的职方郎中，被派在吴越活动，1659年在金陵接应郑成功部的进攻（《清史稿·吴祖锡传》）。这一批原来武装抗清者，处处碰壁，却没有丧失斗志。表现之二是，组织诗社，凝聚力量。清人杨凤苞总括当时结社情形说：

> 士之憔悴失职高蹈而能文者，相率结为诗社，以抒其旧国旧君之感，大江以南，无地无之。（《秋室集》卷一，转见谢国桢《明末清初的学风》）

其中最有名的是惊隐诗社，系吴江人吴宗潜、叶桓奏于1650年建立，吴江及侨寓于此的文人王锡阐、潘炎、潘柽章、顾炎武、陈济生等参加活动。吴江以叶、吴、王、潘为望族，该等家族成员与会，可以说是当地绅衿与寓客的结社。该社又名“逃之盟”“举逃社”，定期举行活动，是“清初江南人士眷怀故明、耻事新朝所结重要社事之一”（《明末清初的学风》）。明末享有盛名的设立在松江的几社，清初分化为同声社和慎交社，活动中心移至苏州，1653年上巳日这两个社联合江浙各地诗文社，在苏州虎丘举行大会，有近千人参加，是清初士人最大的一次集会（谢国桢《明清之际党社运动考·几社始末》）。表现之三是反清力量中有一批当时颇有名望的人，明末“四大公子”中冒襄、陈贞慧是江苏人，冒氏拒绝清朝任何征召，陈氏隐居宜兴山中，但接纳遗民故老。明举人、长洲徐枋隐于苏州灵岩山，被称为“海内三遗民”

之一。明给事中、兴化李清怀念故君，潜心研究历史，将《南史》《北史》删改成《南北史合钞》，成为“三大奇书”之一。对五代十国史以南唐为正统，用陆游《南唐书》等书材料，编纂成《南唐书合订》。表现之四是江苏吸引一批外省遗民前来定居，增强复明势力，如直隶人梁以筅、以樟兄弟，王世德、王源父子居住宝应，与阎尔梅、僧松隐等四方来客交游，并与乔出尘、陈铨等结文字社。达州人李长祥抗清被捕入江宁监狱，逃脱后遍游各地，最终老死武进。明江西巡抚、益阳郭都贤出家为僧，在江宁承天寺圆寂（《清史稿·遗逸传》）。

粤人与江苏士人交友。清初具有复明思想的粤人深知僻处海陲，要想成就事业，非同中原联系不可，江苏历史的、现实的地位，因而成为他们向往的目标。陈恭尹送屈大均往金陵诗云，“神州萧条寰宇里，英雄失路归何门”（《独漉堂集·诗集》卷三），鼓励他们到江苏谋求出路，陈氏也以“足不一踏神州，不遍识中原人物”为耻，“因遨游闽越，循及勾吴，……盼天堑于长江，听溪流于春谷”（梁佩兰《独漉陈公行状》，见《独漉堂集》）。屈大均、陈恭尹是广东复明势力的代表，为寻觅志同道合者，到了江苏。屈氏以亲身的感受，说“惟遗民与遗民为友”（《翁山佚文辑》卷中），他在江苏交上的朋友，有王元倬、林茂之、方尔止、杨炯伯、洪方白、汤玄翼、毛晋、金陵李某、蔡五、兰公漪、孙无言、吴绮圆、汪扶晨、柳某、宋某、吴野人、瞿止虚、董某、王鹿田等。这中间有江苏人，也有寄居的外省人。同时屈氏在北方结识浪迹四方的江苏人，如在山西与顾炎武为友。看来他以江苏

陈恭尹画像

为契机，交友甚多。屈氏等粤人参与友人集会，共同活动，交流思想感情，使粤人复明活动汇合到江苏共命运者的潮流里。

纪念崇祯，凭吊孝陵。这是复明人士政治态度的表现。兴化人李洪储出家为僧，支持江浙民众武装抗清，顺治八年（1651）被捕，获救出狱，不忘故君，每逢三月十九日崇祯殉社稷的日子焚香礼拜，以示纪念。他这样做了28年，直至亡故（《国朝先正事略·李洪储事略》）。前面提到的李清也是每遇崇祯忌日设牌位哭祭。金陵王元倬每年三月十九日与林茂之等六人在家里设祭，1659年、1660年屈大均和他们一同祭奠，认为是一件幸事（《翁山佚文辑》卷中）。溧阳人汤泰亨遇到崇祯忌辰，绝食纪念（《国朝先正事略·汤泰亨事略》）。遗民追念先君，还表现在对崇祯帝遗物的态度上。崇祯帝有一架“翔凤”琴，明亡流散济南，为李姓所宝藏，明太常寺官员杨正经流落淮泗间，每值崇祯忌日赶到李家看琴。屈大均在北京听故明太监说到御琴事，寻访至李家，等候杨正经几十天，届日设玉座，举行祭奠礼，并为御琴清理尘埃（《翁山文钞·御琴记》）。金陵的明遗民缅怀故君的又一常见活动是瞻仰明孝陵。1668 年正月初四日方尔止等结伴到孝陵，在明太祖遗物前礼拜，写出感怀诗（《翁山文外》卷一）。屈大均前往瞻拜，遇上驻防的清兵砍斫陵殿木柱，把钱给他们，请求不要破坏（《翁山文外》卷一）。许多江南隐士和全国的隐士一样不奉清朝正朔，惟用干支纪年，屈大均诗“山僧不记谁家腊，依旧楼台甲子年”（《翁山诗外》卷十六），所指即此。屈氏本人用明年号，称明朝为国朝，在有关明朝的文献中，如《孝陵恭谒记》，自称臣，称呼永历帝为“上”（《翁山文外》卷七）。陈恭尹亦不用清朝纪年。用明年号，纪念崇祯帝，凭吊明孝陵，表示虽生活在清朝，但忠心于明朝，活着就是为前朝的复辟而努力，至于能否成功可以不管，表示这份心意，在心理上得到平衡、取得安慰。不仅隐士如此，有人在清朝做官，但承认南明政权，也是对前朝有所眷恋。如康熙间编修、桐城戴名世著《南山集》，用永历年号，被人告发，形成文字狱，可见不用清朝纪年是一种很重大的政治表态。

互相策励，谋图复兴。粤人到江苏眼见明朝遗物，对故国的感情倍增，复明的意志更加坚定。1652 年陈恭尹在江船上看金陵，感到“故都残照在，一望尚峥嵘”（《独漉堂集·诗集》卷一），受到鼓舞。屈大均居留江苏时随处触景生情，更增亡国的切肤之痛，到南京灵谷寺，发出“兴亡无限恨，消得一声钟”的感慨（《翁山诗外》卷八），说到金陵，惊呼“如何亡国恨，尽在大江东”（《翁山诗外》卷九）。更重要的是吴粤两地遗民交流思想，互相感染，知道有志同道合者，有知音，增强了复明信心。在金陵有位随从郑成功来攻时流落下来的战士行乞为生，蓄发不剃头，官府拿他没有办法。屈大均到金陵获知其事，深为感动，心想现在人们剃发，就像汉代的刑徒，剃了发去修城郭，不是都成了刑余之人吗（《翁山文外》卷十二）！非常愤慨。他在江南人中觅到挚

汉人辫发标志降清

友，如知道薛熙是“天下之有心人，感时悲愤，每于言外见之”，和他相交是一幸事（《翁山诗外》卷八）。屈氏在江苏住在吴野人家，吴氏悲明之亡，感情倾注在所著《东淘集》中，屈氏与他交谈，读他的诗文，结为知己（《翁山诗外》卷八）。屈氏也给友人以启迪。金陵李某是明初功臣后裔，崇祯末年武状元，流落北方，1665年归里，意志消沉，以炼丹为业，屈氏要他继承先人遗业，关心复明大事，赠诗鼓励他：“他日交河战，还期再冠军。”（《翁山诗外》卷五）屈氏在交游中增强了复明的决心，如见遗民对崇祯琴的供奉，认为明朝有时来运转之日：“偶然失势龙为鱼，终见时来马生角。”（《翁山诗外》卷三）在从镇江到江宁的路上，感到“江南岁岁添形势，料得天星在建康”（《翁山诗外》卷十五）。最足以表明他斗志的是在江宁雨花台设置衣冠冢，立碑写作“南海屈大均衣冠之冢”，他不依习惯写自己是“处士”“遗民”，原因是不愿以此终身，还想干一番事业，或许有复明成功的可能，用他的话说是：“盖欲俟时而出，以行先圣人之道，不欲终其身于草莽。”（《翁山文外》卷八）清朝未统一以前，粤人北游大多与屈氏有同样的感受，以后整个形势的变化，使一些人感到失望，有的人熬不住了，跑到清朝混个一官半职。

仕清怀明，心理失衡，寻求解脱。江苏有一些文人到清朝政府做官，南明礼部尚书钱谦益于1645年在江宁迎降，少詹事、太仓吴伟业在1652年应清朝征召出任秘书院侍讲，1679年布衣潘耒应博学鸿词科出仕。但是这些人官场上多不得意，又受到坚持汉民族意识的舆论谴责，内心有矛盾：既想保持清朝的功名官职，又对明朝怀有感情，于是对清朝若即若离。吴伟业遗言死后着僧装，坟前石碑题“诗人吴伟业之墓”，再不要任何纪念物，知道他的人都为他悲伤，而他本人大约以此表示对仕清的忏悔。与吴、潘等人有相同境遇的人，也到江苏探遗迹、访朋友，表示对故明的怀念，谋求解脱心理上的负担。南海人程可则是抗清殉节的陈邦彦的学生，与屈大均、薛剑公是同学，和其师之子恭尹是世交了。屈、薛、恭尹均隐居不仕，程于顺治九年（1652）参加会试，中了会元（又被取消），留京任内阁中书、兵部郎中，不止一次到江苏，与冒襄诗文唱酬，殷殷表示结交之情，冒氏赠以诗集。程氏对两朝臣民的处境，也有伤感之情，在北京送屈大均南归诗中写道：

别离须少壮，丧乱饱风烟。
羽翼谁相价，行藏各自怜。（《海日堂集·诗集》卷三）

他的悲哀，对屈氏是同情其觅友复明漂泊，对自身则是不得意的哀叹。南海人梁佩兰于顺治十四年（1657）中举，迟至1688年中进士，其间在京与朱彝尊等相唱和，中进士一年余即辞职回乡。他游江苏，慨叹良多，在《江行杂咏》里写道：

六朝人不识，垂钓客空看。
……
尤怜阴殿草，衰飒到长干。（《岭南三大家诗选·梁佩兰》卷六）

瞻仰凤阳明皇陵写道："忍看陵墓上，风雨折松楸。"（同上卷五）表现怀念先朝的凄凉心情，但他只是到此为止，没有复明的愿望，所以在《金陵》为题的诗中说："欲问兴亡向何处，秦淮沽酒破无聊。"（同上卷七）番禺方殿元在参加会试期间往来于江苏道上，康熙三年（1664）中进士，先后任郯县、江宁令，最后定居苏州，作《归与难赋并序》讲他的心境："暂栖淮水，时作越吟，此邦兴废，助我伤悲，故国存止，求之梦卜，孰相怜而可语。"（同治《番禺县志》卷四十三）既想为清朝出力，又思念先朝，心里矛盾，到江苏找解脱。

综上所述，江苏的历史与现状形成的反清复明政治思想中心地位，为各地复明人士所向往，纷纷向它靠近，或定居，或游历，参与复明活动，互相策励，既壮大了江苏地区力量，又鼓舞各地志士，回到原籍继续活动。广东人到江苏，同其他地方人一样，汇合到复明队伍中，作出了贡献。同时在奔波之苦中磨炼了意志，把不屈不挠的战斗精神带回故乡，坚持下去。

余　论

（一）清初粤人到江苏访问，与吴人相与砥砺，坚持反清复明活动，表现了民众反对残暴统治的抗争精神。明朝腐败，活该灭亡，但清朝统治全国之初，强力推行剃发易服的民族压迫政策，激起汉人反抗。百姓以明朝代表汉族，支持南明政权，或以复明为旗号进行活动，这在当时是必然的，可以理解的，因此清初反清复明活动是正义的事业，可歌可泣，应当给予肯定和赞扬。

（二）反清复明队伍，以士人为主干。无论是广东、江苏，抑或全国，莫不是明朝的士人和清初读书不仕的人构成复明活动中坚力量，本文所讲到的各种人物的学历、学业表明这一点。读书人代表民族意识乃其素质所决定，在古代社会尤其如此。屈大均说：

> 自申酉（1644—1645）以来，天下贤士大夫之死国者，类多文士，惟士人之能死国也，其所以为文者，固有以异乎人也。（《翁山文外》卷二）

谁都可以做志士仁人，但士大夫读圣贤书，更懂得国家民族大义，故而能够为理想而献身。

清代后期广东人移徙上海

上海在清代前期就是一个交通商业重镇，在“江宁条约”中被辟为通商口岸之后，由于其优越的地理位置，发展迅速。洋务运动后，上海成为全国最大的工商业城市。买办资产者徐润（1838—1911）在光绪九年（1883）说：“上海自泰西互市，百业振兴，万商咸集，富庶甲于东南。”（徐润《徐愚斋自叙年谱》）岂止富甲东南，孙世馥在《徐愚斋自叙年谱序》中说“上海为中外总枢”。清末上海商业之兴盛为全国之冠，“实为中外贸易之中枢”（徐珂辑《清稗类钞》）。在政治方面上海也有举足轻重的地位，达官贵人、社会名流流连于此，所谓“四方冠盖往来无虚日，名流硕彦，接迹来游”（王韬《弢园老民自传》）。维新运动主将康有为甚至有迁都上海的设想。在行政上上海虽然原来是县治，后来只是苏松太道的驻地，但实际上是一个经济政治中心。清代，尤其是近代，上海地位变化巨大，发展迅猛。

上海的兴盛，除了土著居民的贡献，移民发挥了重大作用。它是一个移民城市，新的居民来自江苏、浙江、广东、福建、安徽等省。如果我们把清代上海的发展，比作一个演员的演出，则外来居民相当于他学艺时的教师，演出中的导演、化妆师，都起了不可缺少的作用，外省移民与土著共同建设了上海。广东人可以说是上海建设的导演之一。

广东人与上海的关系，笔者准备从广东移民及其经济、政治活动三个方面用三篇札记来作说明。这里是第一篇。

广东沿海居民，富有冒险精神，在清代，国内至各省，海外往南洋、美洲、大洋洲，多从事商业和做工，像潮州“舶艚船，则运达各省，虽盗贼、风波不惧也”（乾隆《潮州府志》卷十二）。

粤民到上海，在清前期就不乏其人。乾隆中期周硕勋主修的《潮州府志》，说该府“妇女妆束，以航海往来苏松间，相仿者多”。这是说潮人经海道到上海，进入松江府，再到苏州。竟然形成当地女子学习潮州人化妆样式的情形。随着清代经济发展，粤人以经商的敏感，在上海开埠之后，即意识到它是“南北仕商往来孔道，交易有无之路通，为生可以致富”（光绪《嘉应州志》卷二十三），遂热衷于到上海做买卖，所以19世纪五六十年代沪上粤人激增，以后陆续增加，绝对数量很大，在上海人口中也占了相当大的比重。

上海开埠，西方殖民主义者和商人纷纷到来，原在广州贸易的外商也有不少转向上海。广东的买办商人看到这种形势，与西方人同时赶往上海，有的还走在西方人前头。19 世纪四五十年代上海的中西贸易中的掮客、通事、买办有一半是广东人，甚至于达到 2/3 的惊人比重（汪敬虞《唐廷枢研究》）。经营进出口贸易的广东商人同样极其敏感，对上海产生浓厚兴趣，易地而来。

广东人到沪，因家庭、宗族、邻里关系，互相牵引，像滚雪球一样，人数越来越多。有名的买办、官僚商人徐润、唐廷枢、郑观应家族就是显例。香山人徐润的伯父徐钰亭在沪任宝顺洋行总办；四叔徐瑞珩在沪经营绿茶业，徐润即由其四叔于咸丰二年（1852）带到上海；徐润从叔徐关大于 1855 年到沪当礼记洋行学徒；光绪元年（1875）徐润在沪举行家宴，出席的有其堂弟脑臣、笏臣、赞臣、枚臣、揆臣及玉生、小勤、述斋等人，可知其家族在沪人数之众。香山人唐廷枢、廷植、杰臣、纪常、廷庚、国泰均在沪营生。也是香山人的郑观应的叔父郑廷江在上海做柯化威洋行买办（郑观应《盛世危言后编》卷八）。广东人到上海的多，在王韬的小说中都有了反映，《淞隐漫录》写蓟素秋是孤儿，跟随姑母过活，其姑母是粤商的妾，该商安家在上海，经常到汉口买茶，及至“赭寇南下”（当指太平军到江南），粤商携带他们返回广东。这个故事可谓粤人在沪寄居经商事实的艺术再现。

传教士晏玛太在《太平军纪事》中说 19 世纪 50 年代上海有 8 万广东人，8 万的记载不实，当时上海并没有那么多粤人，但人数亦应相当可观，晏玛太才能这样夸张。据调查统计，可知清代晚期在沪的广东人数及在移民中的比重，笔者借用邹依仁《旧上海人口变迁的研究》所提供的资料，制作《清末上海公共租界内粤籍人口数及在客民中比重表》于下：

年份	粤籍人数	客民总人数	粤民占客民总数的百分比
1885	21013	109306	19.22
1890	22295	143154	15.57
1895	31200	219306	14.23
1900	33561	299708	11.20
1905	54559	390397	13.96
1910	39366	413314	9.53

遗憾的是我们不知道同时期上海“华界”的人口统计数字，从而不能计算出粤人在上海整个居民中的比重。不过它在一个时期内占到客籍人口的1/5，地位是相当重要的。此后，由于邻近上海的江苏、浙江、安徽人的大量移入上海，使粤人比重逐渐下降，及至清朝灭亡，比重竟下降了近10%。不过这一事实表明，1885年以前，粤人在客籍中的比重在20%以上。邹依仁书中还提供了《旧上海公共租界上海籍人口与非上海籍人口》表，笔者把它作了一些删节，抄录于下：

年份	上海籍贯人口	非上海籍贯人口	上海籍贯人口比重%	非上海籍贯人口比重%
1885	15814	93492	15	85
1890	24325	118839	17	83
1895	40470	178836	19	81
1900	56742	242966	19	81
1905	67600	322797	17	83

续表

年份	上海籍贯人口	非上海籍贯人口	上海籍贯人口比重 %	非上海籍贯人口比重 %
1910	72132	341182	18	82

在清末 25 年中，租界内的外省人口比上海本籍人口多得多，土籍不足 1 / 5，粤人又在客民中占多数地位，所以在租界的整个华民中也占较大比例。总之，粤人移民上海，成为当地居民的重要构成成分。

移民上海的广东人，为了维护共同利益，建立了同乡团体，兹作《粤人在沪会馆表》以明之：

设立时间	名称	资料出处
1759	潮州会馆	《上海碑刻资料选辑》
1783	海澄饶会馆	同上
1822	揭普丰会馆	同上
1839	潮惠公所	同上
?	嘉应公所	《上海近代史》上册第 102 页
1872	广肇公所	《徐愚斋自叙年谱》
清末	南海邑馆	徐鼎新：《旧上海工商会馆、公所、同业工会的历史考察》，收入《上海研究论丛》第 5 辑
清末	顺德邑馆	同上

团体建立，形成粤帮势力，与本地人及江苏、浙江、福建等省人的帮派构成不同的派系。广东人组织的势力，从一个侧面反映广东人移民上海的兴盛和拥有巨大的势力。

广东人在上海的经济活动

清代广东人在沪，开始是从事传统的区域间物品交流；中英鸦片战争以后，大量贩卖鸦片，并从事买办活动；洋务运动兴起，买办转而为官僚商人，兴办新式企业，中小商人也建造工厂；在清代最后50年中，华人出国做工、经商骤增，粤人又在上海经营适应华侨需要的贸易。

明代就有广东人到上海经商。明末清初人屈大均在他的名著《广东新语》中写道：

> 广州望郡，人多务贾与时逐，以香、糖、果、箱、铁器、藤、腊、香椒、苏木、蒲葵诸货，北走豫章、吴、浙，西北走长沙、汉口。

广东商人到江浙，走海路的，必有一些人到上海。雍正间纂辑的《东莞县志·风俗》说：当地人“涉湖湘，浮江淮，走齐鲁间，往往以糖、香牟大利，故居人多富”。民国间该县修志者认为雍正志所说的是明代的情形，清初不是那样。这两种资料表明，广东人经商到上海，明代已经兴起，而明末清初的战争中断了它的发展，康熙后期起逐渐恢复，乾隆以后兴旺起来。杨光辅在《淞南乐府》中以歌咏的形式描绘沪粤间的贸易："淞南好，锁钥仰雄关，商货万樯通岭表。……"又云："淞南好，市价日高低，海舸贩来红木段，洋行收去白花衣，民瘦客商肥。"嘉庆间，褚华在《木棉谱》中写道："闽粤人于二三月载糖霜来卖，秋则不买布，而买花衣以归，皆装布囊累累，盖彼中自能纺织也。"广东到上海的商船，称为"估船"，一个月能往返一趟。广东人贩到上海的货物，以砂糖为大宗，红木、香料、染料（苏木）亦复不少，运回去的主要是棉花，其次是陶瓷、茶叶。上海商人用"沙船"把本地棉花、布匹运往广东（同治《上海县志》卷一）。据统计，鸦片战争前，上海每年从闽粤运进糖约50万担，染料和其他物品12万担，运往闽粤的棉花、茶、丝等物20万—30万吨（据刘惠吾《上海县志》卷一）。糖的价值达数百万两银子，是一种大宗交易。沪粤间的棉糖对流，是这两个区域间的传统贸易内容，坚持到清末。直至民国时期，上海西南乡居民仍在生产土布，因为它能"行销闽粤及北地"（民国《上海县志》卷四）。清季广东人自然也会需要一些上海土布。

广东人随洋人到沪的，做掮客、通事，发展为买办，代洋行东收购丝、茶，推销洋布、洋杂货，贩卖鸦片，与此同时，他们自身也从事这方面的经营。在上海贩卖鸦片烟的多是广东潮州人，据说潮州有个姓郭的人，能讲英语，随同洋商到沪，开始为洋人推销烟土，后来开设鸿泰号，自行销售。他的亲戚、族人、同乡见有利可图，相继来沪，经营烟土，“于是贩土之人日夥”（《清稗类钞》），郭家因此成为烟土业的大亨。

清代后期上海经济界大家盛宣怀、唐廷枢、徐润、郑观应、杨坊、严信厚、祝大椿，其属于粤籍的，都是买办出身，在给洋行东经营丝茶之时，积累了经验和资本，于是自行从事这方面的业务。唐廷枢是上海怡和洋行买办，为怡和推销鸦片，收购茶叶，后自己贩茶，并开办修华号棉花庄，成为上海茶叶、丝业公所董事。唐国泰是汇丰洋行买办，自办恒顺号茶栈。徐润于1852年入宝顺洋行学徒，学习丝茶业，1859年起与人合伙开设绍祥号，包办各洋行丝、茶、棉花生意，1862年与人合股办宝源丝茶土号，1868年离开宝顺洋行，自办宝源祥茶栈，同时在外地设立分号，以便收茶。徐瑞珩亦是宝顺洋行买办，自设亦昌丝茶土号、荣记丝行。“日与异国人相接”（《郑观应集》上册）的郑观应是宝顺洋行、太古洋行买办，在宝顺学丝业生意，后任和生茶栈通事，不久承办其茶栈。不是买办出身的广东商人，也有经营茶丝业的，如投资上海轮船招商局20万两股份的顾、陈二姓，就是潮州商人。广东籍商人在沪经营丝、棉、茶，到这些商品的产地收购，运输到上海，转售给外国商人，行销海外。丝、茶、陶瓷是中国的主要出口物品，广东人在沪经营对外贸易，地位重要。

随着洋务运动兴起，清朝在上海开办机器制造局，提倡官商合办近代企业，广东买办出身的商人以较大兴趣，在沪投资办企业。清末官督商办有四大企业：上海轮船招商局、上海机器织布局、开平矿务局、电报总局（始设于天津，后改设上海），上海占了三家。这些企业，都是以广东商人为主干设立起来的。

1872年李鸿章委派上海邻近的宝山人朱其昂创办轮船招商局，朱出身沙船世家，有些经营条件，但没有威望，招不来商人投资，且有亏损。李鸿章遂于次年改派唐廷枢为总办，徐润、朱其昂及无锡人盛宣怀为会办，实由唐、徐主持，立即改变了该局面貌。1883年完成预订计划，集资200万两。其中，徐润投资48万两，由他招徕的亲友股金五六十万两，他个人联系的股金占了总投资的一半；唐廷枢个人购买了价值8万两的股票，凑集商股数10万两。唐、徐等招致的股东相当多的是广东人。招

江南机器制造总局

商局很快发展起来，在国内天津、牛庄、武汉、广州等地设分局，客轮远航日本、南洋、伦敦和檀香山。上海机器织布局于1878年筹建，1880年郑观应、龚寿图筹集商股50万两，请香山人容闳在美国聘技师、购机器。电报总局1880年设于天津，盛宣怀总办，郑观应为襄办，1882年系官督商办，故又称“电报招商局”，1884年总局移于上海，以沪为中心，线路通达广州、武汉、天津各大城市。郑观应还参加上海造纸局的建设。不在上海的开平矿务局，是唐廷枢一手经营的。此外，唐、徐、郑等广东人以上海为根据地，还在直隶、安徽、江西、湖北办矿山、铁路、保险、耕殖畜牧公司。在上海的广东人兴办了近代企业，只有他们才能打开局面，这是因为：（1）他们在洋行实习过，有办近代企业的经验，能突破中国固有陋习，使用新的经营方法，把企业办好；（2）他们本身有资本；（3）他们凭借同乡的关系，能联络上富有的在沪乃至在其他地方的广东商人到上海投资。唐廷枢刚就任轮船招商局总办，京记洋行的费伦预言：招商局“不难找到为数众多的股东，只要他们知道这个公司是由唐景星（廷枢）在妥善地加以办理”（郝延平书，转录自《唐廷枢研究》）。事实也正是这样，粤商踊跃认股，徐润敢于收买美商旗昌洋行的轮船，使悬挂清朝龙旗的船只在伦敦与英人见面。

在沪的广东人经营中小企业的亦颇不乏人。方赞举在沪充当工匠，孙英德原在广东老家打制农具，他们在19世纪60年代初在沪创建发昌机器船厂，维修船只，十几年过后，具有造船能力。香山人林文开始在发昌机器厂当工人，几年后自办建昌机器厂，20 年间发展到相当规模。1866 年潮阳、惠来商人 75 家共建潮惠会馆，德盛号捐银 6420 两，另有两家捐助 5000 两以上，21 家捐 1000 两以上（《上海碑刻资料选辑》）。能捐这么多银两，都是不小的商家。

在上海经营对南洋华人贸易的，主要是闽粤商人。19 世纪 60 年代至甲午战争期间，广帮协泰和、潮帮花德盛，甲午战后，潮帮仁诚、谢璧记、春华等商号主要从事南洋华人所需要商品的交易（李伯祥、蔡永贵《近代上海与洋庄和南洋贸易》，《中国社会经济史研究》1986 年第 3 期）。

广东人在沪经营工商业，特别是新式企业，对于当地和中国经济的发展、经营方式和生产关系的变革有积极意义：（1）所创办的近代工商企业，主要有造船、航运、电报、纱布、造纸、保险等业，其中有旧行业，有过去所没有的新行业，但都采用新式生产和经营管理方式，突破了旧行业的管理办法。（2）买办资本向民族资本转化。原来买办在洋行搭股，是买办资本，从中分化出来，开办民族工商企业，成为民族资本，扩大了民族资本队伍，对发展近代生产有利。（3）保护中华利益，与外国经济势力进行商战。以航运业为例，轮船招商局设立以前，由美国上海轮船公司、英国大英轮船公司控制长江航运，所以法国人梅朋、傅立德在《上海法租界史》一书中说，轮船招商局的出现，“是令人注目的”。它与英、美轮船公司竞争，挽回部分航运权利，其主管人之一郑观应说它“实为中国振兴商务之权舆”（《郑观应集》上册），也不算过分。郑观应还说他自己先做买办，后来经营民族企业，是“初则学商战于外人，继则与外人商战，欲挽利权以塞漏卮”（《洋务运动》，第8册），用外国人的办法与外国人竞争，争取中华民族的权利。（4）出现近代生产关系。在新式企业建立的同时，出现新的生产关系，即民族企业内部的资本主义生产关系，有利于生产力的发展。（5）影响改良主义思想的产生。新式企业出现必然影响思想界，提出适合于它生存、发展的要求，郑观应就成为改良主义思想家，提出工艺救国的主张：“工艺一道为国家致富之基，工艺既兴，物产即因之饶裕。欲救中国之贫，莫如大兴工艺”（《郑观应集》上册）。这成为后来问世的工业救国论的先声，同时他主张政治改良，要求设议院。

总之，在沪粤人对于发展上海经济，尤其是建设近代企业，起着举足轻重的作用，没有他们，就没有上海的近代企业和发达的经济。这种作用在19世纪80年代以前，江、浙籍人在沪势力没有超越粤人之时，更加显著；洋务运动以后，上海成为近代化趋势明显的城市，经济枢纽的作用与日俱增，促进全国的微弱的变化。同时，粤人又是以上海为据点，四处经营工商业，所以他们不仅有对上海的作用，而且影响及于全国。

广东人在上海的政治活动

广东人在申沪政治活动的两件大事，即广东人领头发动上海小刀会起事；维新运动时，上海是康有为、梁启超制造舆论的中心。在清代后期上海的这两大政治事件中，广东人都作出了杰出贡献。

前文述晏玛太说小刀会起义之前上海有八万广东人是不确切的，但其时广东人甚多，这是可以肯定的。事情还不在人多，广东的移民同时还把在广东流行的民间结社天地会带到上海，正是这一组织，作为基本力量发动了小刀会起义。这个团体的首领是刘丽川。他是广东香山人，1845 年参加天地会，1849 年只身到沪，当过丝茶栈伙计、商场经纪人、洋行通事，失业后运用民间验方为人治病，遇到贫穷的病人不收诊费，获得好声誉。他发展天地会成员，使之散布于上海及邻县青浦的城乡。当时上海民间会党很多，有福建移民组织的小刀会，土著居民建立的罗汉党等。1853 年 3 月太

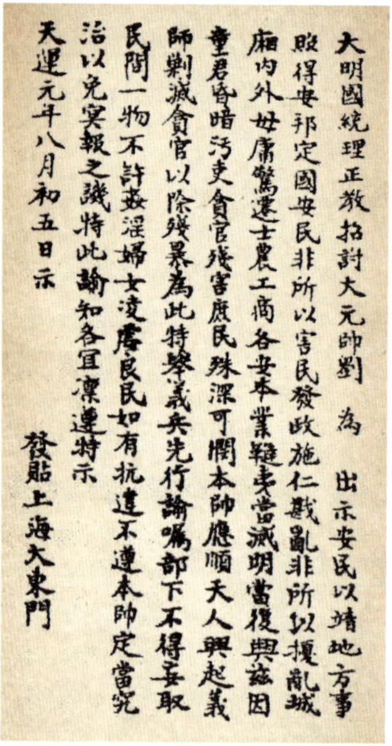
大明國統理正教招討大元帥劉 為 出示安民以靖地方事
照得安邦定國安民非所以害民發政施仁戡亂非所以擾亂城
廂內外毋庸驚遷士農工商各安本業韃虜當滅明當復興茲因
童君昏暗污吏貪官殘害庶民殊深可憫本帥應順天人興起義
師剿滅貪官以除殘暴為此特整義兵先行諭囑部下不得妄取
民間一物不許姦淫婦女淩虐良民如有抗違不遵本帥定當究
治以免冥報之譏特此諭知各宜凛遵特示
天運元年八月初五日示
發貼上海大東門

小刀会首领刘丽川布告

平军到达南京后，上海民众谋图响应，刘丽川联合其他会党，并大度地以福建人组织的小刀会为联合团体的名称，于当年 9 月发动起义，担任总首领，起义基干队伍由粤人、闽人和青浦农民组成，内有七个帮派，为闽人的建帮和兴化帮。浙人宁波帮，当地人上海帮，粤人的广帮、潮帮、嘉应帮。粤人七居其三，可知其为起义中的基干力量。由于起义队伍中粤、闽不能团结等原因，起义坚持一年多，于 1855 年 1 月失败。小刀会起义是上海近代史上第一次民众运动，反对清朝统治，并对西方殖民主义侵略势力表现出民众的愤慨。粤人充当了领袖的作用，处于骨干的地位，给上海的历史留下了粤人的重重一笔。

戊戌变法是在北京进行的，舆论中心却在上海。不管在哪里，最重要的人物中都有广东康有为、梁启超，而康梁在上海制造舆论的作用更大。康有为认为要变法，在于有人才；要人才，得讲求学术；讲学术，要有团体。他本着这个认识，办报纸、书局，组织社团。1895 年 8 月在北京创办《万国公报》，9 月筹设北京强学会，11 月初到达南京，与两江总督张之洞取得某种共识，得到后者的支持，偕同其幕僚、广东番禺人梁鼎芬到上海，设立了强学会分会，代张之洞撰《上海强学会序》，发表在《申报》上，主张士大夫参加议政，并作《上海强学会章程》。次年 1 月上海《强学报》创刊，康有为令其弟子、广东人徐勤、何树

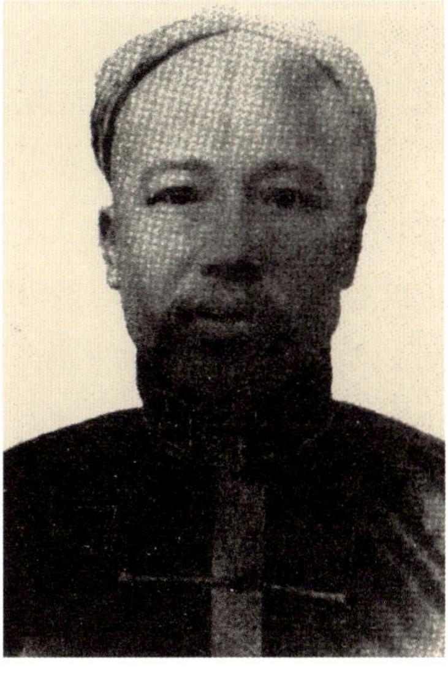

康有为像

龄主持笔政。但是北京、上海强学会先后被查封，《强学会》办不下去，浙江人汪康年办《时务报》，梁启超任主笔，康让弟子粤人麦孟华、徐勤、欧矩甲先后来主笔政，番禺人黄延耀为该报理事，管理财务。需要指出的是嘉应人黄遵宪为参预上海强学会活动，为《时务报》的出版筹款独多，贡献甚大。《时务报》自1896年8月9日创刊，至1898年8月8日止，共出版69册，刊出梁启超的《论报馆有益于国事》《变法通议》《西学书目表序例》、欧矩甲的《论大地各国变法皆由民起》、徐勤的《中国除害议》等文，鼓吹变法，认为：若仍因循守旧，就会像印度那样灭亡，波兰那样被分割，而变法就会如同日本那样地富强；变法就要废科举，兴工艺，发展民族工商业。1897年康有为的弟弟康广仁与梁启超在上海开办大同译书馆，出版译著《俄土战纪》《意大利侠士传》、康有为的《孔子改制考》等书。康广仁还同梁启超、谭嗣同、汪康年设立戒缠足会，提倡风俗改革。

维新志士在沪的团体和出版机构，制造了变法舆论，推动了维新运动。他们的出版物大得读者青睐，尤其是《时务报》，问世数月后，售出万余份，为中国报纸所从来没有的盛况。梁启超的文章议论精彩，妙笔生花，大得阅者欢迎，通都大邑、穷乡僻壤的文化人都知道梁启超其人，把他与维新运动主将康有为相提并论，号称“康梁”。各地方的读者在当地传播康梁维新思想，陕西有位书院山长刘光蒉刊刻康有为给京沪两地强学会写的序言，号召在陕西实行变法，还集资在陕西设立织布局，发展工商业，并主动与梁启超联系，梁向他转赠康有为的《新学伪经考》。

康梁在沪宣传变法维新思想，富有浓厚的政治色彩，倡导爱国主义、民族主义，主张废科举，清积弊，开议院以通下情，开办近代工商业。这些思想渗透到士大夫阶层，为变法制造了舆论，把维新运动推向高潮。

康有为在沪组织学会，对民间政治团体的建立起了巨大的推动作用。清朝历来不许士人成立政治组织，北京强学会的建立向这种制度作出挑战，上海强学会的设立再次对限制政策加以冲击，这两个学会虽然很快被取缔了，但其他学会在 1897 年、1898 年大量出现，梁启超因而能在《康有为传》里说，“学会之风遍天下，一年之间，设会百数，学者不复以此为大戒矣”。以百论数，未必，不过为数不少是事实，汤志钧在《戊戌变法人

《时务报》书影

物传稿》一书中著录的团体就有50个之多。北京强学会与上海强学会开创之举，打破了清朝严禁结社的法令，以后民众组织社团已成不可遏制之势。事情还不只是在创立之功，更重要的是这些团体具有近代民主色彩，是明清之际的稍具政治色彩的复社、几社以及清代的民间秘密结社所不能比拟的。爱国者建立团体，就为推翻清朝统治作了组织准备，所以强学会的建立有着深远意义。

仁人志士在沪集会、办报、译书，宣传救国救民的道理，要求变法维新，在北京强学会被查封之后的1896年至1898年间，上海成为思想最活跃的地方，唱出变法的时代最强音，是宣传维新变法的舆论中心。上海的这种作用，是北京以外的城市所不能比拟的。这是上海历史上的光彩一页。随后有1900年章炳麟、唐才常、容闳、严复在上海成立中国国会，就不是偶然的了。当然，上海能开风气之先，康有为选择上海结社办报也不是无根据的。戊戌以前，上海受西方文化影响，思想界比较活跃。1863年开设的广方言馆，随后并入上海机器制造局为翻译馆，到1879年即译出西方书籍98种，梓刻出售。1874年容闳和唐廷枢合办《汇报》，粤人投资，该报意在主持公正舆论，与英国人办的《申报》相抗衡。改良主义思想家也在上海活动，郑观应就上海租界会审堂为洋人把持一事发表议论，大声疾呼："我国极宜变法，破格用人。"当时人们都到上海寻求新学问，即使比较开化的广东人也不例外。康有为于1882年从北京回原籍，路经上海，更加懂得学习西方文化的必要，购买了许多译著回乡研究。

梁启超在 1890 年路过沪上，得读机器制造局翻译馆的译作。上海的文化思想基础，使它有条件成为新时期的舆论中心，康有为在此作变法经营自非偶然。

客观条件只是一种因素，维新时期人们的活动才是决定意义的。康有为的到沪举办社团和报纸，他的学生梁、麦、徐、欧及弟弟康广仁、同乡黄遵宪、黄延耀等的宣传组织活动，对上海成为宣传维新思想的阵地起了倡导作用和推动作用。没有这批广东人的到来，上海难于成为维新舆论中心。

同样上海对广东人也有很大影响，前述康、梁在沪寻求新知

贸易船

识即其一端，不过本文主要是探讨广东人对上海的作用，故不去谈它。现在可以就广东人在沪的作为进行归纳：广东移民是19世纪后半叶的上海居民的重要构成部分；广东人在上海开办商店，经营转口贸易，建立近代式企业，对上海经济发展，对其成为对外贸易中心、航运中心和开始走向近代化的城市，起着巨大的推动作用；广东人在近代上海的政治舞台上相当活跃，起过促进社会变革的良好作用；广东人还在上海组织地域性、商业性团体，办理社会救济事业和公益事业，一定程度影响上海居民的社会生活。总之，作为移民城市的上海，有了广东人的新血液，面貌发生很大变化，它的历史，具有了广东人的一些面貌，可以说，没有广东人的参与，清代后期的上海就不会是它那样的历史面貌。

扬州盐商兴办文化教育事业

笔者在后文《移居江苏仪征的徽州人》，说到仪征人才兴起的一个缘由，是移民的徽州盐商致力于当地文教事业，然所述甚浅，因而有进一步研究的愿望，现在探讨清代以徽商为主体的盐商与扬州文化教育、地方公益事业的关系，希望揭示较多的事实，以利认识的深入。

徽州商人到达扬州，要比山西、陕西商人晚一些，大体上说，在15世纪及16世纪上半叶的明代陕西山西（西商）商人是两淮盐商的主角，而16世纪下半叶角色的变化，则是徽商日益占据主要地位，到17、18世纪的清代，徽商处于绝对主导地位了。

扬州是古代文化名城，历来以盐漕之利而著称，在清代尤其因盐业而凸显其地位。嘉庆间监修《扬州府志》的两淮盐政阿克当阿，谓扬州“盐荚之利，邦赋攸赖”（嘉庆《重修扬州府志》阿克当阿

清刊本《平山堂图志》所绘扬州美景

《序》)。表明盐利不仅对扬州，更对国家财政有重大意义。他的同僚德庆则云："东南三大政，曰漕，曰盐，曰河，广陵本盐荚要区，北距河淮，乃转输之咽吭，实兼三者之难，其视江南北他郡尤雄剧。"(嘉庆《重修扬州府志》德庆《序》)说明了扬州在盐政、漕政、河政中的重要地位。扬州的繁荣，离不开盐利和盐政，这是人们的共识。清代徽商在扬州以业盐为主，典业居其次。嘉庆《两淮盐法志》写道，在扬州的原籍徽州休宁人，"多以盐荚起家"(嘉庆《两淮盐法志》卷四十六《人物》)，反映这种事实。因此说在扬州的徽州盐商是徽商的主体成分，所谓徽商、徽州盐商，在这里可以视为同义语。徽商成为扬州社会新成员，新的社会活泼因素。

两淮盐法图

外来的商人要能事业兴旺，在新居地扎下根，安家置业，长子育孙，以至参加科举，除了要会做买卖，更要像在下述“仪征”文中所说的，设法被当地民众接受，为地方多做好事，以取悦于土著。所谓好事，主要是大力参与地方社会建设，投入社会公益事业，即文化教育、城乡建设、水陆交通建设和社会慈善救济事业。是以笔者将说明徽商在扬州进行的文化教育建设活动及其成效。

兴办书院和义学

扬州府、两淮盐政倡导书院建设，然而商人却是出力最多，造士甚夥，成就显著。所办书院主要有三所，即府城的安定、梅花和仪征的乐仪。梅花书院，创办于明中期，由地方官和盐官主持，先后名甘泉山书馆、崇亚书院，明末废。雍正十二年（1734）祖籍徽州的绅商马曰琯出资重建，所谓“独任其事，减衣节食，鸠材命工，……不期月而落成”（光绪《增修甘泉县志》卷十六《学校》），定名梅花书院，乾隆四年（1739）由盐衙支给诸生膏火费，书院收留学生 60 名，分正课、附课、随课三种，正课生每年给膏火银 36 两，附课生 12 两。乾隆四十二年（1777）马曰琯的儿子振伯呈请完全归盐院管理，运使朱孝纯劝告商人捐助，并定每年经费数额。书院平时有考试，由地方官主持的为官课，由书院掌院进行的为院课，都是每月举行一次，奖励优等者银两，连续获奖者升等。安定书院，系巡盐御史胡文学创办于崇祯十五年

（1662），雍正十一年（1733）巡盐御史高斌、运使尹会一，“以广陵名郡，人文渊薮，亟宜振兴，议即旧址重建，谕商公捐”（嘉庆《两淮盐法志》卷五十三《书院》），商人和士人也希望仿照省会的书院规制办好书院，众商乃捐银7400两修葺一新。所收学生人数先后有所不同，初期定额60名，亦分正课、附课、随课三等，给膏火费同于梅花书院，住院学习的，于常额外日增膏火三分，此外参加乡试，资送路费，中举者，则予树旗杆，送匾额的荣誉。两个书院的掌院，据李斗在《扬州画舫录》所说，“皆知名有道之士”。确实如此，康雍乾嘉时期的著名学者，如储大文，翰林院编修；陈祖范，国子监司业；沈起元，光禄寺卿；杭世骏，编修；蒋士铨，编修；赵翼，探花，道员；吴锡麒，国子监祭酒；姚鼐，刑部郎中；茅元铭，内阁学士，等等。这些人中，有的是诗坛领袖，有的是史学大家，有的是桐城派古文集大成者，几乎在《清史列传》《清史稿》中都有传记，文章被收在《清经世文编》中。书院有名师，又给膏火费，尤其是发放岁科两试及乡试路费，颇能吸引学子就学，所谓“来学者，四远麇至”（嘉庆《两淮盐法志》卷五十三《书院》、卷五十五《碑刻》）。两所书院，均以诸生、监生为教育对象，培养出一批科举人才和学者，诚如李斗所说，“能文通艺之士萃于两院者极盛”，他们中有管一清，进士，善属文，工诗；梁国治，少时肄业于此，官至大学士；秦黉、秦恩复父子，皆进士、编修；任大椿，及其弟子汪廷珍，均进士，经学家；谢溶生，刑部侍郎；段玉裁，古文字学家；王念孙、王引之父子，经学大家；汪中，经学家；刘台拱，精于三礼；洪亮吉，博通经史，今世以人口论著称；孙星衍，经学、音韵学家，等等。上面说的基本上是嘉庆及其以前的事，咸丰间扬州各书院毁于战火，同治中恢复安定、梅花以及广陵书院，由盐衙将专门犒赏军队的一部分银子，经过两江总督曾国藩的批准，移作这三个书院的经费。仪征乐仪书院的开办与业绩在“仪征”文业已交代，这里不作赘述。

两淮盐商所建设、资助的书院，在三所之外，还有维扬书院，系明朝中叶巡盐御史雷应龙创建，后废；敬亭书院，两淮商人于康熙二十二年（1683）建立，令士子诵读其中，后废毁。

在书院建设的同时，盐商资助开蒙的义学。扬州府城原有义学三间，后增为五所，嘉庆五年（1800）商人洪箴远等，因郡城广大，义学太少，愿意资助，遂于12门各设一所，得到盐衙允准（嘉庆《两淮盐法志》卷五十三《书院》）。

盐商在扬州资助开办的学校不少，且有不同类型，惟以安定、梅花、乐仪三书院最有成就。

两淮的徽州盐商，不仅在扬州办学，还关心原籍的文化事业。徽州有两个紫阳书院，乾隆时，一个已废，一个经费不足，总商鲍志道念及乡梓，求得两淮盐政的同意，每年从淮南杂项中拨银3720两资助设在徽州城里的紫阳书院，又出己财3000两，修复书院房舍；同时拿出8000两银子存放在两淮官库，收利息援助城外的紫阳书院，“由是两书院不复告匮，而（徽州）六县之来学者，咸给其求，自宋以来，于斯为盛”（嘉庆《两淮盐法志》卷五十五《碑刻》）。

开展学术文化活动

办学之外，盐商以其资力从事学术活动，延揽学者，进行学术研讨，搜集图书和编辑出版。

李斗（？—1817）说“扬州诗文之会，以马氏小玲珑山馆、程氏筱园及郑氏休园为最盛”。所谓诗文之会，实际是讲的一些绅商招募宾客，研究学术和文艺，下面述说李斗讲的几个事例，然后作一点小结。

小玲珑山馆是马曰琯家的，马曰琯（1687—1755）为“祁门诸生，居扬州新城东关街，好学博古，考校文艺评骘史传，旁逮

程氏筱园图

金石文字”，著有《沙河逸老诗集》，本身就是一位力学的学者，康熙帝南巡，两次赐予御书。其弟马曰璐（1711—1799），工诗，著作《南斋集》，不乐仕宦，因而拒绝博学宏词的召试，兄弟二人被人称为“扬州二马”。马曰琯建有别墅，为有名的“小玲珑山馆”，拥有两栋藏书楼。他热情接待士人，研讨诗文，“所与游皆当世名家，四方之士过之，适馆授餐，终身无倦色”。比如杭州人厉鹗（1692—1752）诗文颇受名家欣赏，“搜奇嗜博，馆于扬州马曰琯小玲珑山馆者数年，肆意探讨，所见宋人集最多，而又求之诗话、说部、山经、地制，为《宋诗纪事》100卷、《南宋院画录》8卷”（《清史列传》卷七十一《厉鹗传》）。马曰琯对他多方照顾，因60岁尚未生子，特辟住宅为他纳妾。及至他回乡亡故，消息传来，又为他设灵位祭奠。马曰琯刊刻古人文字学著作，如许慎《说文》及《玉篇》《广韵》，世人称为“马版”，给朱彝尊刻印《经义考》，用银1000两装潢蒋衡书写的“十三经”。乾隆中编修《四库全书》，其时马曰琯已故世，其子振伯进呈藏书，可备采择的776种，成为民间四大进呈图书者之一，受到赏赐《古今图书集成》一部的奖励。

说罢马氏的聚集文人学士，再来看程氏的作为。筱园主人程梦星（1679—1755），康熙五十一年（1712）进士，官编修，“于艺事无所不能，尤工书画弹琴，肆情吟咏。每园花报放，辄携诗牌酒盍，偕同社游赏，以是推为一时风雅之宗”。受他延揽的有韦谦恒，探花出身，程氏“于家中构玉山心室，延之校书”。他的常客之一陈撰，中乾隆博学宏词科，一度馆于筱园。盛唐，布衣，工书，“馆于筱园最久”。张铨，诸生，喜游山水，足迹遍天下，精于鉴别古人书画，主程氏，绘扬州二十四景及金、焦二山图画。程氏负时望，“江淮冠盖之冲，往来投赠殆无虚日”（嘉庆《江都县续志》卷六《人物》）。招徕之众，可以想见。程梦星族人程崟从游，程崟进士出身，辞官后，“选定明代及本朝古文，次第付梓”；因少年时代与桐城派开创者方苞接近，后为其刊刻《望溪全集》。

总商江春（1720—1789），迎接乾隆帝南巡，报效甚多，得到君主的欢心，出席千叟宴，赐布政使秩衔。诸生出身，工制艺，精于诗，广结宾客，建随月读书楼，请人选时文付梓行世，名《随月读书楼时文》。他死后，每日来祭灵而不报姓名的有十多人，所以有人将他比作孟尝君。

总商鲍志道（1743—1801），在徽州时贫苦，业盐扬州致富，其弟方陶，好宾客，多慷慨，幼时读《论语》《孟子》，无善本，至是细加校正付梓，藏诸家塾。

这几家的文化活动，令笔者产生三种印象：

其一，徽商本人，特别是他们的子弟成为文化人和学者。

其二，招致各地的文化名人汇聚扬州，研讨学问，使扬州在清代成为文化重镇。前述三大书院的掌院，大多是流寓学者，此外的金农、吴敬梓、魏源、凌廷堪等名家，无不是广陵的屡次重游者。当然，招募宾客的不仅是绅商，盐政的养贤馆，也是不宜忽视的，然而绅商的作用似乎是主要的。正是扬州本地学者与流寓学者的结合，才使扬州在文化上大放异彩，产生思想方面的“泰州学派”“泰谷学派”“黄崖教”，以及今人所称的“扬州学派”，书画艺术方面的“扬州八怪”，表演艺术上的扬州评话。《四库全书》修成，缮写七部，分藏京师皇宫、圆明园、盛京故宫、避暑山庄、杭州、镇江、扬州，扬州获此殊荣，是扬州盐商文化活动的结果。

其三，造成扬州图书印刷事业的兴盛。文化的发达，还表现在藏书和刻书方面。今日扬州有广陵古籍刻印社，线装出版名贵古籍，是20世纪50—70年代全国唯一的线装图书出版社，这是继承清代扬州出版事业的传统。康熙年间编纂、整理的几部巨著，多在广陵印刷，如江宁织造、两淮巡盐御史曹寅（1658—1712）督刻《全唐诗》，新编的《渊鉴类函》《律吕正义》，边刻边进呈康熙帝御览，满意了，继续雕版，所以是精益求精，刻板技艺高超。官方在广陵设立扬州书局，推进了扬州图书事业的发展。所有这些，同原徽州人在扬州聚书、刻书不无一定的关系。扬州绅商藏书多，才有马氏那样向皇家进呈那么多的图籍。正因这里文人荟萃，文化发达，所以乾隆帝将《四库全书》一部置放于扬州，以便士人观览。

修建祠庙

兹将嘉庆《两淮盐法志》所载，商人兴建、修缮各类祠宇罗列于次：

天后宫：明代建造，1666年，商人程有容重建。

欧阳文忠祠：纪念欧阳修，1730 年商人汪应庚（1680—1742）修缮，1751 年众商重修。

五贤祠：纪念宋人、明人，1746 年盐政允准众商捐修。

双忠祠：祭祀南宋守扬州的李庭芝和姜才，1734 年绅商马曰琯修缮。

萧孝子祠：祀 1667 年为病母而死的本地人，1734 年马曰琯重建。

金龙四大王庙：众商供奉香火之地，1664 年淮商公建，1773 年、1776 年先后修葺。

重宁寺：1783 年两淮商人兴建。

观音山寺：1756 年商人建造，以备乾隆帝南巡休憩。

法净寺：雍正间汪应庚重修慧音寺，1738 年淮商汪宜晋创建丛林，1751 年众商修之。

上方寺：1775 年淮商复修。

建隆寺：古刹，1746 年绅商黄晟独立捐资重建。

（以上祠宇均在扬州府城。）

仪征关帝庙：1792 年，盐政允众商请求，捐资重修。

仪征奎光楼：久已倾颓，1773 年绅商郑宗彝捐修，1792 年，其叔鉴元重葺，增建后殿。

五烈祠：1733 年甘泉知县偕淮商汪应庚改建。

三汊河关帝庙：乾隆历次南巡，众商修葺。

三汊河高旻寺：1703 年淮商加建行殿，供康熙帝巡幸之用，1730 年众商重修。

仙女庙河神庙：盐船往来停泊之地，1701 年众商创建，1742 年重修。

邵伯镇露筋祠：1780 年、1784 年乾隆两次南巡过此，两淮商人重葺。

宝应神龙祠：1761 年建造，乾隆历次南巡，淮商捐资修葺。

宝应湖神庙：1765 年修建，1780 年、1784 年乾隆南巡，淮商先后修缮。

淮商还因康熙帝、乾隆帝南巡，到两淮境外修葺祠宇，如 1699 年、1761 年两淮商人在焦山定慧寺建造行宫，1751 年淮商在镇江江天寺恭建行宫等，不俱述。

扬州绅商创建、修缮的祠庙，与下述四种理念有关，其一是崇敬忠臣、名贤、孝子、节妇，这是遵循纲常伦理进行的，表明

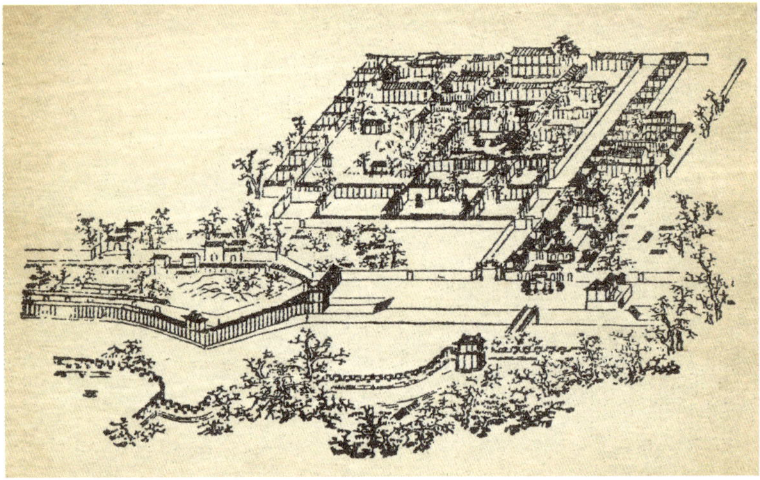

迎接康熙帝南巡的天宁寺

商人的基本观念与众人是一致的：二是礼佛，真正的佛徒不一定多，但人们对佛是又敬又畏；三是对行业神和近似行业神的礼拜，天后、河神、湖神与水运安全有关，即同运盐、漕运有关，故求其保佑，关帝具有财神的身份，商人更是信仰他；四是效忠皇帝，特别是康熙帝、乾隆帝历次南巡，盐商修葺寺宇、行宫，表示忠诚，以讨好皇帝，因为他们是从官府获得盐业经营，更应为天子巡幸效力。这四种理念，敬畏神灵，崇拜佛祖，忠诚君王，是同全国官民一致的，不过亦有反映盐商特点之处。由此可见，盐商的祠庙建设表现的是民间社会信仰，是社区建设的一部分，表达了民众的愿望。作为外籍人，或入籍不久的人，这样与土著观念取得一致的行动，使他们进一步取得土著的信任，有利于他们融入社会，发展生意。

扬州盐商协办地方公益事业

人们的生活，会遇到许许多多的难题，贫病之人难以度日，即使一般人家遇上灾荒、瘟疫，都是困难重重，惶惶不可终日，怎么办？政府的传统办法是设立义仓，在灾荒或青黄不接之时低价出售仓粮，但是义仓难得有办得好的，就是义仓本身也是时有时无。宋代以降，社会上出现养济院、育婴堂之类组织，收养孤老、弃婴，到明清时期，尤其是清代，善堂增多，扬州又是比较突出的。这类事情除了地方官和本地人的努力，也得力于盐政衙门和盐商。地方上的公益事业，本应是地方政府的事情，但是政府并没有这笔预算，基本上是经费无着，一切靠民间力量，这就要视地区经济状况和民众意向为转移，扬州因有盐业和漕运孔道之利，经济状况较好，又有盐商乐于从事，故公益建设较多。现将盐商协助盐衙和地方政府办理的公益建设，分建设机构和个人善举两项作出说明，然后略作分析。

协助建设慈善机构

扬州出现的善堂类型较多，现依类别，凡与盐商有关系的，据嘉庆《两淮盐法志》一一列出：

扬州普济堂：收养无告老民、贫民，康熙三十九年（1700）创立，乾隆九年（1744）因经费不敷，遂于商捐项内每年拨银120两，后增给60两，计180两。瓜洲普济堂，雍正二年（1724）江都贡生耿兆组捐建，随后知府陈宏谋（1696—1771）捐俸及募金扩建，耿氏陆续捐田300亩、银万两，1731年盐运使改令淮商经管，每年给银1200两，乾隆中岁支银2580两。两淮盐商与到境外建设行宫一样，在两淮之外，赞助江宁普济堂、苏州普济堂，1734年盐政高斌（1683—1755）允准众商建议，每年支援江宁堂1600两银子；乾隆四年（1739）定议，每年给予苏州堂纹银1000两。

育婴堂。扬州育婴堂：明代末年毁于兵燹，清初西商员洪麻和徽商吴自亮、方如珽创其事，顺治十二年（1655）建成，每年需银二千两，郡绅李宗孔暨商人闵世璋、郑元化、程有容、吴必长、许承宗等捐助，后来难以为继，康熙五十年（1711）盐运使李陈常接受闵世璋之子闵宽和余士觐、汪光元、吴国士、程莲等请求，月给银百两。盐政佥派商人管理，时间一久，经管商人以有赔垫，请求退出，运使卢见曾（1690—1768）乃于乾隆二十年

（1755）令众商议购菜田，作为育婴堂的固定资产和收入，旋于淮南二十八总商内派出二人经理其事，乾隆五十六年（1791）盐政全德将两淮归公田房统交商人承管，补充育婴堂经费。1795年盐政扩建乳婴室，盐官与“商人之有力者皆乐输”，由知县和总商董其事。瓜洲育婴堂：因经费不足，众商于1752年公捐银1200两。仪征育婴堂：康熙元年（1662）建立，乾隆六年（1741）重建，淮商汪应庚助给经费。

扬州药局：雍正七年（1729）总商黄光德等公捐设立，乾隆二十一年（1756）大疫，盐政令商人江助周等增设一个药局，请医生救治，数月后瘟疫消除，裁撤，原有的药局于每年的五月至八月施舍丸散。

救生红船：江宁至扬州的长江水面，常有失事行船，因设置救生船进行抢救。船舶设于江都史家港、双港口、大沙洲、大江镇、瓜洲江口、瓜洲江神庙、仪征天池、仪征沙漫洲、金山、焦山、高邮甓社湖、镇江避风馆等处。救生船要经常维修，水手要有工钱，均由众商渐次修补，并不断增加船只，水手工食银亦有定额。

义渡：扬州河流多，有的地方不便造桥，为了行人的方便，设立义渡，备置船只和渡夫，无偿载渡行人。义渡每年的费用，由商人捐助的，在江都和仪征有十余个，如徐宁门外二严庵万松义渡，即由商人汪勤裕捐建；钞关门外义渡始由诸生耿兆组捐田供费用，后来耿氏子孙卖田，致使费用无着，嘉庆八年（1803）改归盐务支银。

水仓：扬州府城人烟稠密，常有回禄之灾，为了救火，城厢设置水仓，备有水炮、水缸及救生用具，并动用水兵服役，所有“修理器具及各处救火兵役，岁需银两，皆出商捐”。也就是说商人承担了城市消防救火的费用。

官沟官井：府城水沟易于淤塞，乾隆二年（1737）淮南总商创意修浚，绅商马曰琯自任其住宅所在的广储门至便益门段的疏通，其余14段众商公修。城内官井亦相继疏浚。1755年商人程可正等重新疏理，乾隆五十七年（1792）总商洪箴远等公捐重浚。

桥梁街道：郡城西北孔道的扬州古雷塘，嘉庆三年（1798）淮商汪应庚建造石桥，以便行旅；乾隆中，淮商罗琦重修东关大街和城外石码头；总商鲍志道重修新城街道；康熙五十四年（1715）淮商汪文学重造仪征龙门桥。

义冢：雍正十二年（1734），商人黄仁德等奉两江总督之命，捐资于四郊买地16处作义冢；商人汪应庚置义冢于徐宁门外；乾隆二十四年（1759）商人黄源德等捐资，分别于南门外、北门外购置义地；乾隆四十三年（1778）商人江广达等捐资买西山空地70亩作义冢，20亩给僧人耕种纳粮，以维持义冢。

盐义仓：此仓不是储存食盐而是粮食，为赈济灶丁。扬州东关附近一仓，雍正四年（1726）建立，至乾隆十一年（1746）贮存粮食6万石，佥商二人管理，嘉庆间经管人为商人江广达、王履泰；广储门外三仓，亦是1726年建，1746年储粮18万石，管仓商人为洪恒裕、黄恒茂、汪肇泰、郑旅吉等。这些管仓的商人，是盐政佥派时所认可的“老成殷实商人”，他们在1734年捐银

20万两购买仓米。

河工城工：扬州护城河和城内市河淤塞，乾隆二十四年（1759），众商情愿出银17600两挑河疏通，竣工后，为不令杂物堵塞河道，设专船清除垃圾。另外，乾隆四十七年（1782）河南商丘等处修河，商人江广达等公捐200万两。嘉庆八年（1803）湖北归州等三州县修城墙，淮南商人洪箴远等公捐银10万两。

灾济：1671年维扬被灾，众商陈恒升等捐银22670两买米赈济，在扬州城外设立4个粥厂，每日煮粥，约赈男女45000人，泰州、兴化、高邮等处则每日发米数百石，又给灾民棉衣1万件。捐银在500两以上的，清朝政府给予九品顶戴，陈恒升等8人获得这种荣誉。康熙十八年（1679）旱灾，众商捐银33000余

徽商汪氏所建春台祝寿亭榭

两，救济饥民816万余。乾隆三年（1738）扬州旱灾，众商捐银12万7000两，汪应庚独捐47000两救灾。1741年秋雨过多，淮南商人黄仁德等设厂煮粥赈济两月；次年维扬水灾，汪应庚捐银6万，黄仁德等公捐24万两；1746年淮南众商程可正等因灾公捐20万两；1753年两淮灾，商人捐助30万两，等等。

商人个人义举

上面说到的一些社会公益事业，有的就是从商人开始做起的，如救生红船的缘起，是淮商吴自牧设救生船于金山，又雇渔舟协助救生；方如珽设救生船于避风馆，悬赏格，每救一活人，奖银一两，捞获死亡者给一半，并营建墓地一区，安葬遇难者；汪文学设救生船于燕子矶，另置田百余亩，充常年经费；汪应庚在镇江、焦山、瓜洲，也立赏格。嘉庆《两淮盐法志》说救生红船就是仿照这些事例、办法建立的："救生船故事，后所设立，盖仿于此。"

徽州盐商及其后裔参与盐政衙门和地方政府所主持或倡导的地方公益和慈善事业之外，是个人的乐善好施，援助贫苦人，如汪文德，先世休宁人，家于江都，崇祯十三年（1640）岁饥，"捐赀倡赈，多所存活"（乾隆《江都县志》卷三十二）。黄家骊，歙县人，徙居江都，"居货而能施"，大水成灾，多方设赈，救活人甚多。徐璟庆，先世歙人，久家于扬，"慷慨好义，挥万金无德色，兴义学，修宗祠，助婚丧，及恤贫乏，先后所费巨万，常若不足”。其妻方氏，与他同心，助其行善（嘉庆《江都县续志》卷六）。汪煜，先世歙县人，仪征籍，“乐善好施，有‘善人’称”，子梦桂，举人，有父风，乡里中有贫不能婚嫁的一个人无力资助，则集合同道，共同设法补助，对贫困寡妇尤加同情，“笔耕所入，半为周恤之用”。等等，不必胪陈。

社会公益事业中盐商与土著的结合

扬州地区的社会公益与社会救济事业，土著也在做，前述瓜洲普济堂的肇兴者耿兆组就是江都土著，他还帮助贫民交纳拖欠的钱粮，捐田资助监狱犯人的伙食，设立义塾，教育乡邻子弟。其兄兆绅，“倜傥好施与”，设义渡，置义冢，荒年出粟赈饥（乾隆《江都县志》卷二十二）。晏德宝，世居仪征南门外，濒临大江，附近是淮南掣盐所，船舶往来如织，每遇风浪，多有覆溺，他乃捐资设立救生船局，乡里称为“善人”；其子行忠，夙承父训，乐于助人，料理仪征所设立的善堂同仁堂，仿照苏州同仁堂规则，严定章程，所司之事，历久不懈（同治《续纂扬州府志》卷十四）。由此可见，移民与土著合作进行地区的建设，开展公益事业活动，救济贫病民众。这是他们的共同事业，这样徽州移民、盐商就会得到土著的理解，欢迎他们进入当地社会和入籍。不仅如此，徽商还以其雄厚的财力，实现其生活方式，影响到土著，形成新的地方风习，打上了徽商和徽州人的文化烙印。如同《望江南百调》所咏的徽州人家族祭祀生活，融合了徽州、扬

扬州大洪园之景：虹桥修禊

州两地的习俗："扬州好，家祭夹徽扬，鼓发三通呼就位，灯持五色学跑方，亭设纸猪羊。"至于徽州人在扬州的婚礼，董伟业《扬州竹枝词》歌道："徽州火把红油刷，翰林灯笼紫纸糊，抢过花冠传过袋，进房先看伴娘姑。"(《扬州丛刻》本)。

总起来看，扬州的社会公益和救济事业，虽比不上苏州，但在全国，属于上好地区之列，它的城市、道路、水路交通、消防、善堂等的基本建设，临灾的救助，既有组织机构的保障，又有活钱的调用，所以提供了居民生活的某种方便，同时因救灾能力较强，以利于民众的摆脱灾难。不能不说，在那时，扬州人的生活质量，可能高于苏州以外地区的人。致此之由，盐商出了一份力。巡漕御史陈科捷在讲到扬州育婴堂的建设时说到两种因

扬州渡口

素："当道诸公爱人励俗之意，商人乐义奉公之举。"肯定了商人的义举。毫无疑问，扬州盐商协助盐务衙门和地方政府开展社会公共事务、公益和福利事业的活动，颇著成效，提高了社会救灾能力，与此同时盐商及其后裔成为文化人和学者，成功地融入当地社会。

商人的乐于义行，未必是他们生性好善，当同他们的特殊商人身份有关，有着多种社会原因：报效国家，这有直接孝敬皇帝的，贡献政府的，如国家打仗，捐献经费，又有间接的，即为地方做好事，有利地方社会的稳定，令皇帝放心于地方的安宁和盐税的有保证；与盐务主管部门保持良好关系，两淮盐商是官督商办制度下的盐业商人，其经营受盐衙控制，人身上对政府和盐衙有所依附，按照盐衙指令、劝谕进行社会公益和救助活动，才便于同盐衙协调关系，使业务维持、发展下去；建设社区，为地方做好事，以取悦于土著，更好地立足于当地社会，同时，公益的建设，也有利于其商务的运营，如水上航道的疏浚和维护，以保障其盐船的通行。有了这些因素的权衡，也才有了动力，去进行地方公益建设、做好救济，既报效国家，又回报社会，一举而数得，何乐而不为。

清代扬州社会经济、文化的发展，市面的繁荣，一个重要原因是得力于盐商（主要是徽商及其后裔）的经济支持和人力的尽心，这也表明移民是社会的活力。

移居江苏仪征的徽州人

仪征县地处长江北岸，明清时代隶属扬州府。政府的两淮盐运司设于扬州，而在仪征设置它的派出机构——淮南掣盐所，由监掣同知驻扎理事。因盐系官督商销，在清代每年有2.2亿多斤食盐过境，接受监掣同知检验，于是盐商云集于此，千舸百艘泊于江岸，为监掣服务的佣夫多达数万人，并由此引起商业和服务业的发展，形成与传统社会经济不同的情形，即商业经济重于农业经济。当时人按照传统的本末观，对此甚为担忧，认为“仪民多倚盐为食，舍本逐末，不事生产”，嘉庆时县令、钱塘人屠倬特意“劝民纺织，种桑养蚕”，还从他老家请来农妇，传授养蚕织丝方法（道光《仪征县志》卷二十六）。同时期颜希源等修县志，忧虑地说：

风俗华靡，百物愈涌贵，而用者愈繁，以致

编氓外强中干，非所以谨盖藏、固根本之道也。（道光《仪征县志》卷四十九）

其实这有个如何看待商业发展与居民穷富的问题。商业社会下人们收入较容易，开支也快速，因而显出“家无盖藏”的景况，不像农业社会人们省吃俭用，预蓄来年食粮，能持续维生，然而业商者普遍比业农者生活程度高，挣钱虽无保障而相对容易，花了又可再得，这其实是社会经济发展的反映。以传统的本末观识不及此，反而惊呼要改变这种情形，是大可不必的。本文不为论述此意，而是要说造成仪征商品经济发展的动力，即移民盐商的作用及其与本地社会的融合。

仪征的移民，系安徽、江西、浙江、福建及扬州等地来的，而主要是安徽徽州人。新安人至仪征，始自明代，清代继续增加。

今查道光《仪征县志》卷九《舆地》，卷十二《食货·户口》、卷十五《食货·盐法》，卷三十一、三十六、三十七、三十八、四十二《人物》，卷四十六《祥异》，都有徽州人在仪征活动的记录，因据之制作下表。

侨寓、入籍仪征之徽州人简况表

姓名	至仪时间	是否入仪籍	先世或本世职业	备注
汪景贞	明嘉靖		盐商	设义冢
吴士英	嘉靖	入籍	士	官光禄寺署正
汪逢年之祖	嘉靖	入籍	盐商	

续表

姓名	至仪时间	是否入仪籍	先世或本世职业	备注
吴　德	万历			设义冢
吴一澜	万历		盐商	
汪宗文	万历		盐商	修衙署
程贞康	明末	入籍	商	
汪　镳	万历			
郑之彦先人	明	入籍		五世同居
王　璋	明			
汪楫先人	明	入籍		
黄时先人	明	入籍	盐商	
汪　桓	明	入籍	士	
程思训之父	明	入籍	盐商	
刘正实	明	入籍	武官	
许承远	明末清初	入籍		世家
吴　爱	明末清初	入籍		监生
吴绍澯	清	入籍	盐商	先居扬州
吴之騄	清	入籍	士	
方坦曾祖	清	入籍	盐商	
吴汝渐	清	入籍	盐商	

续表

姓名	至仪时间	是否入仪籍	先世或本世职业	备注
巴树保之父	清	入籍		
汪还溥	清	入籍	盐商	
洪德常	清	入籍	士	
汪从晋先人	清	入籍	士	先世迁扬，占籍仪征
程人荣之父	清	入籍	商	
吴文镕先人	清	入籍	士	
戴清祖父	清	入籍	士	
汪文芷	清			捐修学宫
郑文明先人	清	入籍		
李怀阳	明末清初	入籍		李光炘先人（此据盛成《我的母亲》）
许　瑗				修缮文昌阁

仪征人的汪、吴、程、郑、许，在清代为大族，恐多来源于徽州，可见徽州移民在仪征的地位。他们的落籍仪征，大体上经历如下历程：在明代至扬州经商，转到仪征入籍；或明代在大江南北各地贸易，而后定居于仪征；明末清初之后，多有径至仪征的，历一、二世而著籍，他们起始是经商的多，而后是家族中渐

仪征市内鼓楼

出士大夫。在徽州来人之中，亦有贫乏者，或有一时困窘，但总的情况是较富有的。客籍人的入籍，要有一定的经济条件。清朝对此作了规定："如人户于寄籍之地，置有坟庐逾二十年者，准入籍出仕。"仪征县在执行中，"其客户、外户，有田地坟墓者二十年，准其入籍，俱为民户，无田地者曰白水人丁"。要成为仪征人，外来客得在仪征置有田地房屋，要有先人坟茔，且须达二十年时间，就是说在当地扎下根基，才能入籍成为土著。这是经济条件，还有观念习俗问题，当地人不会一下接受外地人，外地人也还留恋故土，所以在仪征落户的人，往往还以原籍为籍贯，如参加康熙博学鸿词科并中试一等的汪楫，祖籍徽州休宁，入籍仪征，但他的科举题名榜上填的却是休宁。新入籍者的籍属常会新旧混说，令后人难于准确认知。

新安人在仪征经商，要融入本地社会，需要给地方做好事，同时他们既然寄居或定居下来，要培养子弟读书进学，就需要关心县学和书院建设。因此，徽州盐商与盐衙合作在仪征办学的事情，屡见不鲜，兹说明如次：

兴修县学。清代仪征县学的不断修葺，有由县官、学官和邑人捐修的，而起大作用的是盐衙、盐商和仪籍原徽州人。顺治十年（1653）两淮盐运司运副朱懋文捐出商人公费，维修学宫明伦堂。康熙六年（1667）巡盐御史宁尔讲与县学教谕舒文灿合捐俸银修理学宫东庑。十四年（1675）原徽州人许承远修缮大成殿，二十三年（1684），其子松龄与乃舅吴爱重修明伦堂。二十八年（1689）知县马章玉会同乡绅郑为旭、许松龄、许桓以及盐政曹寅、运判黄家再修明伦堂，次年徽人汪文芷修缮倾圮的居仁、由义两学斋。五十三年（1714）许松龄之子许彪重建尊经阁。雍正十三年（1735）许松龄孙华生修缮学宫。乾隆五十五年（1790）两淮盐政捐拨银1000两，并拨修武庙余银4000两，县人捐输300两，大修文庙。嘉庆十年（1805）商人捐银1000两重修大成殿。在修葺文庙中，引人注意的是许承远家族，四世以维修文庙为己任，不仅为教育作了贡献，而且完全将仪征视为家乡，成为仪征绅士表率，故而县令戴仁行说许氏“诚大有造于仪邑也”（道光《仪征县志》卷十六）。

捐学田。明隆庆二年（1568）巡盐御史孙以仁捐购江田113亩，交仪征县官，收租资助贫窭生员。至道光年间其田仍然保存，岁入租银22两，由盐院掌管，赈济贫生。乾隆二十年（1755）生员吴文杰捐圩田28亩，补助月课费用。

修缮文昌阁。康熙四十二年（1703）巡盐御史罗瞻、县令许承澎重葺奎光楼，乾隆十一年（1746）徽州人许瑗重修正厅。

兴建乐仪书院。仪征建立较大规模的书院，是在乾隆三十三年（1768），那时江苏各地已有书院24所，仪征建的不算早，也不为晚。倡建者是知县卫晞骏，助成的是盐官、盐商。书院设立之初，收正课生、附课生，以后陆续扩大范围，至道光中，收生员正、附、随课生及童生正、附、随课生，计达240名，具有相当规模。书院向正、附生发放膏火银，给院长束脩，并设月课奖励银。在嘉庆年间，每年需经费银1700两。这么大费用，自始即为盐衙和盐商捐助。建院时，盐政善福、监掣同知苏尔通阿、宋维琦、解韬等，批准盐商首领张东冈等的捐助申请。张等以子弟在书院就学，情愿每年捐助膏火银 857 两，随即又捐生徒盘费银 300 两。自乾隆五十九年（1794）至嘉庆五年（1800）书院每年开支在 1800—1900 两之间，盐商原定额捐不足支用，但据实给予新的资助，每年约计共捐 2200 两。书院因经费来源靠盐务，所以生徒名额扩大及膏火银额数，系由盐院决定。如嘉庆十五年（1810）盐政阿克敦（1685—1756）决定增给随课生员盘川银各 4.5 两，道光十七年（1837）监掣同知姚莹（1785—1853）改建书院房舍。

乐仪书院给学生的资助较为优厚，嘉庆十三年（1808）规定，诸生中的正课生每月膏火银 3 两，附课生减半，为 1.5 两，童生正课生 2 两，附课生 1 两，这个数额给足了学生的伙食费。此外，书院月课奖也不少。书院半月一考试，评定学生等第，诸生中第一名的给奖银 1 两，第二、三名奖银 0.8 两，其他 27 名中超等奖的给银 0.6 两。童生月课奖银为诸生的一半。全年举行月课 20 次，每次给奖名额又多，好学生得奖学金的机会很多。书院的鼓励，有利于贫寒子弟的就学和激励学生的上进，使得仪征出现大量科举人才。

笔者统计，从顺治十八年（1661）至同治十三年（1874）的 210 多年间，仪征中进士 60 人，其中还有状元，其人数之多，等第之高，在全国一千数百个州县中居于上等地位。徽州来的移民，有的成了文化世家，如四世修缮仪征学宫的许承远家族，即为科第世家。许松龄善隶书，所写隶书轴十六字："渴霓狞龙，气吐颜杜，宝刀一喝，骏神欲舞。”受到郑板桥推崇，在其轴上续写十六字以赞之，词曰：“浑古迂拙，精满骨脱，钟繇欲死，中郎欲活。”（《郑板桥全集》）许氏已成为仪征乡绅，是徽州移民与当地结合的一个典型家族。

晚清的南洋华侨

这里所说的晚清，系指同治至宣统，即 1862 年至 1911 年的 50 年间。这时华人大量涌向南洋，是清朝政府逐渐改变华侨政策和华侨祖国意识强化的时期。了解华人移民南洋的情况及其与祖国的关系，应当是很有意思的事情。

19 世纪 60 年代以后华人涌向南洋

中国人向南洋移徙，明朝初年业已兴盛，此后络绎不绝。比如，在乾隆二十五年（1760）至嘉庆二十五年（1820）的 60 年间，每年进入西加里曼丹的就在 3000 人以上，到 1820 年在那里居住着 15 万华人（温广益等《印度尼西亚华侨史》）。又如道光十二年（1832）在菲律宾有几万名福建人（道光《厦门志》卷八）。19 世纪 60 年代初，清朝政府同英、法等国订约，允许华工出洋，跟着出现华人出国的热潮，及至光绪十九年（1893）清政府宣布废除海禁旧规，出国的人员骤增，纷纷进入美洲、非洲、澳洲，南洋地近中国，更是华人奔赴的处所。光绪十六年（1890），出使英法义比四国大臣薛福成（1838—1894）讲，每年到南洋的华工有10余万人（薛福成《出使英法义比四国日记》）。几年后，即光绪二十一年（1895）出使俄国的王之春（1842—1906）说，每年去南洋的华人多达十五六万（王之春《使俄草》）。王、薛的不同数字说明南洋的华侨在逐年增多。文献资料显示在印度尼西亚的华人1860年为22.1万；1870年增至26万，平均每年增加3900人；1880年华侨34.4万，自1870年以来每年加多8400人；1890年华人46. 1万，自1880年以来年增17000人；1900年华人达53.7万人，自1890年以来年增7600人（参阅沈己尧《东南亚——海外故乡》）。华侨的增长在前30年呈现出直线上升的势态。在缅甸的华侨，1861年有1万人，1891年增为4.3万，年平均增加1100人，1911年达到12.4万人，自1891年以来，年增4050人（B·Φ·瓦西里耶夫《缅甸的华人村社》），华侨数量迅速上升。华人不断地流入，到光绪二十六年（1890）在南洋人口达300万（《华工出国史料汇编》第一辑第一册薛福成疏），光绪三十二年（1906）达到400万（《华工出国史料汇编》第一辑第一册杨晟文）。19世纪60年代以后的50年中，华人像潮水一样，汹涌澎湃流入南洋各地，是真正的出国潮。这样使得这个时期的下南洋，人数多，规模大，增长速度快，且有持久性，这就使它与前此任何时期相比具有了不同的特点。

第二次鸦片战争之后，中国加速了半殖民地化的进程。此时民间灾难更加深重，无法维生，闽粤沿海民众只好出洋谋求生存。陈述在《南洋华侨与闽粤社会》一书中指出：“光绪末，国政日非，民俗日下，携眷而出，势如奔涛，不可复遏。”中国半殖民地化加速了华人流向南洋。

19世纪下半叶南洋土著居民不多，英国、法国、荷兰、西班牙殖民者为实现资本输出，更多地掠夺南洋财富，深感劳动力的匮乏，希望用华人去补充。为此，英法两国政府于1860年10月，分别强迫清朝政府在中英北京《续增条约》、中法北京《续增条约》中承认它们来华招工的权利。正是在这种情况下，华人大量被招往南洋做苦工。光绪间修纂的《闽县乡土志》写道：“膂力强者，用应洋人之招，为苦工于绝域，彼族以牛马视之。”民国间编写的福建《永泰县志》讲：“同治初年，英、荷诸国开辟荒岛，乏人垦治，以重资诱往做工，遂有贩卖猪仔之事。”都是说的西方殖民主义者在华招劳工的事实，晚清华人的大量移民南洋，正是西方资本输出、扩大在南洋殖民的时期。

南洋华侨的公益活动

晚清南洋华人同国内经济联系密切，渠道甚多，诸如侨汇，举办公益事业，兴办工商企业，向清政府捐饷等。

华侨多系“卖猪仔”只身出洋，然而怀念父母妻子，把省吃俭用节余的银钱汇寄回国，赡养亲人。清朝驻德大使杨晟（1867—？）于 1906 年估计，南洋侨民每年寄给亲属的银钱在 1000 万两以上。1890 年薛福成就新加坡一地而论，说在前此 13 年内，华侨携寄回国的钱财不下一二千万两。近年林金枝在《略记近代福建华侨》文中估算了福建华侨汇款数字，列表如下：

年度	华侨汇款数字（元）	年度	华侨汇款数字（元）
1871—1884	43，540，000	1907	19，156，000
1885—1898	14，540，000	1908	19，368，000
1899—1904	60，000，000	1909	21，700，000
1905	20，534，000	1910	23，396，000
1906	19，898，000	1911	19，368．000

福建的华侨 90%以上在南洋，所以侨汇主要来自南洋华侨。从福建一省看，自 1885 年以来，每年侨汇 1000 万银元以上，甚至 2000 多万银元，数字巨大，杨晟等的估计一点也不过分。华侨热心于家乡的公益事业、赈灾、修桥、办学、建善堂，乃至于修家庙、建寺宇。福建同安县华侨杜文艮在缅甸经商，于 1887 年至 1908 年用 30 多万两银子在家乡行善，赈济灾民，修缮双溪书院考棚，又给慈禧太后献玉佛，因此使其父母、祖父母得到二品诰封，李鸿章为他建立“乐善好施”牌坊；同县菲律宾华侨陈谦善，先后捐款赈济山东、顺天、直隶、福建灾荒，清朝给予一品封典；同县朥律华侨柯祖仕，“置祀田为祖祠祭费，设义塾供人来学，每值故乡荒年，购米平粜，……捐修庙宇，舍药施茶、刊刻善书，及筑桥造路，诸善举悉彰彰在人耳目”，清政府给予道

员职衔；同县印度尼西亚华侨黄志信，在本县筑路，平粜，重修凤山庙，赈济直隶河间府，受到清朝中宪大夫的封赠（民国《同安县志》卷三十六）；广东嘉应州印度尼西亚华侨李步南在家乡修桥，筑路，设茶亭，给松市口育婴堂、梅安书院、李氏私塾经费（光绪《嘉应州志》卷二十三）；同县贡生陈国宝，于1867年同治六年往暹罗贸易，同时向该处华侨募捐，回乡重建县育婴堂，收弃婴百名（同上书卷十四）；番禺县新加坡华侨胡璇泽（1816—1880）赈济山西灾荒，在家乡建宗祠，周济贫乏，助人丧葬费，1877年被清政府任命为新加坡总领事（民国《番禺县续志》卷二十二），等等。

少数南洋华侨开办机器工厂和建筑铁路。中国最早的机器缫丝厂即由华侨创设。南海县继昌隆缫丝厂是民营的一家机器缫丝厂，同治十一年（1872）由华侨陈启源（1834—1903）创办。光绪二十九年（1903）梅县人苏门答腊华侨张煜南（1851—1911）出资50万元，与谢荣光等办潮汕铁路有限公司，1906年铁路筑成，全长42公里。潮州籍的暹罗华侨组织华暹公司，购买轮船四艘，从事汕头与曼谷间的航运业务，以免这段航运为外国人操纵。不过，总的说，华侨办实业不多。徐珂编辑的《清稗类钞》指出，华侨“于祖国之振兴工艺诸端，鲜或措意及之”，因此才有陈子宣到新加坡游说华侨办工业，不要受人愚弄，爱好虚荣，捐赈捐饷得诰封。

清朝政府为建设海防和进行一些战争，派人到南洋向华侨募捐，华侨也是慷慨解囊。左宗棠（1812—1885）在福州办造船厂，资金不足，福建海澄籍暹罗华侨陈金钟捐银一万两，陈又有捐赈事，所以被清朝授予道员衔；另一海澄籍的槟榔屿华侨邱忠波亦从事海防捐献，也获得道员虚衔；前面说过的陈谦善在中日甲午战争中捐银助饷；胡璇泽捐献银两，供给清军镇压太平军余部。

南洋华侨对国内的经济资助，发挥了重要的作用，首先是解决侨眷的生计问题，帮助侨乡人民安排生活。我国在18、19世纪人口大增，而耕地增加及劳动生产率提高极其有限，因而在君主专制社会制度不合理的同时，人民生计问题特别严重，几百万华侨到南洋谋生，解决了自身的衣食问题，就给国内减轻了人口压力。不仅如此，他们还以每年上千万两的钱银赡养亲属，使得相当部分的侨眷得到温饱，如侨乡潮州人仰赖侨汇为生的占到全部人口的40%—50%。华侨在家乡兴办的公共福利事业，惠及了乡亲，人们得到一些救济，有利于改善生活。光绪二十年（1894）以降，嘉应州接连遇灾，米价腾飞，南洋华侨立即从暹罗、安南、缅甸运回大米，平价出售，遏止了米价的上涨。相比之下，1832年大灾，那时华侨少，无人进行平粜，潮州人吃了苦。这是侨乡人民得益于华侨援助的显例。

其次，促进海外贸易的开展，增加出口，多少弥补了严重的入超。因为有南洋华侨，国内的对外贸易有了两项业务，一是专为华侨生活服务的营业，一是对其他国家和地区人民的。南洋华侨众多，他们的生活方式基本上还是中华式的，因此需要国内物品，侨乡的出口，相当部分是对华侨进行的。潮州出口商，“凡（华侨）潮人日常生活所需，皆以配运出口销售”，为进行此种贸易，组织了南商公所等专门机构。福建向南洋输出茶叶，光绪后期每年行销十几二十多万石，获银五百多万两。上海出现南洋庄，专做对南洋华侨的进出口贸易，出口的主要是药材、丝绸、日用百货。1910年两江总督张人骏（1846—1927）出面，组织南洋劝业会，促进对南洋贸易，由于华侨及南洋土著居民的需要，南洋市场充斥着中国货物。如西贡市场到处是中国食品、杂货、绸匹、药材。光绪二十四年（1898），在三宝垅佐哈尔市场，有240家商摊，大多是华商，出售碗碟、布匹、杂货、铁器。菲律宾从中国进口的物品是：丝绸、伞、瓷器、瓮、罐、碗、盘、蛋类、粉丝、水果、火腿、茶叶、药材、药品、皮箱等。侨汇和因华侨而开展的对外贸易，使中国外汇收入增加，多少弥补入超带来的经济损失，薛福成清楚地看到了这一点，他说："中国贸易与各国相衡，亏短甚巨，然尚有周转者，以华民出洋所获之利足资补苴也。"饶宗颐（1917—2018）等在《潮州志》中指出："海外华侨输回之金额，在中国国际收支平衡中占一重要项目。"他们还是仅就侨汇而言，加上海外贸易的收益，华侨对中国经济的贡献就更大了。

光绪间编修的《嘉应州志》写道："……今日则谋生愈艰，所幸海禁已开，倚南洋为外府。""倚南洋为外府"不是嘉应一地的事，所有的侨乡皆是如此，它反映了南洋华侨对中国经济的巨大意义：弥补入超，平衡国际收支，赡养侨眷，减少中国的人口压力。南洋华侨出去时大多为"猪仔"，等于是国家的弃民，但他们功在祖国，千古不会磨灭。

复次，开办新式工商业的作用。前述继昌隆机器缫丝厂创设后，获利丰厚，反响应时而生，三四年内在南海、顺德两县出现百家丝厂，其中有机器缫丝厂三四家。机器缫丝厂规模较大，雇佣工人多达八九百人，生产提高，使丝的出口增加，在国际市场与日本丝抗衡。但是这种企业太少，影响微弱。当时少数人有办实业的愿望，广东阳山县人朱学发，在光绪间深感国势衰弱，认为开矿可以救国，打算到南洋矿场当工人，学习经验后回国开办矿业，然因已经五十多岁，不能成行，派儿子朱海均前往，海均出洋致富，却没有回国开矿。当时中国的国情还不允许华侨大规模回国兴办新式工商业。

南洋华侨的中华生活方式

晚清南洋华侨的日常生活、社交、风俗习惯，都同中华文明密切联系在一起。

穿着、饮食、居住方面。19世纪80年代，新加坡的华人“衣冠语言礼仪风俗，尚守华制”，西贡华侨“衣冠风俗皆守旧”（邹代钧《西征纪程》），直到1920年，印尼网甲华人的“衫裤式样，俱属华装”，都是用中国产的蓝黄绺条布制作的。前此更应是这种情形了。华侨的中国式着装，影响着所在地的居民，在西班牙统治菲律宾的时代，黄色服装供贵族专用，蓝色服装为平民所用，“这个风俗习惯起源于中国”（欧·马·阿利普《华人与马尼剌》），因为中国历来以服装的颜色、质地式样区分人的贵贱，华侨把这种衣装习惯带到了菲律宾，可见华侨自身采用中华装束的牢固性。华侨的饮食保持在国内的习惯，1866年西贡醉乡楼饭庄“所有菜蔬肉食果面皆中华味”（张德彝《航海述奇》），菲律宾的华人，吃食中国饭菜、馄饨、杂碎、烧包、米线、烤乳猪、春饼、白菜、粉条、芹菜、豆豉以及荔枝、蜜饯，所用的炊具也是华式的锅、平锅、坩锅。华侨或者把中国式的建筑移植到南洋，或者使自己的居处具有一定的中国建筑风格。在19世纪末的菲律宾，华侨“屋宇皆华式，店肆皆华款”（崔国因（1831—1909）《出使美日秘日记》），华人住宅和在国内一样，雕刻飞龙、彩云，悬挂匾联，穷人家门口也贴对联，富人家花园，多有中国江南园林的假山、水池。新加坡槟榔屿华人的花园已多是西式的了，但“楹联匾额所在皆有”（蔡钧《出洋琐记》），保持一定的华风。发型与服饰联为一体，男性华侨在南洋和国内一样梳辫子，三宝垄华人20世纪初才有人剪掉辫子，辛亥革命后与国内同时出现剪辫子运动（林天知《三宝垄历史》，李学民等译）。拥有清朝职衔的人，在一定场合，还穿起官服，1866年出访西欧的官员斌椿路过新加坡，侨商陈鸿勋因有都司虚衔，“顶帽补服”地去拜会他（斌椿《乘槎笔记》）。

家庭、家族、祭祖。华侨有大家庭观念，凡成家立业者，多组成直系家庭，以代数多为荣。家庭内讲究夫唱妻随，父慈子孝。华侨出洋，往往是同宗族的人互相招来，团聚在一起。虽是这样，宗亲毕竟还是稀少，于是认同宗，凡是同姓，就以为是亲骨肉，互相帮助。同姓氏、同宗族的人建立家庙，槟榔屿的林、杨、邱、李、谢、黄、王、胡、梁、陈等姓族都有宗祠。印尼有汾阳世家（郭姓）、高阳公祠、杨氏联谊会。各个家庭、宗族极其重视祭祖，逢年过节必祭，清明扫墓，娶亲拜家庙。

婚丧。婚姻由父母做主，一部分在国内结婚。侨乡有所谓“填房婚”，即男子在外经商或出洋，一时难以回家，就由家人代为迎娶，或者让姊妹拜堂。有在侨居地华人间联姻的，还有娶土著妇女的。华人间通婚，采用“六礼”的方法，其实在国内亲迎之礼许多地方都不实行，而槟榔屿的华人却信守不变。华人把中国丧葬方式带到侨居地，守丧时孝子按照古训睡在地上，枕土块。请和尚做功德，烧纸钱，孝子百日以内不得理发、剃胡须。送葬时亲属穿孝服，用锣鼓喇叭吹打，讲究典礼隆重，送葬的人愈多愈好。相信阴阳风水之说，葬期要选定吉日，葬地要风水好的，因为选吉地需要时间，而印尼荷兰殖民当局不许停尸超过一天，华人为时间宽裕，经过强烈要求，获得延期出殡的允准。重视夫妻合葬。墓地立碑，刻字如同国内，“某处诰封某某之墓”（《航海述奇》）。

会馆。前述宗祠是小的社会群体，会馆，依华侨的原籍建设起来，或为一省，或为一府，或为一县，或为所有华侨的组织，是规模较大的群体。它有不同的名称，在会馆之外，或称作公司、公所、公会、同方会。这种组织很普遍，所谓“南洋随地皆有会馆”（《槟榔屿志略》）。西贡有福建会馆、广（州）肇（庆）会馆，堤岸有潮州、嘉应、琼州三会馆，河内有福建会馆，海防有华商会馆，槟榔屿有平章会馆，新加坡有福建会馆，吉隆坡有闽人会馆，仰光有宁阳会馆，巴达维亚则有中华会馆、华侨公会、广肇会馆，棉兰有福建公所，三宝垄有洪义顺会馆，印尼还有嘉应州、潮州、惠州、琼州、永春、福州、焦岑、大埔、石扇、中山、漳州、玉融（福清）、晋江、安溪、金庆、同安各地会馆，江浙公馆，梅县同乡会，永定公会，山东公会，等等。华侨设立会馆，是用群体的力量谋求商业发展；保护自己利益，如由会馆聘请状师（律师），代打官司；进行慈善事业，如设立义冢，办义学，赈济贫病同乡。

教育。华侨在南洋办学，于19、20世纪之交，经过两个阶段的变化，在前期实行私塾教育，完全模仿国内的办法。新加坡有萃英书院，槟榔屿有槟城义学、闽义学、粤义学。义学规定：学生先读《孝经》，次读“四书”，塾师先以“礼仪进退应对”教育学生，每逢朔望，要把圣谕和孝悌忠信的故事讲给学生听，令他们“心体力行”（《槟榔屿志略》）。这种学习四书五经，采用背诵的方法，灌输孔孟之道，与国内没有两样。戊戌变法之后，国内情况有所变化，学堂出现，南洋华侨跟着兴办学堂，取代私塾。这些学校请清朝留学生做教员，采用日本小学教育制度，使用上海商务印书馆出版的新式教科书，改变了专习儒学的教育状况。

宗教信仰。中国沿海居民多崇信天妃（天后、妈祖），建造祠宇拜祀，南洋华侨也是这样，到处建立天后宫，1889年三宝垄华人开始建立妈祖庙，新加坡的福建会馆设立在天后宫内，西贡穗城会馆后殿供奉天妃娘娘，这就是说会馆所祭祀的神灵就是天妃。明清时期中国人特别崇信关羽，所在皆有关帝庙，如华侨在西贡、海防设立了关帝庙。土地祠遍及中华各个村庄，印尼的华侨也敬奉土地神，称它为大伯公庙，祈求它的保佑。光绪间，巴厘岛附近的华人村有祠宇，春秋报赛，在国内春祈秋赛所敬的就是土地神，这里也不例外。中国人相信各种神灵，传说有保生大帝，能给人治病，印尼华侨从国内做保生大帝塑像运去供奉，直到19世纪末人们有病还去求它。南洋华侨信佛的甚多，建设寺庙，不断重修，往往从国内运去菩萨塑像。

文娱。华侨也保持了中国人的习惯，侨民中多广东人，他们爱看粤剧，西贡有粤人剧团，白天黑夜开演，上演的是三国戏。新加坡的戏剧，也是由广东人演出。华侨爱读中国历史小说、英雄演义。19世纪70年代，印尼出版爪哇文译本《薛仁贵》《杨忠保》《狄青》《贵夫人》，随后印行了马来文译本《乾隆君游江南》。1894年刘永福黑旗军守台湾，消息传到三宝垄，华人说黑旗是法宝，就像东周列国时代孙膑的旗子一样，只要黑旗一挥，全世界就要变黑，日军不易打败他，显然传说这些话的人知道春秋战国的故事，而这种知识可能来自《东周列国志》《封神榜》。此外《三国演义》《水浒传》的故事，也在华侨中流传，人们利用它分析事情，作出判断。由此可知古典小说、传说故事对南洋华侨影响的深远。有的华侨因缺少健康的文化娱乐，沾染上赌博、吸食鸦片的恶习，有的华侨上层人物以包卖鸦片，并设赌场作为增加财富的渠道。

节庆日。南洋华侨与国内一样，重视元旦、端午节、中秋节以及清明节、中元节，家庆的生日和忌日。元旦守岁，贴对联，拜天地；元宵节提灯夜游；端午节坐船；八月节晚上赏月。娶亲、做生日搭喜棚，摆设象征吉祥的物件。

此外，华侨大多使用汉语，沿袭汉人称谓，读书人喜作诗文，送往迎来也多保留中国人的习俗。

上述晚清南洋华侨社会生活的方方面面，无不体现中国民族特点，中国文化精神，这就是：（1）乡族观念。认同乡，认同宗、同姓崇拜祖先，不忘故乡家族，信奉各种神灵，信仰各种神话传说中的善神，所以建设祠宇种类多，但缺少宗教哲学；（2）纲常伦理观念。尊崇君主，追求封赠、顶戴、职衔，男尊女卑，家长统治，严格等级区别，讲求衣着、仪仗形式；（3）历史意识强烈。谈古论今，以古为鉴，崇拜古人，这是中国历史悠久在人的意识中的反映。从华侨的生活现象，到它所反映的人们的思想意识，使笔者认识到：华侨的群体生活、生活方式和接受的教育，基本上是中国式的，是中华文明的体现，是把中国人的社会生活的主体和精神移植到海外。笔者这种认知也同当时的清朝官员、学人及西方人士的认知类同。写于光绪年间的《游历笔记》谈到新加坡的中华街，“大小店铺、庙宇、会馆、戏园、酒楼、茶店，盛备其间”，这与在中国基本上没有什么两样了。1893 年薛福成说，南洋华侨“虽居外洋已百余年，正朔服色，仍守华风，婚姻宾祭，亦沿旧俗”（《华工出国史料汇编》第一辑第一册），从服饰婚姻这些主要文化特征，指出华侨生活仍保留中国人的固有文明。1921 年出版的《荷印百科全书》关于爪哇华人写道：

土生华人，从他们的祖先算起，已是中国人和土著居民的混血种了，但他们仍然持久不变地保留着中国人的风俗习惯。他们虽然同土著居民杂居，但并没有同化。……在荷属印度的华人中，祭祀祖先的风俗习惯是最牢固的。他们的家庭生活仍然像在中国国内的一样。

在荷兰人的眼里，华侨依然是中国人的生活方式。

笔者说晚清南洋华侨社会生活基本上体现了中华文化，而不是全部都是中华文明，它毕竟与中国本土的人们生活环境有重大不同。华侨在运用中国传统文化时对它有所改变，如宗族观念，崇拜祖先是相同的，但国内还强调族长的统治权，而华侨中却做不到，国内乱认同宗是被耻笑的事，华侨则把“同姓为宗”视为当然，这是难于遇到真正同宗而又要广交朋友的需要的产物。华侨对于中国文明的态度，在 19 世纪末叶有个变化，一方面是祖国意识加强，他们过去同故乡联系多，这时由于清朝政府有意识加强同华侨的联系，华侨又从长期受殖民地统治者的压迫中，深深感到中国政府保护的重要，因此加强了祖国的观念；另一方面是一部分华侨看到清政府的腐败，又接触了西方文明，因而逐渐放弃中华意识，改变生活方式和宗教信仰，接受西方教育。因此，华侨社会有其本身的特点，不完全是中华社会的翻版。弗理德曼在《新加坡华人的家庭与婚姻》中说“新加坡华人社会的文化虽直接源出中国东南几省”，但“不能认为新加坡华人的社会组织只不过是中国社会的一个分支”（转见维克托·塞尔《东南亚华人》)。

群体结构、生活方式、教育性质，反映人们的物质文明与精神文明的水平，反映人们的生活意识、目标、情趣。晚清南洋华侨多半是苦力出身，多数从事小商贩、雇工职业，社会地位不仅低于西方殖民国家公民，甚至不如土著居民，自身缺少近代科学知识，只顾争取眼前利益，缺乏远大抱负，只注意经济利益和家庭利益，忽视政治地位的提高和社会整体利益，这种职业、身份、素质、意识，决定南洋华侨基本上根据中国文明处理自己的生活，决定社会生活模式。

外国人眼里的清代中国人

清代前期官民的怕皇帝与民间皇帝崇拜情结
——传教士和英国使节的观察

曾被康熙帝（1654—1722，1662—1722在位）派遣往西洋招募科学技艺人员的法国人、传教士洪若翰（Jean de Fontaney，1643—1710）说，中国人“温和、百依百顺、耐心与严肃”（杜赫德编《耶稣会士中国书简集——中国回忆录》，耿昇等译，第一卷第348页，大象出版社2005年，下引该书资料，简单注作：书简集卷页）。对上百依百顺，首先是对家长，其次是对“父母官”——地方官，最顶端的是天子皇帝。

中国人的怕皇帝是怕到了极点，从受洪若翰招引来中国的汤尚贤（Pierre-Vincent de Tartre，1669—1724）描述的官员对皇帝物品极端谨慎态度充分显示出来。他讲的是亲身感受的故事：康熙四十年（1701），洪若翰等人从法国乘坐昂菲特利特号到达广东雷州半岛电白附近的放鸡山小岛，遇风暴不能驶往广州，船上有给康熙皇帝的礼品，驻军都司 li-Tousse（李）听说后，“大为震惊，如果在他管辖下出了事，他的脑袋，至少他的财产就要保不住了。在中国，如果出了事故，不管当事官员是否有错，都要归罪于他。李都司马上报告给了他的上司两广总督，一面听候总督指示，另一面也可减轻责任和担心。”期间，船又遇风浪，李都司“惊惶不安”，怕礼品与船一同沉没，他就罪不可赦了。后来两广总督与洪若翰决定，将礼品就近运上岸，从陆路运往广州。随后，押运礼品的官员吩咐将礼品用草绳包扎好，以防挑夫用竹竿扛抬时有损失；运输途中，“每副礼品担上都插有一面黄色小旗，旗上的中国字警告老百姓避让。挑夫们都遵命写下他们的姓名和担保人姓名，每个挑夫身边都有一个士兵，士兵们有一个队长统管。押运礼品的地方官员们和他们的随从们前后照看着这支队伍，不让有人掉队。对于中国人来说，没有比皇帝的东西更神圣的了，即使是一件微不足道的东西，他们也把它奉若神明，小心保管好。”（朱静编译《洋教士看中国朝廷》，第 9—12 页，上海人民出版社 1995 年，下引该书资料，简单注作：看中国页码；书简集第一卷第 186—191 页）李都司怕得要命，就是因为皇上微不足道东西的损坏是对皇帝的大不敬，是常赦所不原的抄家、杀头之罪。皇帝就是这样令人无比惧怕。1769 年（乾隆三十四年）9 月 15 日，传教士汪达洪（Ventavon，Jean-Matthieu，Tournu，又作 J.M.de，1733—1787）在北京书写的信件，说乾隆帝（1711—1799，1736—1795 在位）“对臣民实行严刑峻法”，“最有权势的人也会在他面前发抖”（书简集第五卷第 211—212 页）。权贵在皇帝跟前的小心翼翼，与在下属及百姓面前的威风凛凛、颐指气使

《洋教士看中国朝廷》书影

恰成鲜明对照。

“只怕皇帝”，其实是同皇帝崇拜情结联系在一起的。耶稣会士白晋（白进，Joachim Bouvet，1656—1730）在呈给法国国王路易十四（1638—1715）的《中国现任皇帝传》中，说康熙帝为人，“备受国内外民众的爱戴”（《中国近事》第52页）。在雍正帝（1678—1735，1723—1735在位）继位不久的1725年（雍正三年），传教士龚当信（Cyr Contancin，1670—1732）1725年12月2日给杜赫德的信中说，雍正帝“在那么短的时间内就赢得了他的百姓的尊敬和爱戴”（书简集第三卷第189页；看中国第131页）。惧怕和敬爱相反相成，中国人就是这样对待皇帝，与家国融为一体，所以耶稣会士巴多明（Dominique Parrenin，1665—1741）深刻地指出：“中国人成了一个善于施政的、非常珍惜国家荣誉和关心国运昌盛的、特别善于自我以其驯服及其天性之恬静而感到幸运的民族。”（书简集第四卷第38—39页）在巴多明一百多年后的1843年（道光二十三年），英国人怀特（G.H.Wright）说了同样的话：中国“是世界上最大的集权国家”“这个伟大的帝国由一个人统治，无数人民习惯且机械地服从统治者”“该国人们十分软弱，他们仅仅是专制制度的机器，不存在个人尊严”（怀特著文、阿鲁姆·托马斯（Thomas Allom）图：《清帝国图记——古代中国的风景、建筑与社会生活》，《自序》第1—4页，天津教育出版社2011年）。

乾隆五十八年（1793），英国使节马戛尔尼（George Macartney，1737—1806）以庆贺乾隆皇帝八旬大寿为名来到中国，7月3日乘坐的狮子号停泊在浙江舟山，当地各类社会人士上船参观，马戛尔尼见到一种怪异行为：他们“于舱中见壁间悬一中国皇帝之御容，彼辈立即俯伏于地以至恭敬之状，向地皮亲吻数四”。这种现象也为副使乔治·斯当东不完全理解：“彼辈向地皮亲吻，起立。而后咸向吾辈作喜色，似谓汝辈外国人，乃亦敬重吾中国皇帝，悬其像于船中，殊足感谢也。”（马戛尔尼《乾隆英使觐见记》，即《龙与狮的对话：英使觐见乾隆记》，刘半农译，第6—7页，天津人民出版社2006年）“向地皮亲吻”，初到中国的马戛尔尼、斯当东不知是怎么回事，《乾隆英使觐见记》译者刘半农（1891—1934）业已指出这是磕头，是民众见到真龙天子御容既被感动又受威慑而下意识地行起跪拜大礼。就中确实有双重含义，一为尊崇皇帝，是帝王崇拜的产物与表现；二为自豪，我们的皇帝，连外国人都敬重，能不“吾皇万岁万万岁”吗！？包括底层民众的崇敬，反映出，皇帝不仅有至高无上的权力，同时拥有至高无上的威望。

上述事实表明，外国来的传教士和使节有着共识：甘于驯服的中国人以皇帝制度下的国家昌盛而感到幸福。

是的，清代前期中国人对于皇帝的既爱戴又惧怕是一件事情的两个方面，是在家国一体观念下，自以为个人的命运取决于皇帝圣明和国家昌盛。外国人观察的很准确。

清代前期中国人的勤劳、爱财性格与出色聪明
——传教士的观察

1701 年（康熙四十年）12 月 30 日，法国耶稣会士沙守信（Emeric Langlois de Chavagnac，1670—1717）在广东韶州给巴黎耶稣会郭弼恩的信中说："这个国家的特性要求人们能控制自己的感情，特别是要控制什么都想干，什么都想占有的那种不安分的举动。我们必须不急躁地和耐心地忍受这种天生的迟缓和散漫，我们必须不泄气地和这个只怕皇帝，只爱钱财，因此对永恒的东西麻木不仁、漠不关心的民族谈论宗教。……我们还知道中国人最爱炫耀自己是世界上最有礼貌最有文明的民族。……我们在这方面（笔者按：指像中国人一样讲他们的礼貌）越是擅长，欧洲的科学就能够帮助那些大人物克服他们对来自外国的东西所持有的极大蔑视。"（杜赫德编《耶稣会士中国书简集——中国回忆录》，耿昇等译，第一卷第 198 页，大象出版社 2005 年，下引该书资料，简单

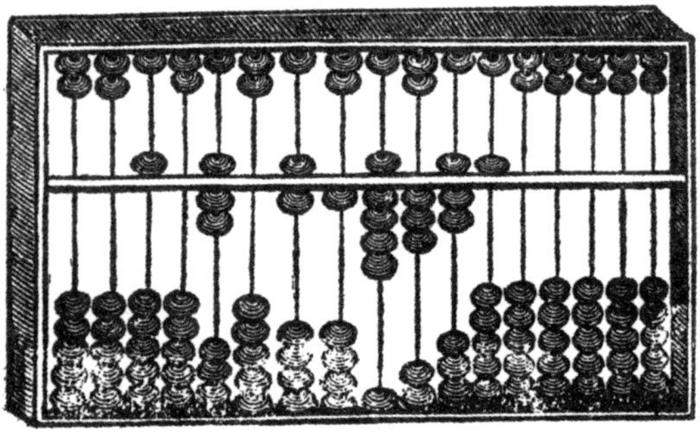

算盘

注作：书简集卷页；另见朱静编译《洋教士看中国朝廷》，第 32—33 页，上海人民出版社 1995 年，下引该书资料，简单注作：看中国页码）全面讲到中国人的性格。

中国人“爱金钱”之说，一些传教士与沙守信持有相同看法。就在沙守信写信的同年，著名的耶稣会士张诚（Jean-Francois Gerbillon，1654—1707）写给乃兄的信中说中国人：“当事情一涉及他们的利益的时候，他们就变得非常精明和敏锐，应该承认他们对金钱是贪婪的，而这种贪欲比欧洲人的大得多，他们有一种在做买卖的时候进行欺骗的天性，他们希望在每一次买卖中获利。”（《张诚书信·1701 年 10 月 7 日》，辛岩选译，国家清史编纂委员会编译组编《清史译丛》第二辑，第 221 页，中国人民大学出版社 2005 年）他是从中国人与欧洲人比较中，产生中国人斤斤计较贪财的看法。耶稣会士马若瑟（Joseph de Premare 1666—1736）于 1700 年（康熙三十九年）11 月在江西抚州也是给郭弼恩书信，讲述中国人溺婴弃婴、卖女儿的惨景：“一旦生活在中国，一旦开始看到事情的本来面目，人们就不会因诸如母亲杀死或遗弃新生骨肉、父母为微不足道的蝇头小利卖掉女儿。人人都谋求私利以及小偷成群等事情而诧异了。”（书简集第一卷第150页；看中国第26页）他把这种见利忘义、偷盗成风现象看作中国人的习性。传教士傅圣泽（Jean-Francois Foucquet，1665—1741）的书简说：“中国人想象不到人们在从事各种活动时除了利益之外还会有其他什么目的。”又说：“（在旅行中）我们还必须彻夜不眠以防小偷，如果他们遇到我们，是绝不会放过我们的”（书简集第一卷第205—207页）。在他的心目中中国人无利益之外的理解力，而且偷盗成风，爱财到如此不堪的程度。

传教士观察中国人的性格，还有着勤劳、朴实、性情温和、爱好和平可贵之处。

著名传教士巴多明（Dominique Parrenin，1665—1741）于1755年

插秧

村庄

（乾隆二十年）9月28日致函法国科学院院长梅朗说："中国人是勤劳、朴实和具有高度技巧的人民。"（书简集第四卷第130页）马若瑟前述信中亦说到中国人的勤劳与劳动强度："我们不能像责备欧洲多数穷人那样责备中国穷人游手好闲，以为只要他们愿意劳动便能维持生计。因为这些不幸者的辛苦超出了人们一切想象。一个中国人整天双手翻地，而且往往在水深入膝的水田里劳动，但晚上若能就着淡而无味的清水汤吃一小碗饭便是幸事。这便是他的日常生活……他们品行的纯洁便与其贫穷和劳动强度甚为相称了。"（书简集第一卷第151页；看中国第26页）认为中国人勤劳到难以想象的程度，可是仍然贫困。马若瑟是在康熙三十七年（1698）冬天到达广州的，次年给法国国王路易十四的忏悔师拉雪兹写信，讲到珠江三角洲农田的美丽如画和旦民的勤劳："珠江两岸，一望无际的水稻田，绿油油的像美丽的大草坪。……（田园间的河流中小船穿行）大小村庄星罗棋布，一股田园清新气息。变化多端的景色，让人目不暇接，流连忘返。”“中国老百姓只想着过日子”。他还说到珠江上许多船户（即疍户），天一亮，“就撒向四方去捕鱼，或下稻田去了。这里的人们一年种三季水稻”。（看中国第1、3页；书简集第一卷第139—140页）勤劳的中国人，才会把农田收拾得亮丽如画。勤劳的人，往往是朴实的，性情温和的，张诚的信里又说：“中国人生性温和、酷爱和平。”（《清史译丛》第二辑，第221页）温和的人谦卑，不争强好胜，不尚武，爱好和平。

传教士认识到中国人具有高度智慧。巴多明在说中国人具有高度技巧禀赋同时，称赞“中国人的天才，而且是很值得受人尊重的天才，在人称之为思辨科学方面要远远低于我们”（书简集第

磨坊

四卷第 38 页）。他辩证地看待中国人的智慧：值得受人尊重的天才，但辩证思维能力不足。《中国近事：为了照亮我们这个时代的历史》的作者 G.G. 莱布尼兹与来华传教士交友并大量阅读他们的信函，因而有条件赞扬中国人的聪明才智："作为东方最聪明的民族中华帝国的声望是卓越的，其影响被其他民族视为表率。"（《中国近事：为了照亮我们这个时代的历史》，《莱布尼兹致读者》，第 13 页，梅谦立、杨保筠译，大象出版社 2005 年）

中国人勤劳、爱财，确乎如此，但是中国人的勤劳又同勤俭紧紧地联系在一起，生活艰难，不得不勤俭，而这种勤俭被传教士们看成爱财的表现了，并不完全准确，有着某种误解的成分。

清代前期中国人自诩为世界文明中心

——传教士的观察

传教士们敏锐地察觉到中国人既自诩为文明中心，又对被蔑视的外国人防范的矛盾心态。

1701 年（康熙四十年）12 月 30 日，耶稣会士沙守信（Emeric Langlois de Chavagnac，1670—1717）说中国人“极大蔑视”他国文明，一年多之后又在 1703 年（康熙四十二年）2 月 10 日的通信中说，“中国人瞧不起其他民族……甚至在下层群众中也有这种情绪。他们十分执着于他们的国家、他们的道德、他们的风俗习惯和他们的学说信条，他们相信只有中国才配引起人们的注意。”设若要他们信教，“他们会冷淡地回答道：‘我们的书里从来也看不到关于你们宗教的事情，这是外来的宗教，我们的圣人学者们会不知道？’”（书简集第一卷第 242 页；看中国第 19 页）讲的是中国人自大的两个方面：自诩中国是文明所在的同时蔑视他人。传教士晁俊秀

（Francois Bourgeois）与沙守信具有不约而同的见解，他的1778年（乾隆四十三年）9月15日函件说："中国（人）是盲目的，它因其幅员广袤、历史悠久、古籍典章及风尚习俗而骄傲。"（书简集第六卷第182页）他讲出中国人骄傲之所在，即地大，历史悠久，学问幽深，风俗高尚。耶稣会士白晋（白进，Joachim Bouvet，1656—1730）亦具有与沙守信相同的感受："中国人自古以来就蔑视所有外国人。实际上中国人认为没有必要与外国人往来。因此，他们只欢迎前来本国向皇帝表示敬意的外国使节"。与中国毗邻的一些国家"国民，都被中国人视为极端野蛮无知的未开化民族"（《中国近事》第60页）。中国人对外国人的鄙视还表现在称谓上，令对方深为反感。巴多明（Dominique Parrenin，1665—1741）说中国人"不相信一个外国人、一个夷人（他们正是这样称呼所有那些非华人人士的）"（书简集第四卷第125页）。所谓"夷人"，虽然是中国古词，原指中原以外的民族，是不开化的人，或者是开化程度不高的人，后来泛用到指外国人，意思是异类，仍是轻蔑的称谓。

自负与不自信是孪生物，中国人看不起外国人，又害怕被侵犯，遂有很严重的防范心态。耶稣会士洪若翰（Jean de Fontaney，1643—1710）在北京写信说中国人"总是以不信任的态度对待外国人"（书简集第一卷第298页）。汪达洪在前述信件进一步说出中国人不相信外国人的原因——防范侵害："（乾隆）皇帝和大臣们承认我们的宗教是好的，如果说他们反对公开传教而且不允许传教士进入内地，那只因为政治原因，他们担心我们借口传教而别有所图。他们大致知道欧洲人对印度的征服，担心在中国发生类似的事。”（书简集第五卷第 213 页）学者吴伯娅就乾隆帝向传教士蒋友仁（P.Michael Benoist，1715—1774）询问统治巴达维亚（印度尼西亚）的是欧洲哪一国人，吕宋（菲律宾）是哪一个欧洲国家统治，何谓新法兰西、新荷兰？指出乾隆帝提出这些问题，“表明他对席卷全球的殖民狂潮有所警觉，对国家的安全不无忧虑”（吴伯娅《乾隆帝与法国传教士蒋友仁》，故宫博物院编《明清宫廷史学术研讨会论文集》，第 306 页，紫禁城出版社 2011 年）。乾隆帝和大臣是担心传教士有侵犯、灭亡中国的侵略野心，地方官和老百姓也是对此敏感与紧张，所以在湖北传教的河弥德（Lamathe）1780 年（乾隆四十五年）6 月 12 日的通信里说，“一名传教士、一名基督徒就会使官府心惊肉跳；人们将其作为国家最危险之敌予以提防并片刻不停地与之斗争”（书简集第六卷第 185 页）。

古代中国人确实是既自诩为天下文明中心，又有对被蔑视的夷人防范的心态，是自大而不自信。这种观念形成传统，影响深远。

笔者连续三篇著录在华传教士对中国人性格的认知，在他们眼中中国人贪婪、聪明、勤劳、朴实、温和，怕皇帝，爱金钱，自负地认为是世界文明中心，蔑视外国人及其文明，重要一点是将个人与皇帝、国家命运捆绑在一起，具有强烈的家国一体观念，也即中国人的性格与政体密切相联，在很大程度上性格是政体造成的。不同文化背景的人竟然认识得如此深刻。

乾隆间下层民众机智地勉力干活

——英国使节的观察

乾隆五十八年（1793），英国使节马戛尔尼（George Macartney，1737—1806）以向乾隆皇帝祝贺八十大寿为名来到中国，乾隆帝破例允许他们乘船到天津大沽口进京（惯例是在广州上岸北上进京），使团一行，自从1793年7月3日在浙江舟山与中国人直接交往，尤其是有两名定海领航员登上英国船，开始同中国下层民众在一起生活。25日到达天津大沽口外，随即有中国搬运工上他们乘坐的狮子号、印度斯坦号，将载运的物品搬移到中国驳船上，8月5日，他们乘坐中国船只沿白河驶往北京，16日到通州张家湾，与船户、水手共同生活11天。马戛尔尼等人在觐见乾隆帝以后，于10月7日离开北京，在通州张家湾取道水路南行，经过直隶、山东、江苏、浙江、江西，于12月19日抵达广东广州。此次在船上两个多月，加上进京的那段航行，为时近三个月。这期间接近的是中国船户、纤夫、搬运工、被抓伕的农民、被雇的穷人，护送的清朝官员及其下属、士兵、仆人，以及在航行中看到的农村妇女作农活，听说的京城仆人生活。这些人多是社会下层民众，马戛尔尼及其随员目睹他们劳作情状，写出他们的见闻与感受。

关于下层民众的劳作状况，他们作出这样一些描述：

看到下层民众搬运工的干活，马戛尔尼和他的随员赞不绝口。1793 年 8 月 4 日，在大沽口外，马戛尔尼“观看中国苦力”将英船物品装到大驳船上，颇有感触地写道：“装驳货物之人，均异常出力……见人人多筋骨坚壮，饶有气力，虽作事之时，歌唱呼唤，殊扰人耳，而秩序井然不紊，又能各尽其力，无贪懒嬉戏者，洵足多也。”（《1793 乾隆英使觐见记》，刘半农译，第 20 页，天津人民出版社 2006 年；下引该书资料，简单注作：觐见记及页码）同月 17 日乘船到通州，停泊在张家湾，岸边有专门为英使停放物品临时建造的两间仓库，一天之内，中国工役将英使 37 船物件搬移到仓库，有几件沉重而又体积大的物品，中国工匠用“臂力和其活泼之精神，合力舁之，自船至栈，直行不息，而观其神情又异常欣喜，初不若有人驱之迫之者。此或中国政体之完备，及人民天赋之独厚使然，非他国所能及也。盖中国苦力，具有一种无重不举之能力。若一物之重量过大，非一人所能举，彼等即以绳缚之，然后取粗竹二根穿诸绳中，每人各以竹之一端置之于肩，舁之前行。若此二人之力犹不能举，则更取二竹与前二竹相交做‘十’字形，则人数即可添加一倍。万一再不能举，犹得以同样

纤夫

之加竹添人之法继之。务使物力不复能与人力敌，且呼且笑，舁物疾行，若自忘其为苦力也者”（觐见记第 46 页）。这是赞叹搬运工人的劳作情景。

对于船夫的驾船、拉纤情形，他们看到的是同样艰辛地克服困难，令大小船只前行。马戛尔尼一行从张家湾出发时，使用大小船只 37 艘，平均每船坐十几人，加上行李和各种物品，估计重量“必在万斤以上”。而其时北方已进入枯水期，“水力已不能浮船，所以能前者，用人力强拉之，使船底与河底相擦而进耳”。尤其是有一条大船，载物太重，夫役“竭力拉之，竟然不进咫尺”，不得不将其上的物品分装到小船上才能前进，就这样，10 月 11 日这天，“船户及纤夫竭全日之力，所行不过十数华里”。就在这一天，船夫、纤夫下到冰冷的水里推船、拉船：“一时天气极冷，河水几欲结冰，而船户及拉纤人等因此系官家所雇船只，倘不设法令其前进，大人、老爷们必不答应，乃不避劳苦合数十人之力，齐至水中推之、拉之，冀其少进，而自夜半以至日出，人人力竭神疲，船终不动。”（觐见记第 168—169 页）后来于 12 月 11 日从江西南康府乘船前行，“见河水益行浅促，船户推挽船只之苦百倍于前”。“自此以后，各船船户每日至少必匍匐于水中二十余次，合力推动船只，亦有终日匍匐于水中者”（觐见记第 209 页）。“纤夫多劳苦不堪”（觐见记第 181 页），是马戛尔尼及其同行者的共识。纤夫是官方抓来的农民，被迫充当苦力。乾隆帝指令向英国使团提供食物和夫役：“不特该贡船所需食物，应

瓜州水车

由地方官办给；即需用人夫，以及备办沿途供顿等事，俱系地方官专责。”（《大清高宗纯皇帝实录》卷1431，五十八年六月丙戌条。《清实录》第二七册，即《高宗实录》第一九，中华书局影印，1986年版，第135页）所以马戛尔尼也知道：“凡中国官船或公事船所过之处，纤夫应由沿路地方官代办召集……工值极薄，普通人民每不愿承命，地方官乃不得不按户勒派，往往有较为殷实之农户自己不愿当差者，别出重值雇人以为代，亦云苦矣。”（觐见记第182页）雇役算是较文明的，严重的是半夜抓伕，如同使团主计官约翰·巴罗（John Barrow，1764—1848）在《中国行记》所说：“船只在御河航行需用人拉纤，而这些人是从河畔村庄强征来干这苦力活的。通常的做法是在船到达前派遣士兵或官员的随从，趁天黑突然把这些可怜的家伙从床上叫起来。但满月的日子，一般休息的时间推迟，大家有了警觉，所以，当官员派遣的役吏到达，可能被拉差的人都躲藏起来，因此除震耳的锣声、号角声和爆竹声外，我们还时时听到那些不愿拉纤的人挨杖和受鞭打的惨叫声。早晨拉纤的人齐集，我们不能不对他们产生怜悯。他们大多是老弱病残，有的瘦里巴干，面带病容，衣着褴褛，一般人看来应上医院就医，而不应去干苦活。”（巴罗《中国行纪》与《马戛尔尼勋爵私人日记》合刻本《马戛尔尼使团使华观感》，何高济、何毓宁译，第413页，商务印书馆2013年；下引此二书资料，注作《马戛尔尼使团使华观感》及页码）抓伕的具体到人情形，是定海的事例：总兵官拘拿与航行有关平民充当领航员，一群“样子极可怜的人，他们被押进大堂，跪下诉说他们的资历”，即说明航海经历，其中有两个人海上经

拖网捕鱼和鸬鹚捉鱼

验较多，但已经改业作生意，若应这个差役，就不能养家糊口，“跪着乞求放掉他们……长官不为所动，命令他们在一个时辰内准备上船”。二人乃哭别妻儿，登上狮子号从事领航差役（《马戛尔尼使团使华观感》第146—147页；觐见记第9—10页）。

马戛尔尼原先听说中国女子缠足，不会从事笨重的体力劳动，及至到大沽口，中国人好奇心驱使前往观看英船情形，马戛尔尼从而在人丛中看到“妇女数人，亦系大足，轻便善走”，与传闻中缠足情况不同，后乃知下层妇女，“便于做工自活计，缠者甚少”。同时也理解她们饱受风霜之苦：“此种食力自活者，肌肤为风霜所剥……面色遂见侵于风霜，致中年之人带有老年之貌。”（觐见记第23—24页）后来行船在江西赣州境内，见“穷苦妇

湖州的蚕丝场

女多不缠足，且不着履袜，能负重以行远，亦能为种种劳动之事，凡男子所能者，渠等无不能之。衣饰亦与男子大同小异，除挽发做髻及两耳戴有耳环外，其余无一不与男子相同。此等女子体质最强且能耐苦，中国下流社会之人咸以娶得江西老婆为交好运云”（觐见记第 208 页）。巴罗亦说江西女子从事农活：“在江西省，妇女扶着单柄犁，在已经整治好的土地上耕作，是很普通的事。”又说：“许多妇人被迫背着婴儿干活，丈夫却任性去赌博，或者清闲度日。我时时看见妇女拖曳轻犁和耙子。”（《马戛尔尼使团使华观感》第 195 页）山东渔家女子“协助拉网，干各种捕鱼的活”（《马戛尔尼使团使华观感》第 444 页）。广东肇庆妇女驾舟（《马戛尔尼使团使华观感》第 464 页）。

综合马戛尔尼、斯当东、巴罗等人所述下层民众劳作状况：

1. 尽心尽力的态度。做活不偷懒耍滑，用现代话说是有着强烈的敬业精神，当然，也是怕出事，像官府派差的定海那二位领航员，技术不高，可是承担的责任重大——领航外国“贡使”船只，一旦出事就有被处斩刑之忧。英国人说他们“已尽其所能，但他们既无技术又乏判断力，也许应宽大地原谅他们”（《马戛尔尼使团使华观感》第 151 页）。

2. 勤勉。吃苦耐劳，勉力从事，如夜间在冰冷水中作业，在浅水滩匍匐拉纤，只有吃得这种苦，才能令船在枯水期行驶。如此难于想象的劳苦，令马戛尔尼无限感慨：“中国船户犹能出死力以拽之。吾英苦力见之未有不为之咋舌者也。”（觐见记第 199 页）“此种耐劳之苦力不惟吾欧洲无之，即西印度之黑人恐亦不能如是也”（觐见记第 208 页）。

3. 勤勉基础上产生的劳动技巧，运用丰富的经验，生出智慧，如杠抬重物的方法。

4. 高效率和质量保证。张家湾临时建立两间仓库，是数百名民工在两天内建造的。马戛尔尼一行 37 船物件，工役用了不到一天的工夫就全部移置仓库（觐见记第 46 页）。或如巴罗所说：“中国的搬运工表现得敏捷、有力量和灵活，我认为世无其匹，绝非其他国家的人在短时间内能够做到。”（《马戛尔尼使团使华观感》第 163 页）从大沽口到通州张家湾的水运、从张家湾到北京圆明园的陆路运输的英使六百多件物品无一遗失，无一受损。就此，巴罗说：中国人的“认真、沉着和稳重，我们已看到令人信服的证明”（《马戛尔尼使团使华观感》第 160 页）。

5. 干活中的乐观精神，英国“使团雇用的人也总是显得愉快满意；游船上水手始终高高兴兴……为减轻体力，划船行动保持一致，一般由一个头头粗声领唱，全体水手跟着合唱”，“中国人合唱的主要目的在于把快乐和节拍结合在一起”（《马戛尔尼使团使华观感》第 159—160 页）。他们实际是喊号子，统一步伐，以利作业的进行，同时也提升劳作情绪，振奋精神，有益于完成活计。

6. 女子从事重体力劳作，与男子一样，能够自谋生计。

正是这种乐观精神支配下苦干加巧干，令马戛尔尼及其使团成员对下层劳动者和妇女的活计赞不绝口。

船夫号子

乾隆间下层民众的艰难生活状态

——英国使节的观察

马戛尔尼及其使团成员观察到的中国下层民众生活状况，概括地说：吃食粗粝，以贵人残羹为美食；衣衫不整，难于裹身；居住草屋，与牲畜同处，在船上则是钻“狗洞”栖身。

清朝政府以远远超过需要的高标准供应英国使团成员的饮食，他们的残羹剩饭，船夫视为美食佳肴，所以英国人说：纤夫“十分感谢我们赏赐给他们剩余的东西，我们喝（过）的茶叶，他们贪婪索取，烧开后使用。他们的主食包括一点米饭，一些蔬菜和炒过的葱，一天只吃两顿”（巴罗《中国行纪》与《马戛尔尼勋爵私人日记》合刻本《马戛尔尼使团使华观感》，何高济、何毓宁译，第410页，商务印书馆2013年；下引此二书资料，注作《马戛尔尼使团使华观感》及页码）。巴罗引用荷兰人的话说，“在荷兰，最穷的乞丐都会从医院接受一份整洁的食物”（《马戛尔

天津的游医

尼使团使华观感》第234页)。不比较还不显得中国下层民众饮食之恶劣，一对比，连欧洲乞丐都不如，惨到何种程度！中国人把英国人喝过的茶叶要了去再熬了饮用，将供给英国人而被他们扔掉的死猪、死鸡当美食捡起来珍藏：在大沽口外，官员供应的食物送到狮子号，有的猪、鸡在途中碰撞死掉，英国人“不屑地把它们弃之入海，但中国人忙着把它们捞上来，洗干净，用盐腌上”(《马戛尔尼使团使华观感》第152页)。真是可怜啊，捡来的死猪、死鸡还舍不得当时吃，要腌上，大约要等到年节才能食用。“可怜的半饥饿的中国人，生活在水上，喜欢吃各种动物肉，甚至腐坏的都吃”(《马戛尔尼使团使华观感》第211—212页)。由于吃食艰难，“吃饭”成了见面话——含有祝愿的意思。巴罗获知，“南方几省的老百姓，打招呼的话是：ya fan，吃过饭了吗？中国老百姓希望享受的最大乐趣就是吃饱饭”（《马戛尔尼使团使华观感》第 222 页）。中国人的基本愿望是能够吃饱饭。一般百姓如此，社会上层吃喝不愁，由于吃饱愿望的惯性，追求吃好东西，吃奇珍异兽，比如巴罗说陪同他们游西湖的官员，“对湖里的鳝鱼和准备供应的好吃东西感兴趣，对植物却兴趣索然，无意为花草停留下来”（《马戛尔尼使团使华观感》第 425 页）。

衣衫褴褛和无行装。副使乔治·斯当东说，英使团在从天津到北京船上的纤夫，“多穿其原有的青布衫，亦有衣服不完，情状至觉可怜者”。返程从北京出发，“乃改用一种红边之制服，头上戴一大帽，有红色之扁平结子，拉纤时自远望之，为状较前整齐多矣”（《1793 乾隆英使觐见记》，刘半农译，第 182 页，天津人民出版社 2006 年；下引该书资料，简单注作：觐见记及页码）。巴罗也说到纤

东昌府卖饭人

夫改变着装的事：总督长麟在江南，“碰巧看见半饥半裸的纤夫。也许对他们可怜的样子感到羞愧，也许出自对他们境况的同情，他命令马上给他们发套新衣服。当我们的人员在早晨集中时，我们吃惊地看到纤夫们衣着的大变化，每人都穿上一套镶红边的蓝棉布上衣，一条新的白裤，头戴一顶插羽毛的漂亮高帽子”（《马戛尔尼使团使华观感》第 445 页）。斯当东与巴罗所说的改换像样制服的地点不同，但事情是一致的。无疑是官方觉得纤夫衣冠不整在蛮夷面前丢了我大清朝的脸，乃下令给他们发衣装。

水手栖息之惨状——住“狗洞”。水手驾驶英使乘坐的豪华客船，斯当东是这样描述的：“高爽宽大，实为吾英所未见。其顶棚之高，自远望之，几如水面流动之家屋”，内分三大舱，头舱用作安放行李和仆人卧所；中舱，装饰华丽的会客厅；房舱，隔成二三间，为卧室。房舱的后头为厨房，再后面的小舱，“形如狗洞，则舟子之卧所。船上舟子甚多，试问此小小一舱，安足供其寝处，则以中国舟子，咸不必有余地以供其放置行李之用，其所备行李，均驮于身上。日则以之为衣，夜则以为卧具也”（觐见记第 22—23 页）。巴罗的记叙相同，说船员的居处“像狗窝一样小。中国水手不需行李间，他的全部衣物都在背上”（《马戛尔尼使团使华观感》第 153 页）。这种“狗洞”式舱房矮小，低头弓腰才能进入，赤贫的水手除了身上穿的衣服，别无他物，无须有摆放行李的空间。豪华客船上的水手，其饮食，其居处何其惨矣。

陆地的民居——泥土茅屋。斯当东在从大沽口沿白河往天津行船，见两旁房屋甚多，“悉以泥土与草料造成”（觐见记第

23 页）。巴罗多次描述居民房屋状况，如说“农舍十分破旧，毫无舒服感”（《马戛尔尼使团使华观感》第 161 页）。浙江常山县，“渔夫的茅屋”（《马戛尔尼使团使华观感》第 427 页）。他概述中国人居住房室的感觉：对“农舍大多破烂、肮脏相当吃惊。破旧的房屋，有的用半烧制的砖，有的用泥土修造，屋顶用稻草或芦苇搭盖，有的茅屋四周有泥墙，或者用粗制的芦苇、高粱秆围起来，其中一般住着两三代人，还喂养牛、猪、鸡和其他家禽”（《马戛尔尼使团使华观感》第 409 页）。他唯一说到扬州邵伯镇民居较好：“一般是两层房屋，建筑显然不错，用石灰刷白，保持整洁。”（《马戛尔尼使团使华观感》第 420）毫无疑问，下层民众居住的是破旧泥土草房，在 1793 年之后的 1868 年，德国人李希霍芬访华记录里的京津民房状况可为斯当东、巴罗佐证：天津“房子是用麦秆混着泥土（红土）建成，并且在村子里紧紧挨在一起，整条路上只有一所稍好些的房子，是一所出租屋”，“北京城的房屋又矮又破。”而在南方的宁波情形好得多：“房子建得不错，一部分用木头，一部分用砖，偶尔还能看到石头院墙。”不过该地与广州是“最富有最安全的中国城市”（费迪南德·冯·李希霍芬著、E. 蒂森选编、李岩等译《李希霍芬中国旅行日记》，第 13—14、30 页，商务印书馆 2016 年）。

下层民众的生活状况，总起来说是勉强糊口。巴罗曾将他经过的所谓“中国人口最多和丰产的省份”直隶、山东、江南、浙江、江西五省中的农民生计作出比较，认为直隶农民最苦。他素描式地写道：“他们的房屋矮小破烂，土地耕作很差……他们的房屋是四面泥墙，屋顶铺芦苇、稻草或高粱秆，房屋外一般都是土墙围绕，或者说结实的高粱秆篱笆，屋内用草席分成两间，每间墙上开一小孔通风和进光线。……百姓大多穿蓝棉衣、棉裤，戴草帽，穿草鞋。他们的寝具是芦苇席或竹席，枕头是个圆木头，铺的是皮革，或者用大尾羊毛制成的毡毯，但不是纺织而成，而是像制帽子一样打压出来，有时用填塞毛发或稻草的床垫。主要用具是两三个罐子，几个最粗糙的浴盆，一口大铁锅，一口煎锅，一个可挪动的炉子。桌椅是不需要的，男女都席地而坐。他们就这样围着大铁锅，吃饭时每人手拿一个盆。面黄肌瘦足以说明缺乏营养。食物主要是米饭、粟，或其他谷物，加点葱蒜，有时，作为享受，用哈喇油炒菜，油是各种植物榨出的，如芝麻。”“各种鱼都缺少。”“穷人吃得起的不过是猪肉和米饭。”冬天，农民“缺乏燃料、衣服，甚至无庇护所，据说成千上万的人被冻死饿死”，所以卖儿卖女（《马戛尔尼使团使华观感》第435—437页）。江南、浙江民众生活比北方要好一点。扬州“居民的穿着比我们迄今看到的要好”（《马戛尔尼使团使华观感》第420页）。苏州“城内外无数居民都衣着更好，看上去都更满足和愉快，胜过我们在其他地方所见。他们几乎都穿丝着绸”（《马戛尔尼使团使华观感》第421页）。南北方居民生活状况虽有程度差异，“从百姓总的情况看，可以得出结论说，尽管勤奋，他们仅勉强能够糊口”（《马戛尔尼使团使华观感》第428页）。

英国使团成员对于乾隆时期（当然不只是乾隆时期）中国下层民众生活状况的描写，给人们呈现的是清贫困苦的生活实况：住的是茅草屋，并同家畜家禽混居在一个小院子里；室内基本没有陈设，铺盖单薄；缺少家具，炊具简单；吃食五谷杂粮，缺乏营养。这种记录应当说是客观的。笔者阅览时，心情压抑。所谓“康乾盛世”，主要是疆域的开拓，经济亦有所发展，而下层，其实不只是下层民众，生活是相当艰辛的，低质量的，勉强维持生命而已。

乾隆间下层民众的精神状态写真

——英国使节的观察

马戛尔尼、巴罗等人多方面地观察中国人的精神面貌，在干活中的愉悦之外，笔者将他们的记录概括出六个方面，即职业信仰，一般的信仰，讲求孝道，休闲娱乐，赌博恶习，非议他人。

1. 职业信仰的祭祀河神

马戛尔尼、巴罗等人看到与他们接触最多的船户、水手祭祀河神的虔诚仪式，那是在客船从运河穿过黄河时进行的祭祀河神：渡河前船户杀牲（猪、鸡），将猪肉、鸡肉放在船头，用羽毛将牲血涂、粘贴船头、船面，另备三个小杯，分别置放酒、油、盐（或油、米、面、盐），船主向船头方向叩头；开行，船主立于船头一侧，另一侧有一水手执持铜锣，到黄河中流湍急处，鸣锣为号，船主举杯，将杯中物倾倒水中，燃放爆竹，烧镀金锡纸，众人举手向河神致敬，过了急流，船主行三叩首礼，祭祀完毕（巴罗《中国行纪》与《马戛尔尼勋爵私人日记》合刻本《马戛尔尼使团使华观感》，何高济、何毓宁译，第417—418页，商务印书馆2013年；下引此二书资料，注作《马戛尔尼使团使华观感》及页码；《1793乾隆英使觐见记》，刘半农译，第184—185页，天津人民出版社2006年；下引该书资料，简单注作：觐见记及页码）及至马戛尔尼使团船行在赣江上，到第15险滩处，船夫看到两三只遇难船骸，很是恐惧，“像传说中的乡巴佬，不是奋力抢险，而是开始敲锣求河神保佑，烧檀香打动河神发善心”（《马戛尔尼使团使华观感》第432页）。祭祀河神，表明船户、水手有类似行业神的信仰，祭祀是祈求河神保佑，航行顺利平安，获得人身安全和船只完好无损。

2. 希图通过占卜求神获知命运，趋吉避凶

马戛尔尼说他发现中国“老百姓都极其迷信。他们严格选择吉日和避免凶日，一如他们的长辈，都相信手相术、占卜术、占星术”（《马戛尔尼使团使华观感》第19页）。巴罗更了解到寺庙求签问吉凶的过程：“每个城、镇和村庄，有时在树林里，有时在山头，及极荒凉之处，都建有小庙，大门一直为那些想求神问卦的人敞开。事实上，中国宗教的实用部分可以说就在预测命运上。教士并不需要解释算卦书。若有人要出行或买妻、建房，最重要的是埋葬已故的亲人，对这些事拿不准吉凶，那么他就到附近的庙去……每座庙的坛上都摆着一个木筒内装若干小签，签头上写有一些字。他拿着筒摇动，直到落出一支签，看了签上的字再去查一本通常挂在庙墙上的书。就这样抽几次签，如果三次抽到好签，他认为这是吉兆。”事后，应了签上的话，他就去庙里

踢毽子

烧香还愿（《马戛尔尼使团使华观感》第402页）。不能抛头露面的妇女，“某些时候可到庙里去求神问卜，不会遭到指责挑剔。不孕妇女甚至被允许到庙里去抚摸小铜佛的肚皮，求保佑可以很快怀孕生子”。由于妇女不便外出，又需要算命，“因此出现一批算命先生……靠挨家给人算命为生……他们得知主人生辰八字后，就给人预测未来”（《马戛尔尼使团使华观感》第401页）。此外，为求吉利，中国人以“九”为吉利数字（“像印度人一样，中国人也偏爱数字九。”《马戛尔尼使团使华观感》第368页）。如九月九日重阳节，表示尊重老年人。人无论身份高下都相信占星术。认命，是中国人的哲学，是接受、实践命定论者。从求神问卜，可知中国人心态，很现实，关心的是现世幸福，这就是巴罗说的：“百姓担心今生的不幸，而不是害怕来世的惩罚，他们想的是尽量平息神的愤

怒，化解面临的灾祸。”（《马戛尔尼使团使华观感》第 404 页）

3. 笃诚于孝道伦理

中国人讲求家庭伦理，父慈子孝。马戛尔尼就此说：“没有一个国家比中国更讲孝道和感恩的了。”（《马戛尔尼使团使华观感》第 34 页）他和巴罗还注意到中国人的孝行意识，贯注在亲人生前和死后两个方面。“中国家庭和朝廷一样也维持等级隶属关系。父权虽无限，但始终表现出仁爱和宽大……在亲情的纽带没有被父亲折磨的地方，它就日愈加强，终生不变。中国各阶层特点中，没有比这种极其值得尊重的融洽关系更令人注目了。亲情和责任手挽手共行，从不希望分离。父亲的慈爱总是感受得到，始终增长；儿子的依赖也完全为父亲所理解，他从不想减轻

临清的街头表演

它……根据中国人的观念，一户家庭只有一致的利益，其他的想法都是非自然的和不道德的。”（《马戛尔尼使团使华观感》第7—8页）中国人相信祖宗亡灵会保佑子孙，为此要有感恩的祭祀：“善人都必须在家庙里严格举行祭祖的典仪……不愿举行这种重大典仪的人将因此受到惩罚，死后灵魂被剥夺访问祖宗祠堂的权利。”（《马戛尔尼使团使华观感》第387页）使团成员对中国人的孝道更有着两点深刻的认识，一是指出孝道不只是道德观，而是法律、习惯的强制执行。这就是巴罗说的：“孝道在中国不是道德观，而是长期以来取得独断法律效能的规定；不妨如实说它存在于政府的准则上，而非存在于百姓的思想中。”“父母权威性得到法律和风俗的肯定，从各方面看都如同具有最强的法律效力。”（《马戛尔尼使团使华观感》第196页；巴罗说孝道观念不存在于中国人思想中，有武断成分）二是理解中国人的尊崇祖先是可爱的弱点：“在这方面（祭祖，）中国人的迷信，说到底，是一种可爱的弱点。设若人死后的灵魂可以保佑活着的人，那么人们肯定应向关爱过自己的人献祭，而不是向那些除名字外一无所知的人礼拜。”（《马戛尔尼使团使华观感》第390页）

4. 强烈的好奇心

中国人的词汇里有“出洋相”一词，意思是出丑，观看马戛尔尼一行，是真正欣赏出洋相的洋人，以寻求开心。马戛尔尼船只到舟山定海，“人人诧为奇观……上船观者甚众，拥挤不堪名状……多逗留徘徊不肯即去……然尚肯自守规则，未有野蛮之举动，于中有少数之人状貌粗蠢，若全无知识者，盖下流社会

求签算命

也”（觐见记第 6 页）。英使所乘船只停靠在海河天津城区，“岸上及船中之中国人民，咸企足引首，向吾船观看，面上各露惊异之色”（觐见记第 36 页）。看客中的许多人，“仅仅是出于好奇从几里远的地方赶来看我们的”（《马戛尔尼使团使华观感》第 409 页）。使团人员往北京城的路上，“两旁排列着观众，有的骑马、步行，有的乘坐小车、手推车、马车、轿子”（《马戛尔尼使团使华观感》第 164 页）。民众娱乐的机会很少，而好奇心人皆有之，看热闹，看出洋相就是一种乐趣，能够观看英国人、英国船真正是千载难逢的机会，争相而往，是很自然的事情。这里需要留意的是中国人的好奇心，是为寻求刺激，找乐子，不是去探求新知识，去发明创造。

5. 嗜好赌博

巴罗在《中国行记》里多次记录中国人的赌博行为，可知对他印象之深。他写道："每逢几个中国人碰巧相遇，通常都赌博。"（《马戛尔尼使团使华观感》第201页）"每逢闲汉有机会凑在一起，少不了试试赌博运气，中国人对此是有准备的。他外出时难得不在口袋里带一副牌，或一双骰子。""在许多城镇赌博之风十分盛行，以致几乎每个角落都有人玩牌或者掷骰子。他们甚至被控告常常拿他们的老婆孩子作大赌注。可以理解，在人们能够出卖子女为奴的地方，赌徒会毫不后悔地"冒险干这种事（马戛尔尼使团使华观感》第204页）。为了赌博，竟然随身带着赌具，更有甚者，拿妻儿作输赢的赌资，恶劣到极点。中国人不仅在国内赌钱，并把这种恶习带到移居地。所以巴罗又说："赌博，中国人无论到什么地方都免不了这种恶习。据说在我们的一个东方殖民地（威尔士王子岛），允许中国人定居，他们每年上交一万美金为取得开赌场和卖鸦片的许可"（《马戛尔尼使团使华观感》第424页）。巴罗在此处提到中国人卖鸦片，他进而说到上流社会吸食鸦片的情形："上层社会在家里好抽鸦片烟。尽管政府采取措施禁止输入，这种毒品仍大量走私到国内，但对老百姓来说，抽烟花费太大。海关官员免不了受贿……孟加拉的当地船只大多把鸦片运往中国，但伦敦开往中国船上的土耳其烟更受欢迎，以将近两倍于前者的价钱出售。"两广总督公告说明鸦片之害，但他"从容自得每日享用鸦片"。（《马戛尔尼使团使华观感》第201—202页）这是极其值得注意的事情。雍正朝就禁止鸦片贩卖，乾隆朝后期已有多渠道的鸦片进口，不难理解半个世纪后鸦片战争的发生。

6. 爱议论他人的恶习

“中国的交往老是一个样，大家不外谈论东家长西家短，当官的怎样不公，奸商怎样欺诈，又有哪个人弄虚作假”（《马戛尔尼使团使华观感》第 424 页）。下层民众聚在一起，免不了说闲话，议论张家长李家短。爱管闲事，又不当面说，有搬弄是非之嫌。背后议论人，是不道德的行为。当然，在议论中有一点是值得称道的，就是厌恶欺诈、不诚实。至于评论当官的事，老百姓不知官场情况，知道一点也不敢说。这种议论主要是官方人士之间进行的。

要而言之，马戛尔尼、斯当东等人观察到中国下层民众信仰神灵和命运，所以巴罗说“中国人在谈论本国或外国发生的大事时，往往归之于天意和中国帝王之意”（《马戛尔尼使团使华观感》第 404 页）。于是安贫守分，得过且过。父慈子孝，家庭和睦，进而促成社会稳定。但是有嗜赌恶习，爱说闲话，基本上是精神空虚的表现。

笔者用三篇随笔，写马戛尔尼使团成员眼中的中国人劳作和生活状况，以及精神面貌，这里还要绕上一笔，看看马戛尔尼、巴罗用比较北京人和伦敦人的一天生活的方法来表达他们对中国平民生活见解。他们说：“北京的大街上，傍晚五六点钟，难得看见有人行走，到处都是猪、狗。居民干完了白天的活，此时都各自回家，吃饭，同时按他们大皇帝的习惯，日落就睡觉。同时候的伦敦，从海德公园一端到迈尔区（Mile End）则人群壅塞，几乎阻断了道路。在北京，一大清早，百姓就像蜂群嗡嗡喧闹；而此时，相反地，清晨的伦敦街道上几乎空无一人。晚上八时，哪怕在夏季，北京城门也是关闭的，门钥匙交给城守，不得以任何理由开启。”（《马戛尔尼使团使华观感》第365页）北京人，更不要说中小城市、乡村人了，基本上是日出而作日落而息，是农业社会的生活方式，平民百姓生活简单、平淡。

马戛尔尼使团成员的访华记录，诚为研究清代前期中国人日常生活和精神面貌的上好素材，当然也是研讨清朝政治史、中英关系史的好资料。正是有了这些史籍，笔者才借以写作相关内容的文章。

叙说

什么是“社会生活史”，学术界理解不一，本书并不探讨这一概念，也不企求全面描述清代人的社会生活，只是就著者的研究心得，杂谈清朝时期人们生活中的某些现象。这些现象，涉及清朝制度、政策、观念、生产方式、社会经济与人们生活的关系、外国人如何看待清代中国人等，生活中表现出的历史人物的个性、命运，社会生活对历史演变的作用。因系札记文章的汇编，非系统、深入的研讨之作，故阅览此书，如同漫游清代社会，涉足何方，可能对那方面的事物有某种了解，漫步到另一处，或许有其他的观感。漫步，在生活上说是自由自在的行进，也可以视作为一种“休闲”；漫步式的读书、求知、认识事物，是休闲式的阅览，显然也不希望获得全面、深刻的学问。本书不可能提供清代社会生活的全貌，只能呈献给读者零星的、片段的清人社会生活知识，而读者也不妨以“休闲”的心情对待，阅读时轻松一点，只看你想观赏的内容。

说休闲，是时尚，著者用此一词，可以说斟酌至再。难道自轻自贱，降低著作的文化品味、学术品味，将之当作消遣之物，追逐时尚以媚俗！仅供人无聊时翻翻，或在旅途寂苦中解闷。著者可不是这么想的，而是考虑到史学著述的功能转换问题。众所周知，史学的传统功能是“史鉴”，给帝王提供经邦治国的历史经验，所以它成为帝王之学，天子也予以重视，令之为科举考试的重要内容，在诸种学问中有着尊贵的地位。与此同时，史学对人，特别是对青年人起着教化的作用，教人自觉地按照官方解释的历史认识人类的社会足迹，去做忠臣孝子顺民。所以传统史学有着强烈的政治功能（教化也是政治功能）。就在这种社会条件下，从历史著作中分流出古典历史题材的唱本、演义、小说，将历史事实与虚构成分结合起来，而且时代越后，史实越少，但能吸引读者，亦起着某种教化作用，但更重要的是满足人们对历史的好奇和自身的历史情结，同时传播人类创造生活的智慧，增强人们生活的情趣。这在一定程度上说是古典历史小说的社会功能，或者具体地说是文化娱乐功能，而不是历史学的政治功能。人类社会发展到今天，现代社会已经与传统社会大异，传统的统治术已不适用，而适合于新时代的政治经验一时难于总结。现代科学被分为人文、自然、应用三大类，在古代后两类地位卑下，上不了台盘，而现代社会的情形恰恰相反；至于史学，只是人文学科中许多门类的一种，其处境比之古代相去甚远，势必政治功能大为削弱。然而人们对自身历史的兴趣并未减少，特别是生产力提高，物质生活比古人改善了不知多少倍，五天或五天半工作日已被世界各国普遍采用，人们余暇时间增多了，怎样打发日子呢？当然方式方法很多，读书不失为选择的一项。读什么书？有人作过调查统计，似乎第一位是文学类，第二位为自然科学类，第三位为经济学类，第四位则系史学著作。看来人们还是喜好历史的，问题是史学家应当将什么样的读物提供给读者。严肃地总结有益于人生的历史经验是必要的，主观愿望也是好的，然而恐怕一时拿不出多少好的来。借历史发抒个人的感情，或表达历史使命感，未为不可，但这不是给多数人阅览的。多写点知识量丰富的、贴近人们生活的、富有情趣的东西，可能比较理想，让读者在轻松的气氛下阅览，看了是一种精神上的享受，既增长了知识，又愉快地度过闲暇时光，岂非一举两得。看来，当今可能是史学从政治功能为主转向社会功能为主的时代。笔记体的学术著作、普及历史知识的读物的不断问世，或许就是这种转换的标志。

说休闲心情、休闲时刻阅读史学作品，著者本人可不是以休闲心情去写作，率意操觚，无论是始初的纂写，还是后来的修饰汇编，都是以认真的态度进行的。命笔不苟，著者尚是相当自信的。

这39篇札记，编写的情形各异，有的是已经发表过的，原文照搬过来；有的是以长篇论文形式刊布过，收入本书时将一篇篇拆散成若干篇，并对每一篇作了某些修改，或者从长文中节选成短文；有的是新近撰写的。各篇文字，深浅不一，有的资料多而论述少，要在读者看了那些材料完全可以自行作出判断；亦有文章素材贫乏的，意在陈述观点。著者之意，在于不拘一格也。

书中附有插图多幅，是接受周葵女士建议而作的。插图的资料，应当取自原作和最初发表的地方，但是现实的情形是做不到的，只好以获取方便为原则，因此所选之图不甚理想，效果则更难令人满意，这实在是不得已的遗憾。如今的图片来源于多方面，有清代人绘制的，更有后人绘画、拍摄的；有从档案、原书移植的；多数是由他人著述中借用过来的；也有本书作者偕友人田野调查时拍照的。具体说到图片的来路，有中国第一历史档案馆藏档，清朝官书及清人著作，如《清会典图》《景德镇陶录》《御制恭和避暑山庄图咏》《圆明园诗图》《清代学者象传》《清代帝后像》《鸿雪因缘图记》等。从现代人的编著中取材，每一种不过一二帧，或三四帧，有《帝京旧影》《故宫珍藏人物照片荟萃》《近代秘密社会史料》《中国舞蹈史·明清部分》《中国瓷器鉴定与欣赏》《明清瓷器鉴定》《清代东北流人诗选注》《清朝典制》《女性与历史》《清前期天地会研究》《中国历史地图集》《沈阳满族志》《南京市文物普查资料汇编》《上海碑刻资料选辑》《明清佛山碑刻文献经济资料》《凤城满族自治县概况》《满族萨满跳神研究》《中国生育礼俗考》《清代水利社会史研究》《招商局史（近代部分）》《上海小刀会起义史料汇编》《阮元传》《仪征市志》《清代木兰围场的探讨》《北京民间风俗百图》《光绪卅一年中关工约风潮》《华侨史研究论集》《猪仔华工访问录》《南洋三月记》、北京商务印书馆《中国古代生活丛书》中的某些图书，等等。另从台北印行的《历史月刊》、北京出版的《紫禁城》杂志中选择多幅。对于《历史月刊》，本书作者在《古人生活剪影·后记》中有着特别的说明，这里不赘。总之，本书作者对从各处所选择来的图片资料的编著者，表示由衷的敬意和感谢。

以上是本书原中国社会出版社版的序言，如今这本小书的问世，倏忽之间也已五年，今承中华书局和编辑李世文先生垂慕，重新梓刻，令人高兴。我同名扬四海的中华书局交往整整三十年，不胜荣幸之至。

这个新版，我除了改正旧版的错别字之外，做了两件事，一是删削与增加篇目，二是更新一些插图。裁撤的篇目是《雍正帝的崇佛和用佛》《鄂尔泰与雍正帝君臣关系》两篇，去除的原因是由于书中有关雍正帝生活的有四篇，占得多了，撤出来好增进新篇章，所加的有四篇，为《扬州盐商兴办文化教育事业》《扬州盐商协办地方公益事业》《乾隆帝的好胜性格》和《道光帝、咸丰帝的理政与性格》，用乾隆帝的事项替雍正帝的，也许会增添一点故事趣味，而且这四篇文字，是从近二三年所写论文中截选的，充实以新作，应当是选文的原则，故而自我感觉尚可。

关于图书的插图，最重要的自然是选图与内容配合的得当，说明文字的确切和交代图片的出处，印刷的清晰美观，此三项缺一不可。我按此要求，更换一些图片。我关注图书插图也有几年了，在几部书中插入几十幅，以至百余幅图片，一些文章也有插图，开始我对它的效果并不在意，因为我们出版业多年不留意于此，现在事情刚起头，当然不像样子，但是今日审视初版的插图，感到了不安，就是说选图不当、说明不规范和印刷模糊的毛病不少。借此新版机会，我做了一番调整，希望能以新的面貌呈献给读者。

冯尔康　2004年10月18日于南开大学顾真斋

后　记

这个增订版，我要对尊敬的读者说的几句话，自然是关于它是怎样面世的，以及我的心情：

本书篇幅比中华书局版文字有所增加。增入的篇章，少量是新写的，多数是从论文中节选的，亦有前几年写的系列讲座的演讲稿。也就是说多数是旧稿，少数是新的研究成果，只要是札记式的“清代日常生活”内容的文章就在考虑选入之列。节选旧文，起初没有顾及中外关系的内容，到了行将煞笔之时，才选取几篇，聊以反映近年我对清史研讨的状况与心得。

注释的不统一。有的篇章按照学术规范作出资料出处的注释，有的在文末注明资料来源，有的则没有任何交代。这种现象源于文章形成的状况，从论文改写的，注释清晰，若予删削，未免可惜，予以保留了；原无注解的今日不方便去作。情形如此，祈请读者谅囿。

配图。图书插图，一般说是想取得“图文并茂”的效果，我更希望“图文配合”得好，勿令配图太少，或图文内容不相配，这是要下大功夫才能做到的，所以图文配合是当作愿望去追求，我尽管做了努力，但限于条件，远远没有做到。

致谢。

对于图书的梓行，我基本上秉持“机遇”的态度，出版社有意枣梨，就全力合作，所以我总是衷心感谢为我出书的编辑和出版社。2019年9月中国工人出版社编辑傅娉女士同我联系，表达重刻包括本书在内的两部读史随笔的意愿，我很高兴地接受了。自此我们间开始了频繁而愉快的联系。她表示欣赏我的写作态度和某些见解，鼓舞了我增订本书。

由于新冠肺炎肆虐全球，我不方便回国复制配图，就请学友、南开大学图书馆惠清楼研究馆员帮忙制作，她按照我的书目，为编辑提供《北京民间风俗百图》《帝鉴图说》《春明梦余录》等20多种图书的电子版；亲戚康民强女士提供仪征鼓楼照片；杨宇翔副教授绘画多幅插图，为拙作增色。学友们的无私帮助，铭记五内同时，更珍惜人间真情！

冯尔康　2020年8月19日

图书在版编目（CIP）数据

清代社会日常生活 / 冯尔康著. -- 北京：中国工人出版社，2020.8
ISBN 978-7-5008--7456-0

Ⅰ.①清… Ⅱ.①冯… Ⅲ.①社会生活—历史—中国—清代—文集
Ⅳ.①D691.9-53

中国版本图书馆CIP数据核字（2020）第142543号

清代社会日常生活

出 版 人 王娇萍
责任编辑 傅 娉
责任印制 黄 丽
出版发行 中国工人出版社
地 址 北京市东城区鼓楼外大街45号 邮编：100120
网 址 http://www.wp-china.com
电 话 （010）62005043（总编室）
（010）62005039（印制管理中心）
（010）62379038（社科文艺分社）
发行热线 （010）62005996 82029051
经 销 各地书店
印 刷 天津嘉恒印务有限公司
开 本 880毫米×1230毫米 1/32
印 张 16.25
字 数 335千字
版 次 2021年1月第1版 2021年1月第1次印刷
定 价 98.00元